ESTRATEGIAS Y MARKETING DE CONTENIDOS

ESTRATEGIAS Y MARKETING DE
CONTENIDOS

Clara Ávila

SOCIAL
BUSINESS

SOCIAL MEDIA

Diseño de maqueta: Laura Apolonio
Adaptación de cubierta: Monchi Álvarez
Ilustración de cubierta: Eduardo Rodríguez Meliá
Revisión: Gelsys M. García Lorenzo
Maquetación: Claudia Valdés-Miranda Cros
Responsable editorial: Eugenio Tuya Feijoó

Edición española:
©EDICIONES ANAYA MULTIMEDIA (GRUPO ANAYA, S.A.), 2019
Juan Ignacio Luca de Tena, 15. 28027 Madrid
Depósito legal: M-4368-2019
ISBN: 978-84-415-3959-4
Printed in Spain

A Alberto e Inmaculada, mis padres,
por ser mis fuertes raíces y enseñarme a soñar.

A Víctor, por ser mi compañero en esos sueños.

AGRADECIMIENTOS

Los grandes proyectos nunca se hacen solos. Todo lo que está aquí escrito es una mezcla entre lo que he tenido la suerte de aprender, lo que he podido poner en práctica y lo que he podido reflexionar con otros compañeros. Por eso, profesores, jefes y colegas de mi vida profesional: Gracias por formar parte de mi discurso sobre estrategias y marketing de contenido. Gracias por abrir puertas, por mostrar caminos, por dejarme recorrerlos sola y por alumbrarme cuando me había perdido.

Quiero dar las gracias a La Nave Nodriza, y a su capitana Isabel Inés Casasnovas, por haberse convertido en mi casa, mi espacio de aprendizaje. Por haberme dado tanto en tan poco tiempo. Por haberme agitado la cabeza y haber creado espacios de conversación con personas como Amalia, Diego, Andrea y Lu, entre otras, que seguro se ven reflejadas en este libro. Por haber tenido tantos maestros como Jerónimo, Elena o Dani, que espero que acepten mi interpretación de sus enseñanzas.

Este camino de conocimiento se juntó al de la experimentación, donde Fernando de la Rosa y todo el equipo de Foxize me ayudaron a pelotear conocimientos y exponerlos en las aulas. También José Cantero, siempre dispuesto a innovar.

La puesta en marcha de propuestas y campañas nunca habría sido posible si no fuera gracias a María J. Butera y a compañeras como María Cimadevilla o Mariluz García. La resistencia en Save the Children me ha inspirado y acompañado durante frases y frases en este libro.

No puedo acabar estos párrafos sin hablar de los que han sido soporte, de los que han leído índices, capítulos, han opinado y, sobre todo, me han acompañado y cuidado. Gracias, Estefanía, Marta, Cris, Lorena, Mery, Ana, Clara, sonimágicos, y muchas más personas que habéis estado ahí. Gracias a Débora y a Ana, por ser mi modelo a seguir. Gracias a mis padres por haberme dado todas oportunidades en la vida y hacerme ser lo que soy. Gracias a ti, Víctor, por estar conmigo en las alegrías y en las penas.

Este libro ha sido posible porque detrás ha habido un gran equipo, el de Anaya Multimedia. Gracias Eugenio Tuya, Gelsys García y Claudia Valdés por todo el cariño y atención que habéis puesto para que mis palabras llegaran al formato papel.

Nunca es fácil salir de la zona de confort, enfrentarse a nuevos retos y luchar contra la impostora que nos atormenta dentro. Yo hoy lo he conseguido, pero no he estado sola.

SOBRE LA AUTORA

Clara Ávila Cantos es ingeniera en Telecomunicaciones por la Universidad Carlos III de Madrid y máster en Marketing Business Administration por la Universidad Antonio de Nebrija. Se formó en diseño de productos digitales en La Nave Nodriza y en IE Business School en temas de planificación de marketing.

Ha trabajado como consultora de marketing digital y diseñadora de productos digitales para marcas como Save the Children, GoDaddy, Universidad Europea de Madrid, Kellogg's, Kutxabank y Leroy Merlin. Se encargó de la gestión cultural dentro del Grupo Smedia y en el sector turístico en Generacion05.com.

Después de muchos años reflexionando sobre diseño de productos y marketing digital, decidió vincular ambas disciplinas para mejorar las conversaciones que las marcas intentan tener con los usuarios.

Comparte sus tareas con la docencia. Ha impartido clases en Foxize, Inesdi, La Nave Nodriza, KSchool, Madrid School of Marketing, WindUp School, Universidad Europea de Madrid, Universidad Rey Juan Carlos y de la Fundación Telefónica, entre otros.

Es ponente habitual en congresos en España (como Tecnológica Tenerife, Ignite, Thinking Party, Actitud Social, Innobi, Evento Blog España, Congreso Web Zaragoza, Quondos, Feria de Internet de Mallorca, Startup Weekend, inLugo o Unirede) y a nivel internacional en el IFC y en tycSocial.

Su blog recibió el Premio Bitácoras. También ha estado detrás del blog de «Aplilandia» en *El País* y escribiendo en otros medios como eldiario.es.

TEAM
WWW
10%
15%
15%
60%
Creative
Motivation
TEAMWORK
Marketing
Strategy
15%
15%
40%
15%
15%
http://
100%
BALANCE
HELP
WORK
SUCCESS
ASSISTANCE
SUPPORT
ENGIN

ÍNDICE

PRÓLOGO

UNA GUÍA CERCANA Y ACCESIBLE PARA PENSAR NUESTROS CONTENIDOS

Conocí a Clara hace ya unos cuantos años, en un evento profesional de marketing digital, aunque los contenidos que ambos compartíamos en Twitter principalmente ya habían hecho que intercambiáramos opiniones alguna vez. No recuerdo cuál fue aquel evento, la verdad, pero ambos conectamos rápido en persona y nos entendimos muy bien. Y eso no siempre pasa cuando conoces en persona a alguien a quien sigues en redes sociales a partir del contenido que crea y comparte. Recuerdo que al principio lo que más me sorprendió de ella fue su energía, su sensatez y el tono de responsabilidad en sus palabras (que me gustó mucho, porque me dio a entender que estaba ante una profesional con ética, con valores y con un compromiso muy alto con su profesión). Me pareció alguien que se tomaba su trabajo muy en serio porque era muy consciente de que dependiendo de cómo se cuenten las cosas y cómo se hagan llegar se genera un efecto u otro en las personas.

Cuando escribo estas líneas he tenido la oportunidad de leer algunos de los capítulos de este libro antes de que salga al mercado, y debo decir que esa misma energía, sensatez y responsabilidad que observé en aquella ponente veinteañera y descarada hace años —la primera vez que la vi hablar en público— siguen estando en las páginas de este libro. Eso me alegra mucho, pues significa que cualquier lector que se atreva con estas páginas accederá a una visión muy completa e integral de lo que implica el contenido en cualquier estrategia de marketing digital y podrá entender por qué es importante trabajarlo de la manera adecuada y por qué es un elemento clave en cualquier estrategia digital de éxito.

Los contenidos son el alma de cualquier producto o servicio digital: el qué contamos, cómo lo contamos, para qué lo contamos, a quién se lo contamos... Parece fácil, ¿verdad? Todos, absolutamente todos, tenemos la capacidad de crear contenido, pero no siempre de valor, apropiados para determinadas audiencias, que persigan un propósito claro y que sean percibidos como algo en lo que vale la pena invertir tiempo. Y además de crear un contenido (que de fácil no tiene nada), hay que saber difundirlo y hacerlo llegar a las personas a las que puede interesar... Ahora ya no nos parece tan fácil.

Pero Clara, en estas páginas, hace que lo parezca —aunque no lo sea—, porque ha sido capaz de resumir y extraer las claves para definir y ejecutar una buena estrategia de contenidos te dediques a lo que te dediques. Y lo hace de una forma accesible, fácil de entender y adaptable tanto a los intereses de cualquier persona particular como de cualquier empresa, tenga el tamaño que tenga.

En mi trabajo he tenido la oportunidad de presenciar la evolución de muchos negocios digitales, y puedo asegurar que la creación y gestión de contenidos es una de las claves principales para alcanzar el éxito. Empatizar con tus clientes, comprenderlos, explicarles de manera accesible lo que harás por ellos o lo que otras personas han experimentado con tus productos o servicios solo es posible a través de los contenidos. De ahí viene su importancia vital, clave.

Lo que tenemos aquí es una guía precisa a la vez que cercana sobre cómo pensar nuestros contenidos y cómo gestionarlos. Una guía hecha por alguien que sabe muy bien de lo que habla porque se ha dedicado a ello desde hace mucho tiempo y que es muy consecuente con lo que se espera conseguir gracias a un buen contenido.

A lo largo de los años, Clara y yo hemos coincidido en eventos, nos hemos seguido mutuamente a nivel profesional y también hemos compartido ácidos comentarios irónicos (algo que nos gusta a los dos) de vez en cuando. En ocasiones, hemos hablado largo y tendido de nuestros trabajos, nuestras vidas y nuestras vicisitudes en persona. En otros momentos, nos hemos hecho comentarios a través de Instagram o mediante DM en Twitter. Pero siempre, tanto en las conversaciones de dos minutos como en las de horas, Clara me ha sorprendido por su sinceridad, su energía y esa sensatez y responsabilidad de las que hablaba al principio.

Y en estas páginas tenéis a Clara en toda su esencia, dispuesta a contaros todo lo que ha aprendido sobre contenidos en los últimos años.

Disfrutad el viaje y aprovechadlo. Vale la pena. Mucho.

RICARDO TAYAR

CEO & Co-founder
en www.flat101.es

Contenidos. Lo que escribes, lo que dices, lo que cuenta tu marca. En entornos digitales y offline. Este libro va de producto, de marketing, de comunicación, de lo que une a estas disciplinas: el contenido.

Para mí no tenía sentido hablarte solo de cómo diseñar un producto digital o de qué canales existen para llegar a tus usuarios y cuáles son las mejores estrategias digitales para conseguirlo. Lo novedoso era ser capaz de plantearte una visión general usando como hilo argumental el contenido.

Este libro va construyéndose sobre sí mismo y contigo. Empieza por definir qué es el contenido y cómo te ayuda a diseñar productos digitales. Profundiza en cómo es este proceso de diseño, en pensar en las narrativas, en cómo agrupar los contenidos en arquitecturas de información. Y, por último, entra en la parte de marketing de contenidos que analiza los distintos canales que puedes utilizar en digital y cómo crear buenos contenidos en ellos. También te contaré las mejores estrategias que he probado en mi vida profesional.

ESTRATEGIA DE CONTENIDOS

La estrategia de contenidos o *content strategy* es una parte necesaria dentro del diseño de productos. Cuando estás delineando tu producto o servicio y te dispones a crear tu aplicación móvil o web, también debes de pensar en términos de contenido cómo será esa interacción o conversación que le propondrás al usuario. No vale solo con que pienses en *landings*, imágenes o botones con textos estándar del tipo *lorem ipsum*. Necesitarás las palabras que acompañan los prototipos o *mockups*.

El trabajo de redacción final lo realizará el *UX Writer* o *copywriter*, que será al contenido lo que el diseñador visual es a la parte gráfica. Pero, en ambos casos, contarás con una estrategia que muestre la propuesta de valor de tu marca de manera coherente. Esto no va de cómo escribir una web, sino de cómo defines a tu marca con palabras. Para ello es importante que enuncies tu propuesta de valor y que diseñes tu modelo de negocio. Lo que te diferencia se escribe, de nuevo, con palabras. Por ello, además de tratar el proceso de diseño de productos digitales, abordaremos las herramientas con las que trazarás tu misión, tu visión, tu propuesta de valor y tu *go to market*.

En este libro empezaré por explicarte cuál es el proceso de creación de una web, que conozcas las narrativas principales en las que se apoyan las marcas y que seas capaz de determinar cómo será esa conversación con los usuarios, cómo estructurarás tu web a nivel de arquitectura de la información y cuáles son las palabras que usarás.

Desde la estrategia de negocio al último *copy*, quiero que me acompañes en este proceso en que veremos la relación entre el contenido y el producto.

MARKETING DE CONTENIDOS

El contenido, como un elemento transversal en todos los entornos digitales, sirve de hilo conductor para ser la palanca que haga que tu producto digital tenga éxito.

Ser capaz de responder a las preguntas adecuadas (qué objetivo tienes, a quién vas a comunicar y por qué canal), así como planificar los contenidos correctamente y de crear *roadmaps* y planes para que tus lanzamientos sean exitosos marcarán la diferencia entre un buen uso o no del contenido en tus campañas de marketing.

Hace muchos años, cuando los medios de comunicación comenzaron a digitalizarse, el periodismo temió por su futuro. Sin embargo, eso solo ha sido algo temporal, ya que sigues requiriendo historias en tu vida y personas que las cuenten. Por ese motivo, analizarás todos los canales con los que cuentas y con qué medios aumentarás el tráfico de calidad a tus productos digitales y reducirás el coste por adquisición. En este libro he intentado plasmar todo este proceso.

CÓMO LEER ESTE LIBRO

El libro se divide en dos partes principales: una destinada a las estrategias de contenido desde el punto de vista del producto (capítulos del 1 al 9) y otra al marketing de contenidos (capítulos del 10 al 17).

A nivel de *content strategy* analizaremos en qué punto del ciclo de diseño de producto entrará el contenido y cómo este ayudará a crear consistencia en el diseño y mejorar la conversación con el usuario. Para ello, revisarás cómo se diseñan los productos digitales y qué has de cambiar para asegurar que el contenido está presente.

Estudiarás, asimismo, las narrativas más comunes en las marcas para ir asentando la generación del *copywriting*. Este análisis también lo harás teniendo en cuenta qué personas realizarán estas tareas y cómo formarás departamentos que puedan manejar este nuevo paradigma.

A nivel de marketing de contenidos verás uno a uno todos los canales disponibles para tu estrategia (blogs, Facebook Ads, email marketing...). Cómo generar contenido para estos medios y cómo mejorar tu estrategia dejarán de ser un misterio. En la última parte del libro se detallarán las distintas formas existentes de ordenamiento de los canales y los contenidos que has creado para que tu estrategia sea exitosa. Espero que disfrutes del contenido de este volumen.

TEAM
WWW
Motivation
Strategy
60%
40%
100%
http://
HELP
WORK
BALANCE
SUCCESS
ASSISTANCE
SUPPORT

1 PARTE

ESTRATEGIA DE CONTENIDOS

1 QUÉ ES EL CONTENIDO

A menudo, si trabajas en estos ámbitos, escuchas muchas frases como «El contenido es el rey» o «Hay que invertir en contenidos». Sin embargo, creo que lo más importante, para empezar, es que tengas claro qué es y qué no es el contenido y qué estrategias son las que vas a poder utilizar.

Para mí el contenido es prácticamente todo. Es esto que estás leyendo ahora mismo, lo que has escuchado en la radio por la mañana, lo que has hablado con el portero y hasta las señales que has visto desde que has salido de casa hasta que has llegado a la oficina.

Si recuerdas los esquemas tradicionales de comunicación —algo que estudiaste en el colegio—, siempre habrá un emisor y un receptor, que en tu caso serán la marca y el usuario respectivamente. También contarás con un código, un mensaje, un canal y un contexto. Todos estos elementos deciden cómo será tu contenido.

El mensaje sería el contenido que quieres comunicar. Pero no vale solo con pensar en el mensaje, ya que está condicionado por muchos otros elementos. De hecho, el mensaje depende de otros factores que determinarán que las palabras que usas para comunicar sean unas u otras. Por ejemplo, si el canal, o el medio por el que el usuario consume el contenido, es una web, el contenido tendrá una forma. Sin embargo, si el canal es un email, tendrá otra.

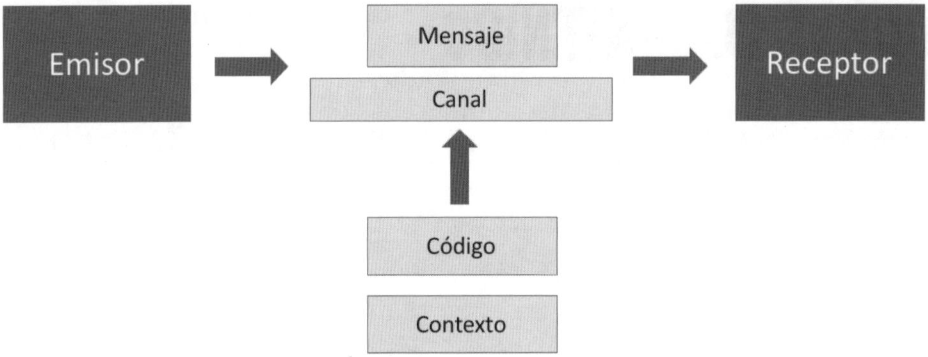

Figura 1.1. Esquema básico de comunicación.

UNIDADES DE CONTENIDO

El contenido generalmente lo recibes por el oído y la vista. No es solo lo que lees, ya que los medios audiovisuales juegan un papel muy relevante a la hora de comunicar. Piensa siempre en todos los tipos de contenidos que tienes a tu alcance y cuál te va a apoyar más de cara a cumplir tus objetivos.

De una manera sencilla y haciendo una primera clasificación, los tipos de contenido principales que puedes encontrar son:

- **Texto:** todo lo que escribes.
- **Imagen:** contenido que ilustra. A veces servirá para acompañar lo que estás escribiendo, pero en otras ocasiones la imagen será tan potente que tendrá entidad sola.
- **Vídeo:** imagen en movimiento, acompañada o no por audio.
- **Podcast:** contenido en formato audio. Posiblemente sea el más olvidado de todos.

Es importante decir que los tipos que he detallado en las líneas anteriores son una simplificación. Podrías ampliar esta pequeña categorización y crear subtipos. Por ejemplo, he señalado «imagen» como un tipo, pero deberías pensar en fotografías, iconos, ilustraciones, cómic... y seguramente hacer estas subclasificaciones para cada tipo de contenido.

Partiendo de esa base hay que tener en cuenta el entorno en el que se enmarca ese contenido, ya que condicionará también su forma y el uso que hagas de él. No es lo mismo un libro donde solo podrás contar con texto e imagen (si quieres incluir otro formato has de referirte a otros dispositivos), que una web donde, además de usar todos los tipos de contenido, podrás mostrarlos de una forma u otra y añadir una interacción que el usuario realizará para consumir el contenido como algo que condiciona el resultado final.

LA INNOVACIÓN EN EL CONTENIDO

El contenido puede ser para el usuario todo lo innovador y disruptivo que desees. Es posible diseñar una web con efecto *parallax*, donde la persona debe hacer *scroll* para consumir el contenido. De esta forma harás que el usuario agregue una interacción y consuma la historia de manera distinta. Un buen ejemplo es la web donde cuentan la historia de «El barco» (disponible en www.sbs.com.au/theboat). Aprecia las figuras 1.2 y 1.3.

Figura 1.2. Web con parallax de «El barco».

Como este ejemplo encontrarás muchos en Internet. Esto no significa que siempre tengas que hacer este tipo de contenidos, sino que en ocasiones la interacción es un complemento que enriquecerá el consumo que hagas de ellos.

Figura 1.3. Web con parallax de «El barco» en el capítulo 2.

REALIDAD VIRTUAL Y REALIDAD AUMENTADA

La innovación en los contenidos no es solo el que empieces a crear webs con *parallax*, sino tener en cuenta que hay muchos más recursos que te ayudarán a sorprender a los usuarios. Gracias a las nuevas tecnologías es posible hablar de realidad virtual y de realidad aumentada.

En la realidad aumentada el usuario, haciendo uso de otro dispositivo, ve la realidad tal y como es con una capa ficticia que dota al entorno en el que se encuentra de más contenido para consumir. Esta técnica se utiliza mucho en formación y medicina. En la figura 1.4 aprecia un ejemplo de un vídeo de YouTube que trata una aplicación de la realidad aumentada.

El vídeo 360º o realidad virtual, por otra parte, consiste en una técnica en la que la persona deja de ser un sujeto pasivo y pasa a ser parte activa de la historia. Estos vídeos no solo cuentan con una narración ordenada en el tiempo, sino que aprovechan el espacio para mejorar la experiencia de la persona que lo consume.

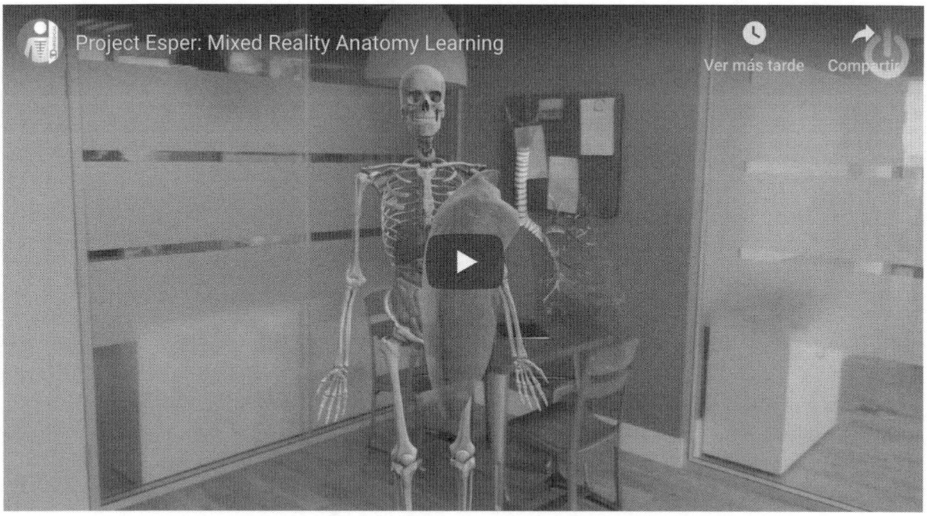

Figura 1.4. Vídeo en YouTube de realidad aumentada (www.youtube.com/watch?v=3qpgMLzBi30).

Crear este contenido es mucho más complicado, sin embargo, al ser tan experiencial es utilizado por medios de comunicación, ONG, turismo y videojuegos. El objetivo es conseguir que el usuario se traslade al lugar donde quieres que viva una experiencia.

En mi etapa en Save the Children tuve la suerte de colaborar en la creación de una pieza VR (*virtual reality*) sobre la situación que se estaba viviendo en Mauritania. Cuando temáticas como la desnutrición o la pobreza en determinados países de África pasan totalmente desapercibidas por la sociedad, la innovación en los contenidos permite llegar a más personas y llamar su atención.

En la figura 1.5 se aprecia una imagen del vídeo en el que contábamos la historia de Aisha, una niña que vivía en Mauritania.

En ambos casos complicas la generación de contenido, pero lo haces enormemente más interesante. No es cuestión de usarlo siempre porque sea más interesante. Habrá que saber valorar cuándo tiene más sentido utilizar cada tipo.

Figura 1.5. Vídeo en YouTube de realidad virtual (www.youtube.com/watch?v=g0bT1pSjvLc).

OBJETIVOS DEL CONTENIDO

Ya has visto qué tipos de contenido hay. Recuerda que no se trata de usarlos todos para que parezca que estamos cubriendo todos los tipos. Esto no es un *check list* que debas seguir. Trabajarás con unos u otros en función de lo que quieras alcanzar.

Y, ¿qué deseas obtener con el contenido?, ¿es posible tener un objetivo genérico? Creo que sí, porque para mí el contenido tiene un único objetivo: comunicar.

Bueno, no es tan sencillo ya que dentro de los tipos de comunicación sí hay diferencias marcadas como la que se advierte en la comunicación persuasiva, la informativa o la de ventas. Estos tipos de comunicación sí que influirán en tu contenido.

Una forma muy interesante de ver los distintos objetivos es analizándolos desde la relación que existe entre el emisor y el receptor, o la marca y el usuario. Si la marca busca que el usuario sea un objeto pasivo, es decir, que solamente consuma el contenido, hablarás de una comunicación más informativa. Sin embargo, si desde la marca persigues activar al usuario o que realice alguna acción (comprar, compartir en redes sociales...), hablarás de una comunicación persuasiva. Entre medias, como siempre, encontraremos gran cantidad de escala de grises. En la figura 1.6 hay un ejemplo en este sentido.

Figura 1.6. Ejemplos de tipos de comunicación teniendo en cuenta el usuario.

COMUNICACIÓN INFORMATIVA

Una comunicación informativa es donde el usuario es pasivo y solo recibe información por parte de la marca. Aquí, un típico ejemplo podría ser el de los tradicionales bandos que mandan los ayuntamientos a sus ciudadanos. El único propósito es hacer llegar a las personas un contenido. En este caso es muy importante saber el nivel de conocimiento que tiene el receptor y adaptar nuestro mensaje a él.

A cambio, si el Ayuntamiento quiere que el usuario pase a ser activo, utilizará un contenido más cercano a la sensibilización como se ilustra en la figura 1.7.

Figura 1.7. Ejemplos de comunicación de sensibilización del Ayuntamiento de Madrid.

Una estrategia muy común en contenido web es trabajar con niveles de profundidad: empezar con un contenido sencillo e informativo y poco a poco ir aumentando el nivel de implicación del usuario. No comienzas tu contenido pidiendo, sino explicando, para activarlo en la última fase.

COMUNICACIÓN PERSUASIVA

Otras veces buscas vender. De manera equívoca hay mucha gente que piensa que vender es ser agresivo, y nada más lejos de esta realidad. Hay muchos *ecommerce* que te venden los productos desde la emoción y el *storytelling*. Este es el caso de Laconicum, una tienda online de productos de belleza que, para venderte un gel exfoliante para después de hacer deporte, utiliza el siguiente texto:

> *Ducharse tras hacer deporte con un jabón específico no es ningún capricho. La piel sufre tras exponerse al sudor, frío, sol, lluvia o cloro. Productos como este de Pretty Athletic ayudan a su recuperación. Puestos a ser deportistas, seámoslo hasta el final.*
>
> *(...)*
>
> *Por qué es específico para quien hace deporte: porque elimina el sudor y las impurezas sin irritar la piel. Y lo hace, además, de manera suave, sin irritar. Lo último que necesita cuando está tensa y cansada, es eso.*
>
> *(...)*
>
> *Nos gusta porque:*
>
> - *Contiene aceites esenciales de menta, eucalipto y árbol del té, lo que lo hace vigorizante y, además, huele muy bien.*
> - *El packaging es cómodo para usar en el gym.*
> - *Confirma que la cosmética deportiva puede ser atractiva.*

En la figura 1.8 aprecia cómo se ve este producto concreto dentro de su página web.

Aquí no estamos hablando desde la oferta, sino desde la emoción, la historia que rodea cada producto y el beneficio que obtendrás si lo compras. No hace falta decir que el foco en la historia no puede ser más importante que la optimización en buscadores. Solo hay que buscar el equilibrio.

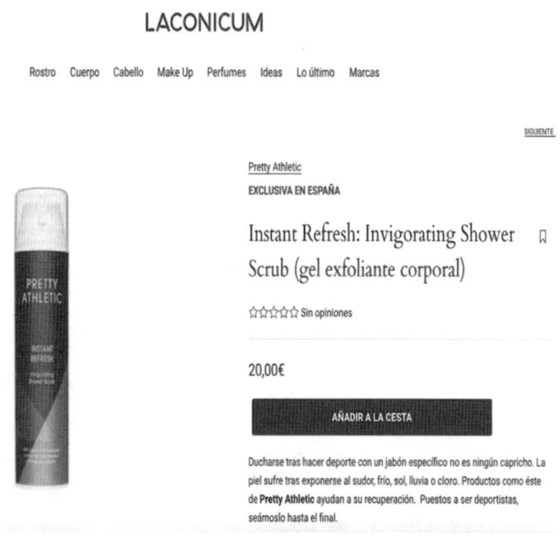

Figura 1.8. Ejemplos de producto de Laconicum.

CONTENIDO, SEO Y STORYTELLING

El contenido, pese a haberlo definido ya de mil maneras, es solo un concepto en bruto. Si quieres de verdad empezar a escribir, tendrás que pensar en qué factores o técnicas rodean a las palabras que redactas. Aunque habrá muchos, como el tono o la corrección con la que redactes, quiero dar un paso más y hablarte de las técnicas que en la actualidad son más relevantes: el SEO y el *storytelling*.

ESCRIBIR PARA SER ENCONTRADO

Siempre que escribes es porque buscas ser leído (o al menos cuando eres un negocio digital). Por ello, debes tener una serie de nociones que te permitan que más gente sea capaz de leerte y de llegar a ti como marca.

El posicionamiento en buscadores o SEO es un aspecto crucial que te ayudará tanto a elaborar la primera arquitectura de contenidos como a definir la planificación de nuevos contenidos que generarás.

Asimismo, es importante que cuentes en tu equipo con personas expertas de cara a desarrollar una estrategia para posicionarte en buscadores. No sirve con saber más o menos de qué va el tema. Hay que hacerlo correctamente. Es vital diferenciar los tipos de SEO que existen.

El SEO técnico (o cómo configuras tu web para ser encontrado) se escapa del alcance de este libro ya que trata de tecnología. Sin embargo, el SEO semántico tiene más que ver con cómo escribes para ser encontrado y, por tanto, sí sabrás unas mínimas nociones.

El SEO semántico tiene una frontera muy estrecha que divide el escribir para ordenadores y para humanos. Gracias a los avances en los propios buscadores, esta frontera cada vez es mayor, pues se prioriza la escritura natural.

Más adelante, en el capítulo destinado a hablar sobre los canales de difusión, te daré una serie de consejos para que el contenido que escribes esté optimizado para buscadores. También me gustaría recomendarte el libro de esta misma colección de Aleyda Solís.

ESCRIBIR PARA ENAMORAR

Sin embargo y, pese a ser conscientes del peso del SEO en tu redacción, no perderás el foco en lo que estás contando, en la narrativa o *storytelling* del texto.

Pasas tantas horas consumiendo contenidos que la calidad narrativa cada vez es mayor. No hablo solo de contar grandes historias, pues no todas las marcas tienen la misma facilidad (no hablo de capacidad sino de facilidad) para hacerlo. Me refiero a cómo defines tu producto o servicio a más alto nivel y cómo aterrizas en cada página la estructura de esa historia.

Sobre esto tendremos tiempo de hablar durante el libro, ya que es una parte transversal a lo que escribimos y, por consiguiente, a nuestro contenido.

CONTENIDO ESTÁTICO Y DINÁMICO

Ahora ha llegado el momento de definir un poco más cómo es el contenido que estamos creando. Por ese motivo, quiero hacer una última clasificación para delinear mejor los dos roles muy diferenciados de contenido: el estático y el dinámico.

CONTENIDO ESTÁTICO

Es todo lo que generamos en un producto digital y no solemos actualizar. Si nos referimos a una web, estas serán las páginas que hablan de quiénes somos o de qué hacemos; las que clasifican nuestros productos o servicios y que por lo general vienen determinadas por nuestra arquitectura de la información.

En la imagen 1.9 lo he ilustrado con un ejemplo de una escuela de diseño en el que se advierten puntos clave como los referidos a presentarse (quién es La Nave), a los servicios de formación que propone (talleres y cursos) y una sección de contacto. Estas páginas se actualizarán si es necesario, pero en principio se mantendrán estáticas.

Figura 1.9. Web de La Nave Nodriza, una escuela de diseño.

Este contenido se suele generar una vez y se deja durante bastante tiempo. Esto no significa que no haya que actualizarlo, sino que se testará muy bien cómo funciona y se realizarán pequeños cambios cada cierto tiempo (lo que hemos llamado «iterar los contenidos»).

Las llamamos páginas «estáticas» también porque no están atadas a ningún momento concreto. No muestran una fecha de publicación, pese a que sí puedan tener una temporalidad. Por ejemplo, en la figura 1.10 aparecen las distintas formas de colaborar que tiene una ONG como Save the Children. Una de las opciones son las tarjetas navideñas. Este contenido solo lo podrás ver en la época de enviar felicitaciones navideñas, no todo el año.

Figura 1.10. Ejemplo de contenido temporalizado.

De definir estos contenidos se encargará el *Content Strategist*, de escribirlos un *UX Writer*. A esto le llamaremos la estrategia de contenidos y será el foco de esta parte del libro.

CONTENIDO DINÁMICO

Son las piezas de contenido que se van generando de manera constante en el tiempo. De nuevo, volviendo al ejemplo de una web, esta sería la sección de blog (donde defines unas categorías o temáticas que te ayuden a centrar los contenidos que estás creando y hacerlos relevantes para las personas).

Estos contenidos suelen ser planificados y preparados por el *Content Manager* o responsable de contenidos digitales. Estas personas suelen encontrarse dentro de los departamentos de marketing o comunicación. Por eso, llamaremos a esto marketing de contenidos y será el foco de la segunda parte del libro.

El modelo de creación o los perfiles encargados no es lo más relevante, sino que, a lo que prestarás más atención, es a la diferenciación de las dos fases. En la primera, estará la estrategia del contenido estático, lo que cuenta la web de manera atemporal, cómo se define la marca, qué hace y cómo se estructuran sus productos o servicios. La segunda tiene más que ver con cómo el contenido te servirá a nivel de estrategia de marketing, para generar más tráfico a la web y ampliar información a las personas sobre lo que haces como marca.

Habrá veces que el modelo de creación de un producto digital (la web o la aplicación) se realice por primera vez y, por tanto, la persona responsable de contenidos puede ser la que se encargue del proyecto desde el primer momento hasta el final. En este caso, será un solo perfil el que trabajará en la generación de contenidos.

Muchas veces, no obstante, la creación de la web será externalizada porque con los recursos actuales no serás capaz de crear un nuevo producto mientras te ocupas del día a día. Esta externalización suele ser en agencias que se dedican al desarrollo de productos y cuentan con equipos especializados.

1
2
3
4

2 DISEÑO DE NEGOCIO

Antes de empezar a comunicar debes saber qué quieres contar de tu marca. Por eso, antes de hablarte de procesos de diseño o de estrategias de contenido, quiero referirme a cómo trazar la propuesta de valor de tu marca, la misión y la visión. Esta estrategia que delineas y los valores te acompañarán en todo el proceso o ciclo de vida de tus productos o servicios.

De cara a esclarecer qué buscas con tu producto, te presentaré una serie de *canvas* o *frameworks* que, tras entenderlos, puedes rellenarlos como si fueran un ejercicio a un nivel estratégico. Cuando tengas claros estos puntos, serás capaz de ir aterrizando el proceso de creación de tus productos o servicios, determinando los contenidos asociados y, por último, elaborando los correspondientes planes de marketing.

UNIQUE VALUE PROPOSITION (UVP)

La propuesta de valor consiste en centrarse en qué problema resuelve tu marca, qué necesidad de los usuarios estás solucionando, qué beneficios aporta. Hay que evaluar, también, qué te diferencia del resto de empresas que hacen lo mismo que tú.

Esta definición no busca que dispongas de un *slogan* o que desarrolles una campaña. Es algo más profundo, es hablar directamente de cuál es tu ADN. No se trata de tu posicionamiento, sino de cómo eres de verdad y de cómo deseas que se sientan tus usuarios al estar contigo.

De cara a elaborar tu propuesta de valor te recomiendo que empieces siempre por el análisis de la competencia. Es posible que seas el primero en llegar y que tengas todo un camino que explorar, pero esta situación no es lo normal (y aunque lo seas siempre podrás reparar en tus competidores más cercanos).

Analizar qué ofrecen tus competidores te dará mucha información sobre cuáles son los valores a resaltar. Este estudio lo llevarás a cabo con herramientas tan sencillas como el DAFO en el que incluirás:

- **Amenazas:** qué aspectos tiene la competencia en los que será más complicado destacar.
- **Oportunidades:** puntos que construyen tu UVP o *Unique Value Proposition*.

Figura 2.1. Esquema DAFO.

Imagínate por un momento que tienes una residencia para personas mayores, ¿cómo te diferenciarás? Si quieres que de verdad tu propuesta de valor sea única, deberás estudiar antes qué oportunidades explorarás: atención personalizada, habitaciones más grandes, temáticas (literatura, manualidades, talleres) o incluso si en lugar de un edificio contarás con casas pequeñas para que gocen de cierta independencia. Siempre observarás qué te diferencia del resto de residencias que existen en la actualidad.

La *Unique Value Proposition* (UVP) es una sentencia donde esclareces tu propuesta de valor, qué ofreces, cómo beneficias a tus clientes potenciales y lo que te hace único frente a tu competencia. La UVP se muestra de muchas formas, pero, como ejercicio, te recomiendo que en un papel rellenes una ficha como la de la figura 2.2.

Figura 2.2. Unique Value Proposition.

Es importante considerar que la propuesta de valor siempre está vinculada a tu público objetivo (y que cuando sean varios, deberás variar).

Volviendo al ejemplo de la residencia para personas mayores, en este caso contarás con dos públicos distintos: los que vivirán ahí y sus familiares cercanos (hijos o sobrinos). Para cada uno de ellos dispondrás de una UVP distinta, ya que cada uno tendrá problemas distintos y buscará soluciones diferentes.

En este caso, para los ancianos el problema es la soledad de vivir en sus casas y no gozar de autonomía. Tú como residencia podrás liberarles de trabajo pesado como limpieza y comida, ayudarles con el aseo y ofrecerles actividades sociales. Tus valores, por tanto, podrían ser cuidado, diversión y descanso.

A cambio, si eres un familiar, tu problema es que no cuentas con tiempo para cuidar adecuadamente de tus familiares. Por consiguiente, en este caso, como residencia les estarás ofreciendo cuidados tan buenos como si fueran ellos mismos los que estuviesen ahí.

Esto no busca ser solo una visión «marketiniana», sino que es más estratégica y de modelo de negocio. Por eso, y de cara a facilitar la delineación de tu propuesta de valor, nos detendremos en otros modelos o *canvas* conocidos.

VALUE PROPOSITION CANVAS

El *Value Proposition Canvas* es un modelo creado por el Dr. Alexander Osterwalder y busca asegurar que entre negocio y comunicación está todo alineado. Por eso, habla tanto del perfil del usuario (el círculo de la derecha) como de la propuesta de valor de tu producto (el cuadrado de la izquierda). Aprecia este modelo o *framework* en la figura 2.3.

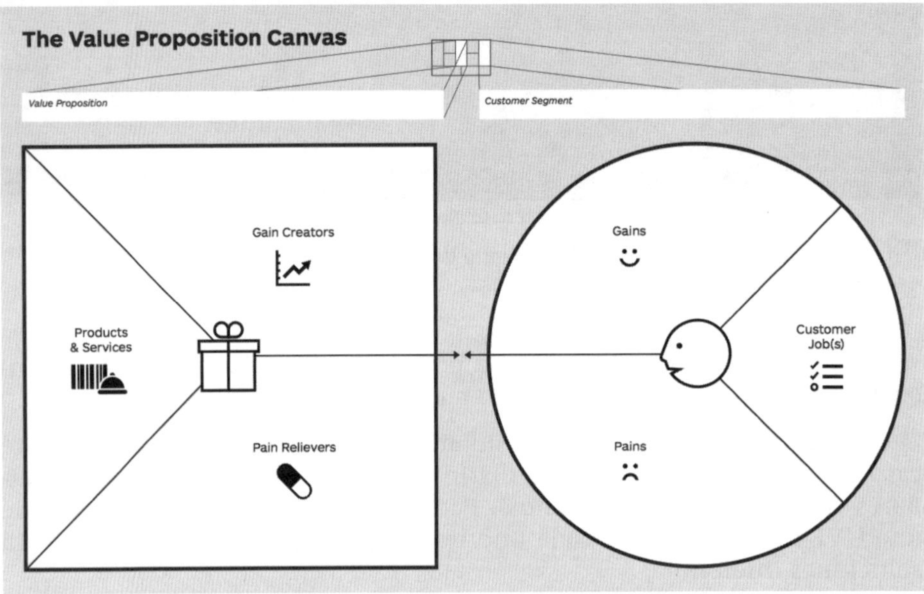

Figura 2.3. Value Proposition Canvas.

Para realizar este análisis pinta este *canvas* en una pizarra o imprímelo a gran tamaño. Usa pósits para rellenar cada una de las secciones, ya que en ocasiones es posible que dudes sobre dónde va cada uno y desees moverlos.

USUARIOS

Te recomiendo que comiences rellenando este *canvas* por el lado derecho, el del usuario. Ahí, como en la figura 2.3, hay tres puntos para completar:

- **Customer jobs:** es lo que el usuario está intentando hacer. El problema que quiere solucionar y qué necesita para lograrlo.
- **Pains:** los problemas o dolores y experiencias negativas que padece en el proceso de realizar el trabajo. Analiza el tiempo, esfuerzo o dinero que le cuesta al usuario, qué le molesta, cuáles son los fallos que suelen ocurrir, qué dificultades tiene que sortear y qué barreras hay en el día a día.
- **Gains:** el beneficio que el usuario desea recibir de tu producto o servicio. Aquí puedes incluir temas emocionales, objetivos en la vida de tus potenciales usuarios, qué les haría felices, incluso si ahorrarían dinero. Determina qué espera tu usuario, qué es lo mejor de las situaciones actuales que existen, qué está buscando.

Imagínate que eres un supermercado o una tienda de comida. En el apartado de *customer jobs* seguramente rellenarías que el usuario lo que quiere es comprar y tener comida en casa para cocinar y, por tanto, tiene que ir al supermercado a realizar la compra. Luego seguirás por los *pains* y te saldría que tarda mucho tiempo, que lo mismo no está cerca de casa, que busca ahorrar dinero y que odia hacer cola para pagar. Por último, irás a la parte de *gains* donde descubrirás que el usuario puede estar contento porque halla toda la compra que desea preparar en un sitio, porque el producto fresco es de calidad y porque se ha aprendido dónde está cada producto y va directo al pasillo correspondiente.

Como ves, con la parte de usuario, conseguirás una visión muy interesante de cómo se siente. Con certeza podrías incluir cosas más emocionales, como que no le gusta ir en chándal por si se encuentra a alguien, si pasa frío al ir por la sección de congelados o si echa en falta algún tipo de productos como cocina casera preparada.

Este trabajo lo debes hacer, como en el caso anterior, para cada uno de los perfiles que tengas como usuarios potenciales de tu modelo de negocio.

PRODUCTO

Tras esa lluvia de ideas llega el momento de completar tu parte de producto. Aquí explotarás primero todas las posibilidades que existen, para luego indicar cómo será tu producto en concreto.

- **Gain creators:** cómo un producto o servicio ayudaría a ofrecer un valor añadido a los usuarios.

- **Pain relievers:** cómo aliviaría el dolor o los problemas del usuario.
- **Products and services:** qué harás tú como producto o servicio para aliviar ese dolor y producir más felicidad en el usuario.

Para completar este apartado, empezarás a pensar cómo añadir valor y aliviar los problemas de los usuarios. Así, será más sencillo definir cuál es tu producto o servicio.

Siguiendo el caso anterior, es posible decidir que tu supermercado va a implementar que el consumidor solo ha de llevar su carro a un punto e irse sin tener que pagar o que cargar la compra a casa ya que alguien lo haría por ellos.

En estos casos te darías cuenta de que estás solucionando muchos de los *pain points* (los relativos a las colas en el supermercado o a cargar). Además, podrías mejorar incluso más la experiencia del comprador si logras que la visita al supermercado sea más experiencial o si añades alguno de los *gains* que han indicado.

En definitiva, cuando rellenas el *Value Proposition Canvas*, delineas la propuesta de valor de tu producto desde la óptica del usuario.

BUSINESS CANVAS MODEL

El análisis del *Value Proposition Canvas* no termina ahí, sino que —como se aprecia en la figura 2.4— ayuda a rellenar el segmento del cliente y el de la propuesta de valor dentro del tradicional *Business Canvas Model*.

Este modelo está más centrado en detallar el modelo de negocio de tu empresa y deberás rellenar varias partes más. Si te parece, aunque es un modelo que con seguridad has estudiado en muchas ocasiones, te invito a repasarlo, en esta ocasión con el tradicional esquema de Nespresso (ver figura 2.4).

Para crear un *Business Canvas Model* considera:

- **Customer relationship:** Cuál va a ser tu modelo de relación con los clientes: puede que sea un club, un autoservicio, una contratación web, una atención personalizada.
- **Distribution channels:** Cómo llegarás a ellos. Para conseguir este objetivo te centrarás en cuáles son los canales que funcionan mejor y son más eficientes.

- **Customer segment:** A quién va dirigida tu propuesta de valor. Esto ya lo has definido en el *Value Proposition Canvas*.
- **Value proposition:** Tu propuesta de valor: qué ofreces que no estén brindando los demás. Como en el caso anterior, esto ya lo has detallado en el *Value Proposition Canvas*.
- **Key activities:** Qué tienes que hacer para cumplir esta propuesta de valor.
- **Key resources:** Qué recursos necesitarás a nivel humano o económico para llevar a cabo tu actividad.
- **Strategic partners:** Este modelo también refleja cuáles son tus socios clave y si necesitas proveedores en tu modelo de negocio.
- **Cost:** Los costes que asumirás para crear tu modelo de negocio.
- **Revenues:** Tu sistema de precios o cuánto están dispuestos a pagar los clientes por tu producto o servicio.

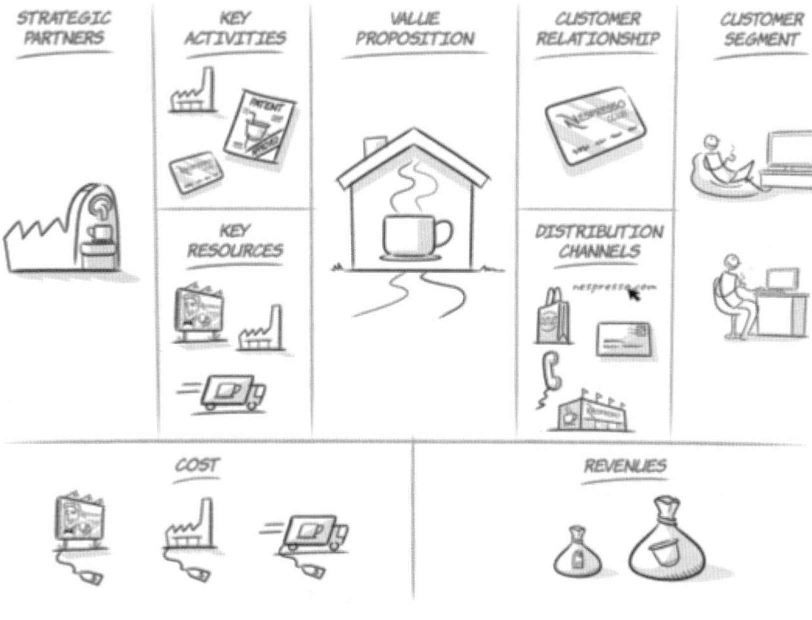

Figura 2.4. Business Canvas Model de Nespresso.

VISION CANVAS

Cuando empecé a estudiar estrategia de negocio, escuchaba con asiduidad las típicas definiciones de «Misión, visión y valores». Siempre me parecieron útiles e importantes, sin embargo, tal y como las enuncian la mayoría de las empresas me parecen abstractas y casi siempre carentes de un valor real.

Puede que por eso me guste el *canvas «The 5 Bold Steps Vision Canvas»* que propone David Sibbet y aparece en el libro *Design a Better Business.* Este recurso es fundamental para delinear una visión para tu negocio que vaya más allá de una frase pomposa.

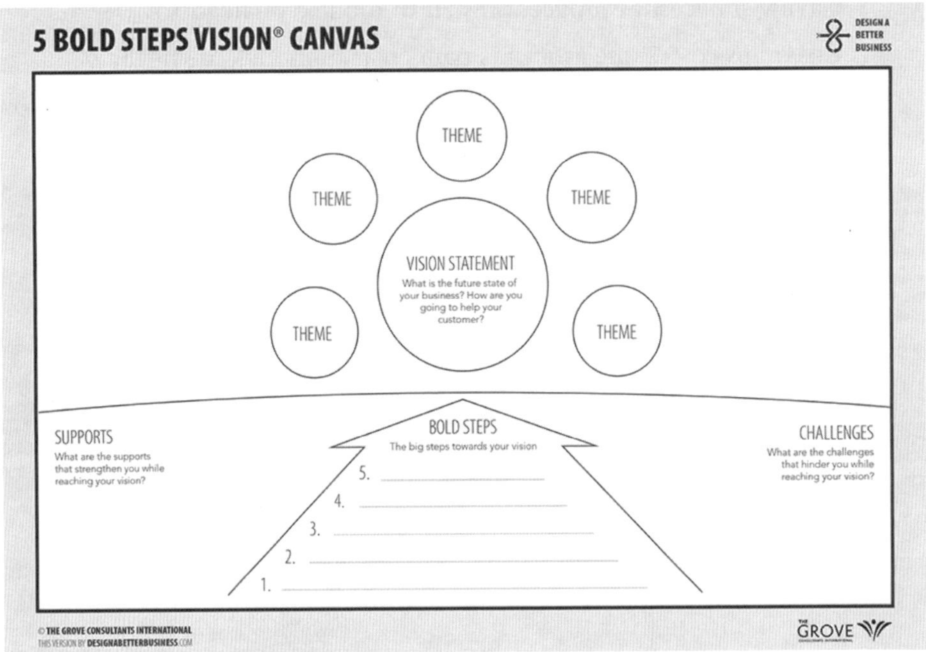

Figura 2.5. The 5 Bold Steps Vision Canvas.

Tu visión ha de ser clara para que de verdad te sirva a nivel estratégico para la toma de decisiones. Una brújula que te garantice que continúas en el mismo camino. Una visión compartida que vaya más allá de la frase y que establezca los pasos a seguir para llegar a la meta.

- **Paso 1: Una visión que va más allá.**

El primer paso es salirte de las definiciones tradicionales de «visión» y trabajar, conjuntamente con tu equipo, en diseñar algo único. Esto no es algo que «tengas que rellenar», sino algo que, si está bien explicado, te ayudará a llegar más lejos. Por eso, plantéate reunir a todo el equipo y preguntar dónde quieres que esté tu organización en los próximos años, qué queréis conseguir y cómo será tu futuro modelo de negocio. Haced una lluvia de ideas e imaginaros a medio y a largo plazo.

- **Paso 2: Diseña los temas de la visión.**

Una manera muy interesante de complementar la visión es la redacción de los temas que la apoyan o los valores que conformarán nuestra propuesta única. Desde que tu producto esté centrado en el usuario, que sea de gran calidad, que te lances a crear algo innovador... encuentra estos temas que rodean —de forma literal— tu visión y rellénalos en los círculos cercanos.

- **Paso 3: Añade ejemplos a tus temas.**

No dejes que los temas vayan solos, acompáñalos de ejemplos que los hagan reales. Intenta que los ejemplos sean claros y puedan estar reflejados en tu modelo de negocio.

- **Paso 4: Define los 5 pasos de tu estrategia.**

Las definiciones estratégicas son muy importantes, pero su valor se multiplica si añades qué hacer para alcanzarlo: esos cinco pasos de tu estrategia que convertirán esto en algo real. Para rellenarlo responde a esta pregunta: ¿Qué debe hacer tu organización para respaldar esta visión?

- **Paso 5: Cuenta tu historia.**

Haz que este *canvas* cobre vida contando una historia. Haz que la misión, los temas y los ejemplos sean palancas reales que puedes accionar y que los cinco pasos de tu estrategia sean realistas. Esta será la clave del éxito de tu *canvas* final.

Recuerda que este no es un trabajo individual, sino que, a cuantas más personas puedas implicar, mejor. Son estas personas las que defenderán el modelo, así que te interesa que de verdad estén comprometidas y compartan la visión. Es contraproducente que tú definas y el resto ejecute.

Un buen caso, también de *design a better business,* es el de la nueva visión del banco ING. En la figura 2.6 se aprecia un ejemplo del «*The 5 Bold Steps Vision Canvas*» ya terminado.

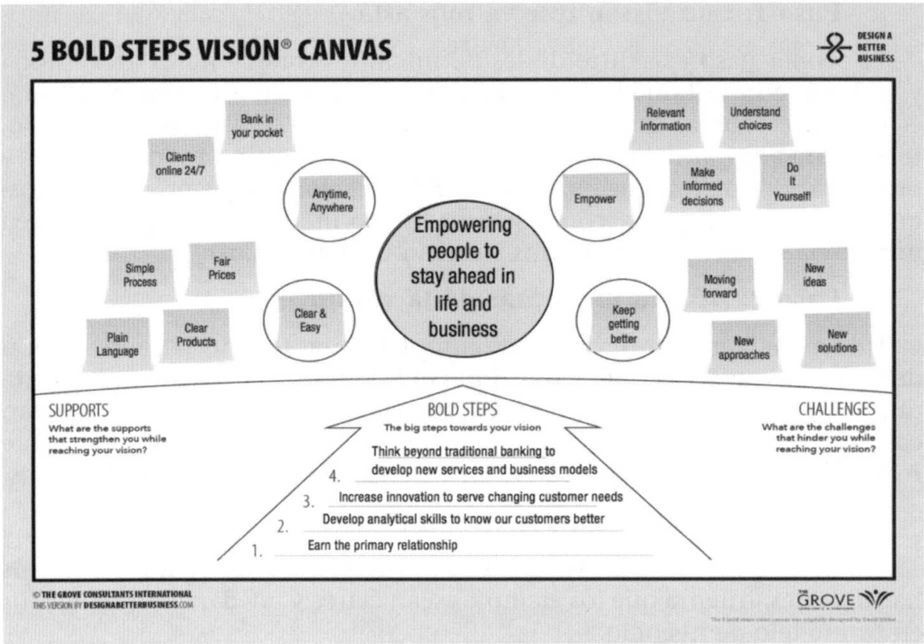

Figura 2.6. Ejemplo para ING de The 5 Bold Steps Vision Canvas.

Como ves, han seguido todos los pasos. Han tenido en cuenta cuál era su visión, la han acompañado en este caso de cuatro temas o valores que han apoyado con ejemplos. Para terminar, han trazado los cinco primeros pasos de su estrategia.

PRODUCT STRATEGY CANVAS

Todos tus productos contarán con una estrategia detrás, algo que te diga cómo deseas que sean en unos años.

Cuando hables de la estrategia de productos, no pienses en una serie de funcionalidades a implementar, porque eso es solo un plan. Los planes no son nada seguros porque no siempre responden bien ante los cambios u otras situaciones externas que pueden afectar a tu empresa.

Si te quedas anclado en un plan, en un *roadmap* o en un calendario de hitos de desarrollo, no llegarás a cuestionarte si lo que estás trazando es lo correcto para conseguir tus propósitos a más alto nivel. Lo que realmente necesitas es una estrategia de producto que esté a un nivel más alto y que de verdad te ayude a cumplir tus objetivos.

Para realizar este ejercicio, te comparto el *Product Strategy Canvas* ideado por Melissa Perri (ver figura 2.7).

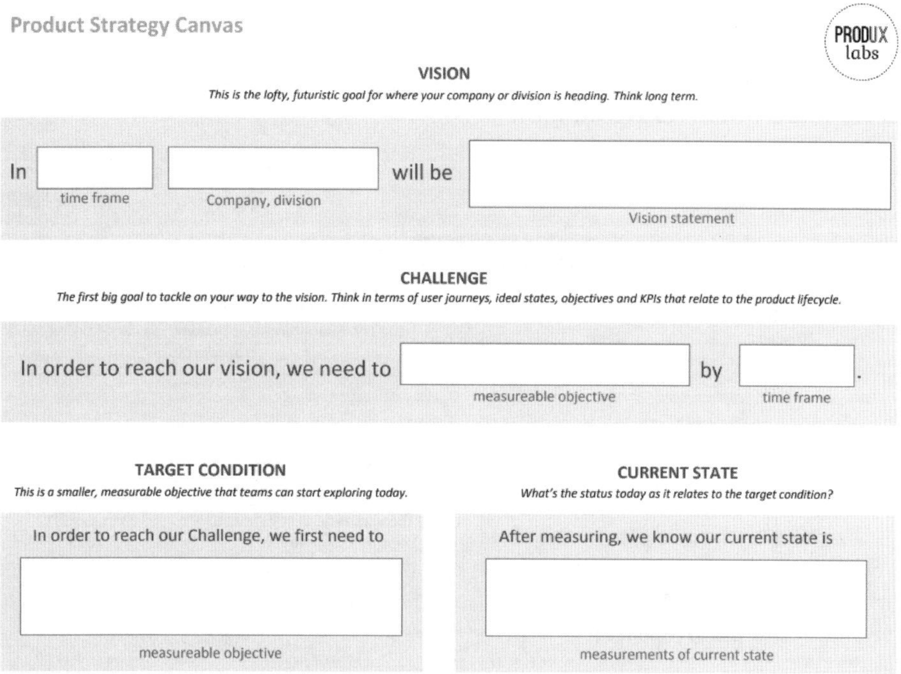

Figura 2.7. Product Strategy Canvas.

Hay varios aspectos en los que merece la pena reparar:

- **Vision:** Hacia dónde quieres que se dirija tu compañía, qué deseas llegar a ser. Si has realizado «*The 5 Bold Steps Vision Canvas*» que hemos visto en el apartado anterior, ya tienes hecha esta parte del trabajo. Solo falta añadir el tiempo en el que planeas realizarlo.

- **Challenge:** Qué debes hacer para alcanzar tu visión, tu objetivo de negocio principal a largo plazo. Para rellenarlo te recomiendo que pienses mucho en las causas internas que te están dificultando la consecución.
- **Target Condition:** En este punto aterrizarás un poco más el reto anterior. Los retos son problemas más pequeños a los que debes enfrentarte. Intenta que en este punto aparezcan números concretos que faciliten la medición.
- **Current State:** Saber en qué punto estás ahora también servirá para ponderar lo que te falta para lograr tu objetivo.

En este caso, la propia creadora del *canvas* ofrece un ejemplo muy interesante sobre Uber (ver figura 2.8).

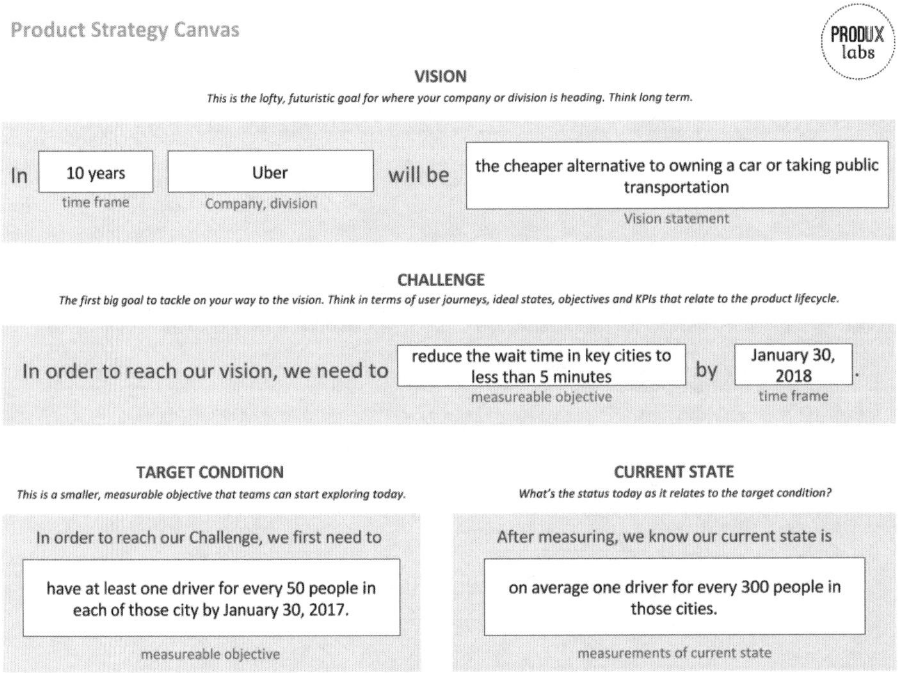

Figura 2.8. Ejemplo Product Strategy Canvas para Uber.

La declaración general será: «En 10 años queremos que Uber sea la alternativa más barata al taxi. Para ello tenemos que reducir el tiempo de espera en las ciudades a menos de cinco minutos antes de enero de 2018. Para conseguir este reto necesitamos un conductor por cada 50 personas en las ciudades antes del 30 de enero de 2017, ya que actualmente contamos con un conductor para cada 300 personas de media en cada ciudad».

Con esta información en la cabeza de todos los trabajadores, es posible comenzar a desarrollar tu producto en la misma dirección. En definitiva, puedes empezar el proceso de diseño.

1
2
3
4

3 EL CONTENIDO COMO EJE DE DISEÑO

Diseñar interfaces es mantener una conversación con los usuarios que visitan tu producto digital (web, aplicación móvil). Es que les cuentes algo de valor, que hables de tu marca en tu espacio digital, que converses con ellos.

Para conseguir todo lo anterior es necesario que analices lo que tienes que ofrecerles y que lo coloques en el lugar que consideres mejor para que te entiendan a la perfección. Que prepares un espacio donde mantener una conversación con ellos: un espacio que estará basado en elementos como las imágenes, los titulares, las filas, las columnas, los píxeles.

El fallo es que en ocasiones el diseño y la narrativa no van de la mano. Primero empiezas diseñando pantallas con lo que crees que debe ir en cada sitio y rellenando ese espacio con las típicas cajas escritas con *lorem ipsum*. Este es el drama del diseño visual, que no siempre responde a los contenidos que se quieren insertar.

Personalmente me gusta ver el contenido como una parte transversal que nace cuando defines una marca y sigue vivo incluso cuando estás en la parte más «marketiniana» o de promoción.

Cuando vayas a empezar a definir tu marca, siempre utilizarás palabras. Esta tarea la llevarás a cabo como te mostraré en el capítulo de estrategia de contenidos. Cuál va a ser tu propuesta de valor y cómo deseas hacer sentir al usuario serán los puntos clave. Ello estará presente muy al principio del ciclo de vida de tu producto digital y se mantendrá hasta el final.

Para explicarte bien dónde comenzarán a estar presentes tus equipos de contenido, detallaré cuál es el ciclo de un producto digital.

EL CICLO DE VIDA DE UN PRODUCTO DIGITAL

Cuando un diseñador empieza a pintar pantallas, en muchas ocasiones acaba haciendo un *mockup* o prototipo similar al de la figura 3.1.

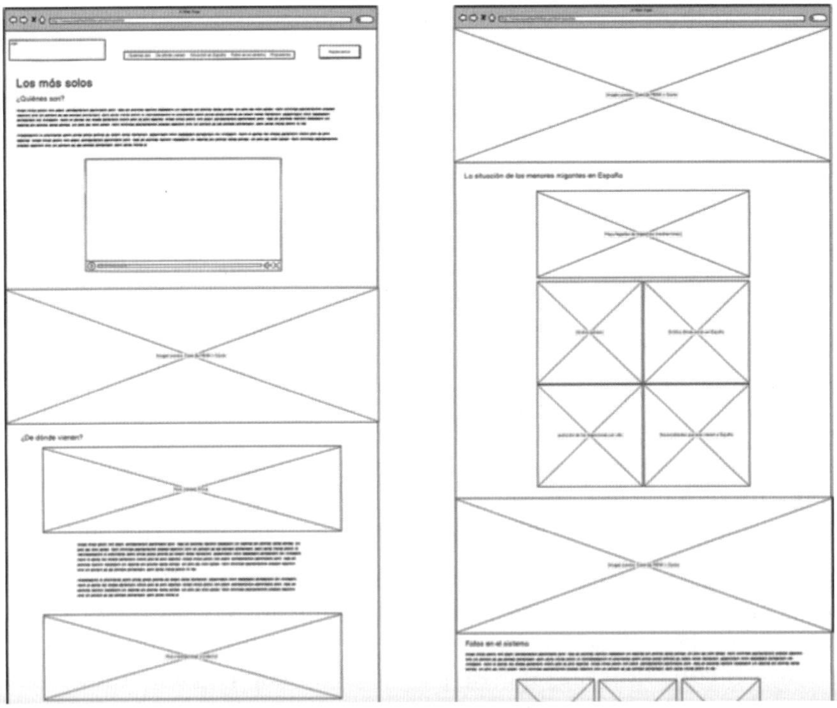

Figura 3.1. Prototipo web.

Tal vez tú también estás viendo un prototipo, pero yo veo una conversación pendiente entre un diseñador y la persona responsable de contenidos. Con seguridad el diseñador sí haya pensado en el objetivo de esa *landing* y la haya diseñado conforme a las necesidades que tenga. Pero no sabrá qué caja o que no-caja ha de poner en cada espacio. De hecho, con certeza no haya podido estimar qué tamaño de caja necesitará. Seguramente no haya tenido más remedio que basarse en criterios estéticos o de usabilidad. Pero no ha podido predecir la conversación o las palabras imprescindibles para conseguir el objetivo final que buscas como marca. Es como si en una peli el movimiento del actor no fuera acompañado de sus palabras cuando ambos deberían decir lo mismo. Por eso, desde mi punto de vista, el *lorem ipsum* es una conversación pendiente entre la persona que diseña y la que se encarga de contenidos.

Esto pasa porque hay un gap en el proceso de diseño. Me explico, quizás si tuviéramos que poner el proceso de diseño en una sola línea temporal acabaríamos haciendo algo parecido a lo que se aprecia en la figura 3.2.

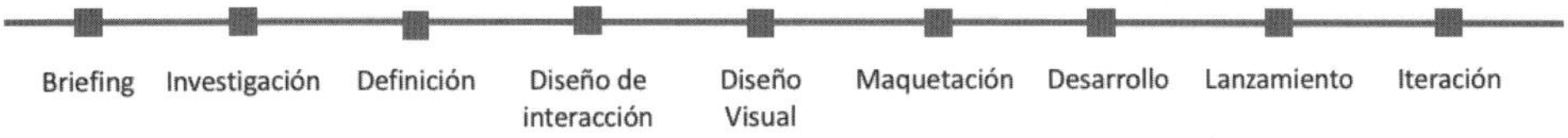

Figura 3.2. Ciclo de vida de un producto digital.

DISEÑO DE PRODUCTO

La primera fase que encuentras se relaciona con el diseño de producto o servicio. Esta parte, aunque parezca más abstracta, es la que asegura que tu producto esté bien creado o no. Este proceso suele empezar con un *briefing* o con la definición del problema que tiene un usuario. Después continúa con una investigación sobre el usuario, cuáles son sus *pain points* o puntos de dolor que quieres resolver.

Una vez tienes toda la información necesaria y, sobre todo, con la totalidad de los datos necesarios para que el proceso sea realista, es posible comenzar a idear las distintas soluciones que existen. De ahí tendrás un producto bien definido que podrás mostrar en un PRD (*Product Requirement Document*).

Sobre este proceso te hablaré más en el capítulo de diseño de productos digitales donde profundizarás paso a paso por las distintas etapas.

PROTOTIPADO

Con tu producto digital ya definido, por lo general pasarás por dos roles que, dependiendo de la empresa, se hallarán juntos: diseño de interacción (más conocido como UX) y diseño visual (UI).

Ellos se encargarán de dibujar un flujo que explique el recorrido que hace el usuario. Pintarán los distintos elementos de interacción y se asegurarán de que tu marca esté presente a nivel visual.

DESARROLLO

Esta parte es la más técnica, en la que tendrás un desarrollo *front* (o de la interfaz) y *back* (relativo a las tripas de tu sistema). Ellos se encargarán de llevar a la realidad y de construir tu producto digital.

Según el tipo de empresa contarás con un solo perfil (*full stack developer*) o dos desarrolladores. Puede que tu producto digital sea más complejo y precises más perfiles, desde una persona de sistemas a un *QA* que asegure la calidad del resultado final.

MARKETING

Cuando ya se han completado todas las fases anteriores y ya tienes tu producto digital listo, es el momento de explotarlo, de generar negocio en torno a él y de empezar a obtener beneficios. De esto se encargará el departamento de marketing.

Dentro de este departamento hay también distintos perfiles (hablaré a partir del capítulo 10 mucho más sobre el tema). Lo más importante a tener en cuenta es que ellos se encargarán de hacer llegar tu marca a tus clientes potenciales, gracias al contenido y a la combinación de canales.

Debes saber, asimismo, que el proceso no acaba ahí, sino que hay que analizar cómo está funcionando e iterar tu producto digital si algo no funciona según lo previsto.

¿POR QUÉ TODAVÍA NO APARECE EL CONTENIDO?

La situación que habrás vivido normalmente es que el contenido se comienza a elaborar a la altura del lanzamiento o marketing. A veces un poco antes, cuando estás terminando el desarrollo, se empieza a hacer la tradicional carga de contenidos. Cuando esto pasa es porque estás olvidando que el contenido de las páginas estáticas también se diseña. Son parte de la conversación que entablarás con tu usuario. Incluso el cómo creas una arquitectura de la información dentro de una web es una cuestión de contenido. Es necesario contextualizarlo y agruparlo teniendo en cuenta cómo los buscadores pueden reaccionar a tu clasificación.

Es importante, además, que en el diseño de las funcionalidades de la web se responda a tus objetivos de marketing. Puede que en tu estrategia vayas a precisar de formularios para captar leads y que necesites crearlos con bastante agilidad. O podrías depender de la creación de un blog para generar tráfico y posicionar palabras clave en buscadores. Si este es tu caso, esa funcionalidad de blog se pensará desde el primer momento.

Por último, tienes que buscar, de nuevo gracias al contenido, la forma de ser relevante, de que la gente visite tu producto digital, de que lo entiendan y lo conozcan. Esa será la única forma de hacerlo relevante.

Los contenidos son una herramienta muy necesaria para poder diseñar. Solo tienes que ver cómo trabajar con ellos.

UNA NUEVA FORMA DE DISEÑAR

Es muy habitual, cuando hablas con personas de distintas disciplinas, escuchar sus quejas sobre lo tarde que se les tiene en cuenta en los procesos de diseño. Un experto en analítica te dirá que debe entrar al principio del proceso para definir qué se va a medir. Un experto en SEO o posicionamiento en buscadores repetirá lo mismo, ya que el orden que tengan los contenidos o cómo se construyan las URL afectará a su éxito o fracaso posicionando el producto digital en buscadores.

Todas estas quejas son reales y necesarias. Seguramente el proceso de diseño actual (el ciclo de vida de los productos digitales) no sea válido tal y como está definido o debas matizarlo mucho más para especificar quién entra en cada momento.

Lo que sí está claro, o al menos es lo que voy a defender en todo el libro, es que el contenido es transversal. Las palabras son el reflejo de la marca, el ADN de cómo te has definido en entornos online.

De esta forma te propongo que tu ciclo de vida del producto digital sea como el de la figura 3.3.

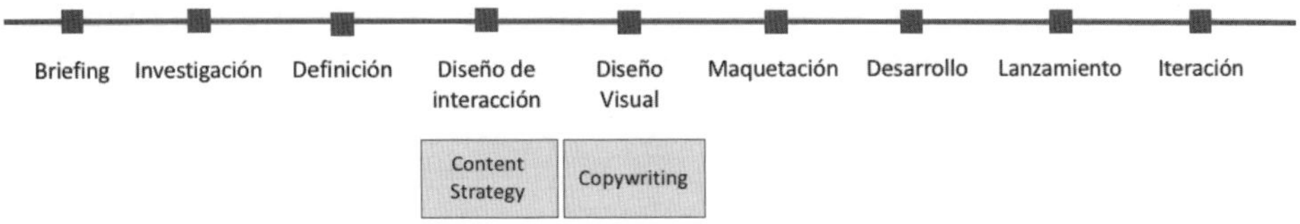

Figura 3.3. Nuevo ciclo de vida de un producto digital.

Como ves, la mayor parte del proceso es igual. Sin embargo, junto al diseño de interacción añades a una persona de contenido o *Content Strategist* que se encargará de cómo ha de ser o cómo se van a diseñar los contenidos. También, junto al diseño visual puedes incluir un perfil de *copywriting* que ajuste las palabras a los diseños para que siempre sea un trabajo paralelo.

Este proceso sí se da de esta forma en muchas empresas y puede que para ti sea válido. También es posible que no lo sea y que tengas que cambiar el orden o los procesos. Esta es solo una recomendación que te hago y una reflexión que quiero lanzarte: los contenidos son importantes en el diseño y el diseño no debería entenderse sin los contenidos.

DISEÑO DE CONTENIDOS

Las *landing pages* o páginas de aterrizaje se diseñan. Una a una. Analizando el objetivo y los elementos que usarás. Se crean con palabras, pero más allá de las palabras está la historia que hay detrás y cómo la contarás.

La narrativa es transversal al producto. Lo que el producto «dice» ha de estar en todos los sitios de la web. Y no solo eso, sino que el objetivo de todos los diseñadores es que el usuario entienda nuestro mensaje. Reservar cajas para meter contenidos de cualquier forma ha dejado de servir. Ahora hay que pensar qué decir en cada página estática de tu producto y tener en cuenta cómo esos contenidos se interrelacionan.

Pero, ¿cómo puedes diseñar los contenidos? Empezando por una sola *landing page* o página de aterrizaje. Diseñando contenidos y funcionalidades. Definiendo la marca en los colores, las imágenes y las palabras.

Hay muchos procesos que es posible seguir, pero el más sencillo e intuitivo es pensar en qué necesita saber el usuario y analizar una a una cada página y su mensaje principal. Desde ahí el diseño de interacción estará mucho más claro.

De cara a crear este contenido podríamos seguir un esquema como el de la figura 3.4.

Al final los puntos clave se relacionan con estudiar qué necesita saber el usuario sobre tu marca, con ser capaz de ordenar esos contenidos y desgranar en cada página el qué contar.

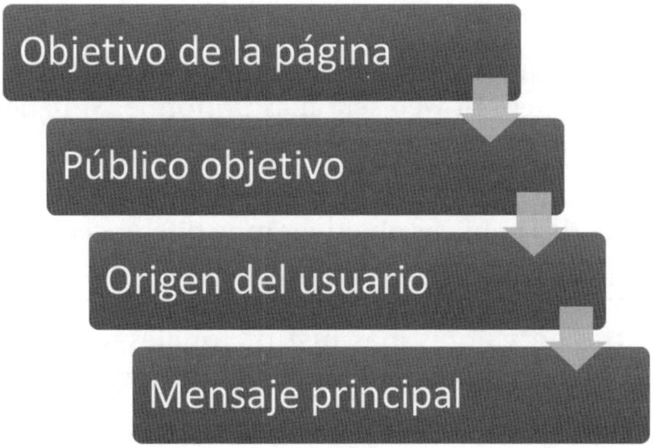

Figura 3.4. Proceso de diseño de landing pages.

OBJETIVO DE LA PÁGINA

La primera pregunta a formularte es qué persigues con esta página. Puede ser una página de notoriedad para llamar la atención; o de consideración donde tu producto y su propuesta de valor queden muy claros al usuario; o es posible que quieras centrarte en la conversión del usuario.

Estos no son los únicos objetivos plausibles. Desde la sensibilización hasta la viralidad, hay muchas estrategias a seguir. Lo más importante es no comenzar ni a escribir ni a pintar hasta que no sepas qué persigues, cómo deseas hacer sentir al usuario.

Junto a este objetivo deberías fijar las KPI que te ayudarán a medir si lo consigues o no. En la tabla 2.1 te dejo algunos ejemplos de objetivos de una *landing page* y cómo medirlas.

Tabla 3.1. Objetivos y KPI de una landing page.

Objetivo	KPI
Consideración	Tiempo de permanencia
Conversión	Tasa de conversión
Viralidad	Tráfico o sesiones

PÚBLICO OBJETIVO

La segunda pregunta para formularte es a quién estás intentando llegar. Si tu público objetivo es único, tu web será más uniforme. Si tienes distintos públicos, deberás encontrar espacios diferenciados.

Imagínate por un momento que dispones de una web de una universidad. En este caso tendrás dos públicos objetivos muy diferenciados: los estudiantes potenciales y los padres de ellos. Dependiendo de a quién vayas a referirte ensalzarás unos valores de marca u otros. Seguramente cuando hables con un padre te centres en valores más institucionales, mientras que con un estudiante te centrarás en la vida dentro del campus.

Sabiendo qué quieres alcanzar y con quién estás hablando, te vas acercando cada vez más a tener toda la información necesaria para empezar a pintar una página.

ORIGEN DEL USUARIO

La tercera y última pregunta que debes hacerte es de dónde viene el usuario o cuál crees que es tu principal fuente de tráfico. Esto determinará el contexto en el que él consumirá el contenido. Algunos supuestos pueden ser:

- **Una página anterior:** Si te encuentras en mitad de un funnel de conversión como puede ser un proceso de compra, será fácil definir de dónde viene.
- **De una landing distributiva**: Quizá cuentes con una web con muchos productos que tienes agrupados por temas. Hay una posibilidad de que consigas posicionar primero las páginas distributivas al conseguir antes una autoridad relevante en buscadores.
- **De una búsqueda en un buscador:** Si has creado una página con el objetivo de posicionarla en buscadores, debes saber que, si lo consigues, tendrás muchos usuarios que vengan por primera vez.
- **De un canal concreto:** Por ejemplo, de un enlace en un email. El usuario habrá podido consumir contenidos previamente y tendrá más información de contexto.
- **De un mix de varias:** En ocasiones no lo tendrás claro ya que recibirás contenido de varios canales. En ellos diseñarás pensando siempre en los distintos contextos que puede tener el usuario o el que crees que es el más probable.

MENSAJE PRINCIPAL

Con toda esta información ya estás preparado para pintar y escribir la página. Eres capaz de definir las distintas interacciones y tu narrativa digital. Esta fase es la más aterrizada y sí debería darte un prototipo final que puedas mandar a desarrollo (tras las validaciones que sean necesarias).

Esta parte es sin duda la más importante, por eso, siempre analiza el objetivo, el público y el contexto.

CÓMO EVITAR LOS PRINCIPALES FALLOS

Los procesos de trabajo nunca son perfectos y cuando tienes que trabajar con otros perfiles, el proceso se complica. Sin embargo, es posible y gratificante para todas las personas siempre y cuando cumplas una serie de normas no escritas:

- **No es cuestión de liderar.** Puede que siempre hayas estado en los procesos de diseño solo y ahora tengas a más gente para compartir. No veas esto como una lucha de poder. Juntos seguro que hacéis un proceso todavía mejor.
- **Intenta aprender.** Cuando haya personas de otras especialidades, aprovecha la oportunidad para aprender de cosas que quizá no sean tu punto fuerte. De este proceso saldrás reforzado y podrás adelantar situaciones que sabes que se van a producir.
- **Acepta el feedback.** No te tomes las críticas o los cambios que propongan otras personas como una crítica personal o a tu trabajo. Acepta otros puntos de vista y busca puntos intermedios que satisfagan a todo el mundo.
- **Mejora el proceso de diseño.** Este proceso no es perfecto, lo sé. Pero en tu mano está que se adapte a todas tus necesidades y a las de tu equipo. Lucha para que así sea, propón ideas en lugar de quejas.

4 EL PROCESO DE DISEÑO DE PRODUCTOS DIGITALES

Los productos digitales que diseñamos no surgen de las ideas. Hay pocas cosas que te deban dar más miedo que un conocido diciendo «He tenido una idea, necesito una web».

Pero entonces, ¿qué es el diseño centrado en el usuario? Aquí te dejo una definición que creo facilita la comprensión del proceso.

- **Diseño centrado en el usuario:** Filosofía de diseño que busca crear productos que resuelvan necesidades concretas de sus usuarios finales, buscando la mejor experiencia de uso posible con el mínimo esfuerzo de su parte.

De esta forma, para diseñar productos o servicios, tu punto de partida será siempre la búsqueda de evidencias y la investigación. Esto no significa que no haya buenos productos digitales delineados de manera intuitiva, que han surgido de una idea muy racional y que, cuando se lanzan al mercado, son un auténtico éxito. Sin embargo, de cara a diseñar existen distintas metodologías que sirven para asegurarte de que el proceso es el correcto y que no estás dejando nada de lado.

ANTES DE EMPEZAR A DISEÑAR

El proceso de diseño es un camino emocionante donde investigas, descubres y propones respuestas. Aunque vivas esto con ilusión, en ocasiones se convierte en un camino lleno de incongruencias, de dudas o incertidumbre. Por eso, antes de comenzar, quiero darte unos consejos.

- **No te enamores de tus ideas.** Quizá tengas en mente algo que deseas diseñar e incluso hayas empezado por esa idea. Esto es muy normal al principio, pero no es la mejor forma de enfocarlo, ya que las ideas solo las estás basando en tu experiencia y, para asegurarte el éxito, has de considerar la experiencia del resto de usuarios para los que estás trabajando. Te recomiendo que no te enamores y que, si en algún momento descubres que tu idea no es la mejor solución, busques enamorarte de esta nueva idea.
- **Escucha.** Posiblemente esto sea lo más importante. Oye al usuario: no oigas lo que deseas, escucha la versión entera de verdad. No sesgues con tu experiencia personal.
- **Tira de distintos hilos.** Habrá puntos del proceso en los que te enfrentarás a la disyuntiva de elegir entre dos caminos distintos. Sigue el que creas más coherente, pero no tengas miedo de volver atrás y comenzar otro. Cuando estás investigando, es así.
- **Abraza la ambigüedad.** En ocasiones habrá dos mismas soluciones para un solo problema. No te preocupes. Con seguridad, si continuaras indagando, hallarías otras dos más. Eso no debería suponerte ningún agobio: si todas las soluciones resuelven el problema, solo selecciona la que sea mejor para el usuario.
- **Aprende del fracaso.** Cuando diseñes habrá veces en las que todo salga bien y otras en las que tu producto no termine de funcionar. No pasa nada, está bien. Ahora, si tu producto ha fracasado o detectas puntos de fallo, aprende e itera las veces que haga falta hasta que de verdad responda al problema inicial que tiene el usuario.

METODOLOGÍAS DE DISEÑO

En la actualidad, algunos términos de uso extendido han irrumpido en otros entornos digitales como si fueran una novedad. Métodos como el *design thinking* son ofrecidos por escuelas de negocio, del mismo modo que hace años vendían cursos de *community manager*. No lo critico, creo que saber utilizar las redes sociales es una aptitud favorable, aunque no vayas a gestionar las redes sociales tú directamente. Asimismo, aunque no seas quien vaya a diseñar el producto digital final, sí te recomiendo que entiendas de dónde viene, qué aporta y si hay algún momento concreto donde te vendría bien intervenir.

Las metodologías de diseño son una simplificación del proceso de diseño habitual. Al final lo que buscan es mostrar en pasos un proceso que debería ser más orgánico. Es decir, con certeza un diseñador de producto nunca te dirá «voy a diseñar con la metodología de Ideo.com», sino que empezará el proceso investigando y volviendo a investigar cuando considere que es necesario.

Sin embargo, sí me parece vital mostrarte dos metodologías bastante famosas para que entiendas más o menos los pasos que tiene cada una. La primera la delineó a finales de los años 80 David Kelley (el creador del primer ratón de Apple) y la segunda es la del responsable de su conceptualización y masificación, Tim Brown (cofundador de Ideo.com).

LA METODOLOGÍA QUE PROPONE EL DESIGN THINKING

Tal vez esta sea la más popular, la que más gente decide seguir y la que más profesores imparten. Como se aprecia en la figura 4.1, este proceso tiene cinco puntos.

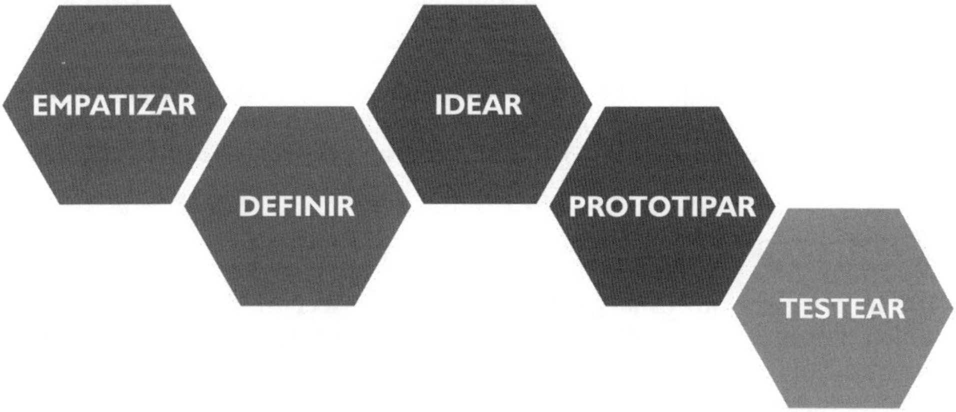

Figura 4.1. Proceso de diseño original. (Imagen de www.designthinking.gal/que-es-el-design-thinking/).

- **Empatizar.** Ponerte en el lugar del otro. Aunque no haga referencia directa a la palabra «investigación» sí se refiere de una forma u otra a que indagues cuál es el problema de tu usuario. Esta parte es crítica: si no la sigues de forma correcta, caes en el error de no estar diseñando para usuarios sino saltando directamente al paso de las ideas.
- **Definir.** Después de empatizar, llega el momento de determinar con claridad qué solucionarás. Esta definición siempre incluirá toda la información recabada en el proceso anterior.
- **Idear.** Ha llegado el momento de pensar cuál es la mejor forma de solucionar el problema del usuario. Aquí se necesita que saques toda tu creatividad, porque todos tenemos creatividad. Por mucho que te hayan dicho toda la vida que no lo eres y que no sabes dibujar, te aseguro que sí.
- **Prototipar.** Antes de ponerte a construir la solución que has ideado, es mejor llevar a cabo un pequeño prototipo que sea sencillo de entender y que sirva para comprobar que es correcto.
- **Testar.** Es interesante que, antes de dar por cerrado el proceso, hagas tests de usuarios con personas que tengan ese mismo proceso que estás intentando solucionar. Recuerda, como hemos visto antes, que hay que aprender del fracaso.

Esta metodología no es única sino una base. Muchas personas han hecho sus adaptaciones y variaciones. Algunas son tan populares como la de la consultora Ideo.com (donde Tim Brown hizo su propia versión).

LA METODOLOGÍA QUE PROPONE IDEO

Tim Brown decía que el *design thinking* es la intersección de las necesidades de las personas, su viabilidad técnica y su viabilidad como negocio. Su proceso, como se ilustra en la figura 4.2, tiene solo tres fases. Esto no significa que sea más corto, sino que agrupará todos los pasos significativos en distintos grupos.

Como en el caso anterior, desglosaré sus distintas fases:

- **Inspiración.** De nuevo empiezas por el principio, por un pequeño concepto. En este primer momento lo importante es ser capaz de adquirir mucha información relevante para saber más del problema que estás solucionando, del usuario al que estás llegando. En la figura 4.2 aparece todo este punto como una parte divergente del proceso en la que abres el problema e intentas ampliar tu horizonte actual.

- **Ideación.** Con toda la información en la mano, llega el momento en el que converges y vas aterrizando todo lo que solo eran ideas. En ocasiones, cuando comienzas a aterrizar las ideas, surgen nuevas dudas y vuelves a retomar la investigación. En cualquier caso, lo imprescindible es que este proceso termina en un prototipo.
- **Implementación.** Esta última fase sí que es nueva en el proceso, ya que incluye una parte de negocio que no estaba antes presente, pero que sin duda es sustancial. Aquí deberás pensar en cuál es la mejor solución para que tu concepto sea real y tu producto esté respaldado por un plan sostenible.

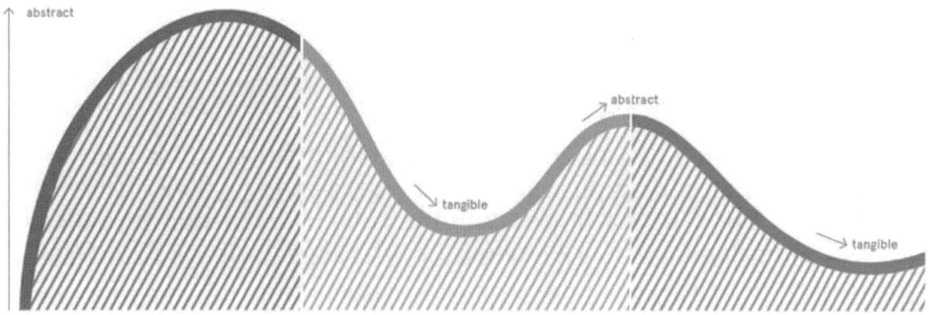

Figura 4.2. Proceso de diseño adaptado por Ideo.com.

Es posible que ninguno de estos sistemas te termine de parecer válido. Mi propósito no es que elijas uno y lo sigas al pie de la letra, sino que te sirvan de base para diseñar tus propios productos o servicios digitales. Siéntete libre de adaptar cualquiera de los modelos a lo que mejor se adapte a tu negocio.

EL PROCESO DE DISEÑO DE LOS PRODUCTOS DIGITALES

Si tu objetivo es diseñar un producto digital, sigue cualquiera de las metodologías anteriores que he comentado. Por no centrarme en una concreta, resumiré una serie de pasos comunes a todas.

RESEARCH

Diseñar soluciones para los usuarios siempre empieza por que entiendas cuáles son sus problemáticas relevantes. Quizá este sea uno de los principales motivos por los que las empresas que se lanzan acaban cayendo. Y lo digo en serio. ¿Cuántas conversaciones con los amigos has tenido que se inician con la frase «He tenido una idea para una empresa»?

Innovar no es que tengas ideas. Diseñar es entender qué les pasa a tus usuarios y cómo, desde tus productos, puedes ayudarlos. Por tal motivo, cualquier proceso en este sentido que lleves a cabo siempre partirá desde una fase de investigación (*research* o inspiración). En este punto aprenderás de los usuarios para los que diseñas y te adentrarás en su vida, en su situación, en sus zapatos.

Por dónde comenzar a investigar

Lo primero es estudiar qué conoces y qué no (pero necesitas saberlo) sobre lo que estás investigando. Esta tarea, pese a ser sencilla, requiere de reflexión.

Decir qué sabes consiste en pensar en todo, incluso en las ideas muy básicas y que no te sirvan de mucho para este caso. Es posible que incluso sean falsas y por eso será imprescindible cotejar. Decir qué no sabes es aún más importante porque así tienes tus primeros puntos a investigar. Y esto es de gran ayuda.

Por ejemplo, si estás investigando empleabilidad y discapacidad, el qué sabes consistirá en tasas de desempleo en discapacidad, por qué crees que se produce, incluso estereotipos sociales sobre la contratación de personas discapacitadas. Pero el *quid* es apuntar qué no sabes: qué tipos de discapacidades existen, cuáles son las formas que tienen las personas discapacitadas de buscar empleo, quién lo tiene peor o qué falla en el sistema para que siga existiendo esta situación. Investigar es hacerse preguntas y por eso tus primeras interrogantes serán muy claras para delinear sobre qué temáticas o conceptos necesitas seguir ampliando información.

Figura 4.3. Pasos de la fase research.

Técnicas de investigación

En este caso te estoy hablando de *UX research* o investigación como diseñadores, no de un estudio de mercado como estamos más acostumbrados en marketing o negocio. Esta diferenciación es notable porque las técnicas que usarás no son las mismas o no las emplearás de una manera distinta.

Algunas de las técnicas básicas son:

- **Entrevistas personales.** Sentarte con tus usuarios potenciales y descubrir más sobre su problema. Este tipo de entrevistas está siempre en un proceso de investigación y suele ser crítico si lo haces mal (es muy sencillo que se condicionen respuestas). Sobre cómo hacer este tipo de entrevistas dedicaré un apartado a continuación.
- **Entrevistas a expertos.** Como en el caso anterior, solo que con personas que sean referentes y que aporten valor a la investigación: expertos u otras personas que consideres que tienen relación con tu producto o servicio.
- **Entrevistas de grupo.** Si notas que la interacción entre los usuarios potenciales es un factor determinante, incluirás también en tu investigación una entrevista en grupo. Esto no lo harás por ahorrar tiempo, sino solo porque la interacción puede ser relevante de cara a tener un aprendizaje global del usuario.
- **Encuestas.** Este método es muy utilizado, pero trátalo con cautela e intenta que sea la única investigación que haces. Cuando lanzas una encuesta eres capaz de llegar a muchas personas en poco tiempo, pero perderás la fluidez de una conversación. Por ello, plantea las encuestas como una forma eficaz de corroborar algunas *insights* o descubrimientos que has hecho antes. Además, selecciona correctamente al público al que mandarás la encuesta para evitar sesgos.
- **Safari.** En ocasiones, la mejor forma para que investigues es tan simple como observar lo que el usuario está realizando. Sin intervenir. Sin preguntar. Este tipo de investigación la incluirás cuando el ambiente condiciona o afecta al producto que estás definiendo.
- **Analogías.** ¿Existe un producto similar al tuyo en otro lugar?, ¿cómo está funcionando? Si este es tu caso, también tienes la opción de realizar una analogía como referencia. Pero recuerda, que en otro sitio funcione no ha de ser la única información vital para ti, ya que los modelos de negocio no siempre es posible copiarlos en su totalidad.

Existen más tipos de investigación, como los diarios personales (donde le pides al usuario que apunte parte de su día) o las fotoactividades (donde les das una cámara para que hagan fotografías de lugares y momentos importantes). De hecho, no te ciñas solo a esta lista. Valora cuáles son los métodos que más te ayudarán y crea las formas de investigar que más te convengan.

No siempre usarás todas, sino que tendrás que analizar cuándo utilizar cada una. Te recomiendo que detalles un plan de investigación en el que especifiques qué pregunta quieres responder con cada tipo de entrevista (del listado de cosas que no sabes o que deseas ampliar) y si estas tienen un orden concreto (que dependiendo del caso puede ser que sí).

Los planes de investigación que elaboras no tienen por qué ser definitivos ya que, conforme vayas avanzando la investigación, te irán surgiendo nuevas necesidades. Estas últimas pueden ser infinitas, así que intenta acotar el tiempo de trabajo.

Consejos para realizar entrevistas personales

Antes de investigar piensa a quién formularás preguntas, quién será el público al que entrevistes. Evita encontrar a personas que estén en extremos y, si decides entrevistarlas, asegúrate de que siempre entrevistas a ambos segmentos. Busca la diversidad en género, raza, orientación sexual, edad, nivel de estudios, nivel económico e incluso lugar de residencia. No te quedes solo con una parte de la visión.

Lleva elaborado un guion de entrevista que evite las respuestas cerradas del tipo Sí/No. No te circunscribas solo a seguir este guion, entabla una conversación y hazlo en un ambiente de confianza (no te vayas a una sala fría y desconocida para el usuario, sino a su casa si es posible).

Entrevistarás a personas para las que estás diseñando, también a expertos. No olvides que muchos expertos hablarán en nombre de las personas para las que trabajas, pero no te quedarás solo con su perspectiva, sino que continuarás el proceso y preguntarás a las personas directamente.

Haz fotos, graba el audio, apunta frases literales. Consigue que la hora que dura esa entrevista te dé mucho más valor al terminar.

Conclusiones

Una vez que has finalizado, es el momento de poner todas las conclusiones en un mismo lugar. Empieza por recoger en pósits ideas o cosas que has aprendido. Busca un espacio diáfano y pégalos por grupos o *clusters*. De ahí saca conclusiones.

Una técnica muy útil es, a partir de la información recopilada, elaborar un *journey* en el que analices todos los pasos que puede dar un usuario. Ahí será sencillo identificar los *pain points* o puntos de dolor que son en los que te centrarás en la siguiente fase. Recuerda: tu objetivo es mejorar la vida de los usuarios.

Ha llegado el momento de definir el reto de diseño o qué quieres conseguir. Es ahora, y no antes, porque ahora sí has identificado qué deseas cambiar para mejorar un proceso por el que el usuario pasa. Para trazar un reto de diseño empieza por la fórmula «¿cómo podría...?», luego añade la cuestión a mejorar.

IDEACIÓN Y PROTOTIPADO

La fase de investigación (vista en el apartado anterior) es sin duda la más relevante. Si no la realizas, si te dejas llevar solo por tu intuición, si interfieres con tus opiniones en el proceso de diseño, hay probabilidades de que tu producto fracase.

Sin embargo, el proceso no acaba aquí, cuando has delineado tu reto de diseño con la fórmula «¿cómo podría...?», es el momento de idear una solución. Cuando llegas a ella, y antes de empezar a construirla, te recomiendo que realices un pequeño prototipo y lo testes. Este te ayudará a determinar si tu idea es válida o no, mediante los tests de usuario antes de desarrollar nada. Si por algún motivo en este proceso aprendes algo nuevo, será sencillo volver atrás.

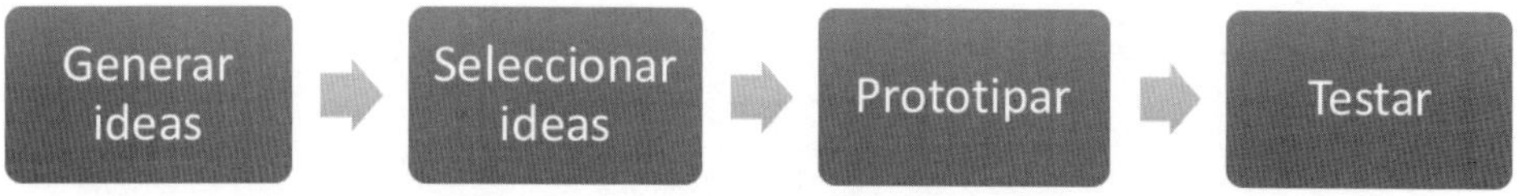

Figura 4.4. Pasos de ideación y prototipado.

Ideación

Generar y seleccionar ideas es quizá un proceso bastante más amable que el de *research*. Aquí incluirás a distintas personas: no pienses que solo estarán las creativas, ya que creativos somos todos.

Encárgate de buscar un espacio idóneo, donde quepáis todos. Trae el material adecuado como una pizarra, pósits o rotuladores para escribir. Nombra a un facilitador que se encargue de hacer una presentación previa con las conclusiones de la investigación, que sea capaz de controlar los tiempos y que incluya todas las ideas que surjan sin discriminar ni interferir con sus opiniones.

Antes de iniciar esta sesión de ideación o *brainstorming*, fija las normas y los tiempos. Una norma imprescindible es que no se niega ninguna de las ideas de los demás. Esto es muy típico, ya que con certeza todos tus asistentes tengan una opinión. Pero en esta fase del proyecto primará la cantidad a la calidad de las ideas. Ya tendrás tiempo de filtrar después.

Deja un espacio primero para la reflexión individual y, luego, pasa a la puesta en común. Aunque en ocasiones podrás hacerlo directamente en común.

Para evitar bloqueos, cuando las personas no tienen más ideas, pon condiciones. Algunas de las más comunes son:

- Si lo tuvieras que hacer en un mes.
- Si tuvieras un año entero para hacerlo.
- Si no dispones de presupuesto.
- Si cuentas con un presupuesto muy alto.
- Intenta llegar a 100 ideas.
- Intenta acabar un taco de pósits.

Figura 4.5. Sala donde se realiza un brainstorming.

Con todas las ideas en pósits, llega el momento de agrupar. El facilitador aquí cobra un papel clave: recogerá tus ideas y las de las demás personas que están en la sesión e irá creando grupos en los que haya consenso.

La última fase es seleccionar las ideas que han salido. El mejor escenario es que consigas un consenso. Si no es así, propón una votación (o da tres votos o haz dos vueltas). El objetivo de votar no es elegir de forma forzosa el resultado con más votos, sino generar una argumentación muy interesante sobre las distintas opciones.

Prototipado

Un prototipo es un molde de una idea que te permite experimentar y mejorar antes de producir. Es pensar con las manos. Los prototipos nos ayudan para validar las ideas que tenemos antes de iniciar un desarrollo real. Nos hacen reducir tiempos, abaratar costes y verificar.

Con certeza, si piensas en un prototipo, te viene a la cabeza un *mockup*. Este será el caso más habitual, pero en ocasiones nos interesará tener un prototipo físico, como el de la figura 4.6. En ese caso estábamos pensando nuevas formas de desplazarse en las ciudades (un ejercicio de diseño libre, sin limitaciones, no tenía por qué construirse ni llevarse a cabo). El resultado fue una maqueta.

Figura 4.6. Ejemplo de prototipo 3D.

Hay muchos tipos de prototipos que es posible crear:

- Un modelo en 3D.
- Un *mockup* y hacerlo navegable.
- Preparar un juego de rol que represente la realidad.
- Hacer un diagrama o infografía que lo explique.
- Elaborar una nota de prensa sobre cómo sería el lanzamiento.
- Preparar cómo sería un anuncio.

Tal vez el prototipo que más veces he usado es el *storyboard*. En Ideo.org proponen un pequeño esquema (ver figura 4.6) donde presentan al usuario y cuentan su historia en relación con el producto o servicio que hemos diseñado.

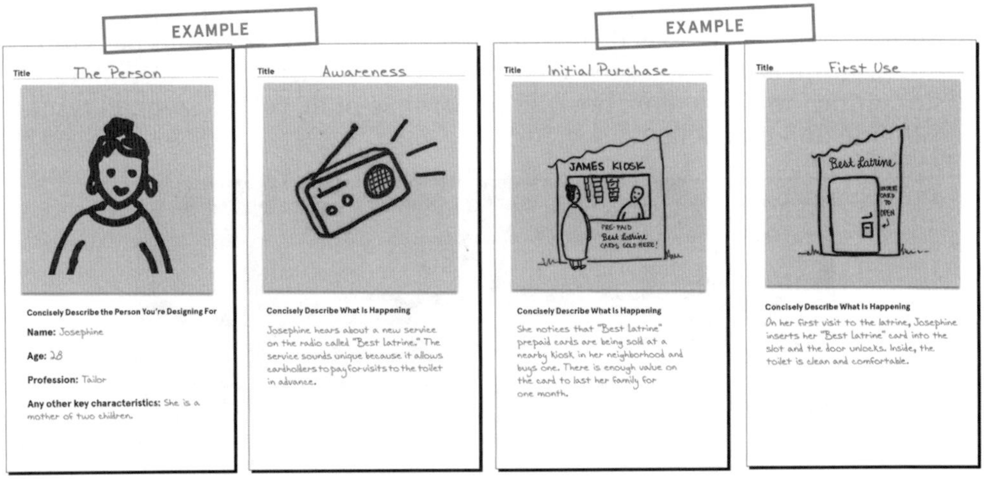

Figura 4.7. Plantilla de storyboard de Ideo.org.

Los prototipos siempre se testarán para analizar si el diseño funciona o no. Lo primero siempre será que definas qué es para ti «que funcione» y cómo lo medirás.

A continuación, deberás comenzar los tests de usuarios que realizarás en espacios relajados (como en las entrevistas de usuarios). No interferirás tampoco en el uso que hagan del producto, solo tomarás nota. Pídeles honestidad.

El mayor aprendizaje viene ahora, cuando en este proceso de test tengas que variar algo de tu diseño inicial. Este capítulo lo comencé contándote los fallos a sortear. Uno de ellos es enamorarte de tus ideas. Si en este punto del proceso precisas cambiar de idea, hazlo. Nunca te enamores de una idea, siempre ten en mente cuál es tu objetivo: mejorar la vida de los usuarios.

DEFINICIÓN DEL PRODUCTO

Tu producto o servicio está ya delineado. Ha llegado el momento de entrar en un entorno de desarrollo real. En este punto suele haber fricciones, pues el equipo de diseño de producto pasa el testigo al equipo de UX, UI y contenidos correspondiente. Si estas personas no están presentes en el proceso de diseño (algo que te recomiendo que hagas), lo normal es que lo cuestionen porque no lo entiendan.

Esto puede generar frustración e ineficiencia en el proceso. Por eso, en la medida de lo posible, crea pequeños puntos dentro del proceso donde invites a personas que van a desarrollarlo después.

Otra solución complementaria sería redactar un buen documento que defina correctamente el producto que hay que construir. Este documento se llama *Product Requiment Document* (PRD) e incluye algunos puntos clave como:

- Objetivo que tiene el producto.
- Para quién está diseñado.
- Cómo tiene que ser: descripción de funcionalidades y flujos de usuario básicos que ilustren qué se busca.
- Prototipo a alto nivel, sin entrar en detalles.
- Tecnología con la que se desarrollará.
- KPI o métricas más importantes.

Este esquema es un ejemplo básico. De cara a elaborar tu propio PRD pregunta siempre al resto de equipos qué información requerirán para adaptar los puntos a la realidad de tu empresa.

EJEMPLO DE DISEÑO DE PRODUCTO: MI ISLA

El proceso de diseño de producto es algo que en lo personal me apasiona. Sin embargo, tengo la sensación de que es mucho más experiencial de lo que voy a poder contarte nunca en un libro. Es un proceso en el que te pasas más tiempo de pie y hablando que sentado y leyendo. Por eso quiero contarte un caso real de un proyecto que tracé. Espero así contagiarte esa energía con la que vivo el diseño de producto.

Primero, quiero dejar claro que este proyecto no ha sido nunca llevado a cabo pero que, por su naturaleza social, invito a cualquier persona que desee desarrollarlo a que me contacte.

Todo empezó con una pizarra blanca y un montón de pósits en los que intenté describir los problemas de la infancia en España. Me centré en el análisis en nuestro país porque habría sido muy difícil investigar de otra forma.

Al final, y tras haber llenado una pizarra con vulneraciones de derechos de la infancia, los agrupé por áreas temáticas y decidí investigar sobre los abusos sexuales a menores, que es una de las peores formas de violencia contra la infancia existente.

Después de delimitar el área sobre la que quería diseñar mi producto digital tocaba sentarse a investigar, buscar una solución, prototiparla, delinearla y testarla. Siguiendo estos pasos, llegué al resultado final.

RESEARCH

En este caso, para entender mejor la situación plantee un plan de investigación que incluía tres técnicas principales:

- **Entrevistas a expertos.** No entrevisté a ningún menor directamente por mi falta de preparación y tampoco a antiguas víctimas para evitarles volver a pasar por el proceso. Los expertos me trasladaron información suficiente sobre víctimas, situaciones que han vivido y el proceso que habían pasado de cara a la denuncia.
- **Documentación.** Revisé información relativa a abusos sexuales que se encuentra en informes de Save the Children como «Ojos que no quieren ver», reportajes como los relativos al caso de los maristas, películas como *Spotlight* o libros como *Instrumental*.
- **Analogías.** Analicé qué iniciativas existían para prevenir, identificar o reparar el daño que hacen los abusos sexuales a menores.

Realicé entrevistas a varios periodistas especializados y a Amparo Medina (experta en protección infantil), a Thomas Ubrich (experto en investigación política e incidencia social) y a Liliana Marcos (investigadora social). En las entrevistas intenté siempre que ellos fueran los que me contaban, mientras yo ordenaba en mi cabeza cuáles eran las personas que se relacionan con el abuso sexual y el proceso por el que pasa un menor.

Una vez escuchadas todas las entrevistas, llené una pizarra de pósits en los que aportaba información sobre las distintas fases que existen en un abuso sexual: prevención, detección, denuncia y reparación.

No hace falta que te diga lo dura que fue esta fase para mí, pero lo necesaria que era si de verdad quería diseñar un producto útil. Aquí no hay ideas, sino evidencias de lo que está pasando.

IDEACIÓN

Con toda la información en mi cabeza, tocaba ver una solución. Durante el proceso de investigación, en las mismas entrevistas, salieron muchas ideas que seguramente mitigaban esta situación. Pero sin duda la que me parecía más interesante era la relativa a la prevención: cómo evitar que más niños y niñas sufran un abuso sexual.

Figura 4.8. Pizarra llena de pósits.

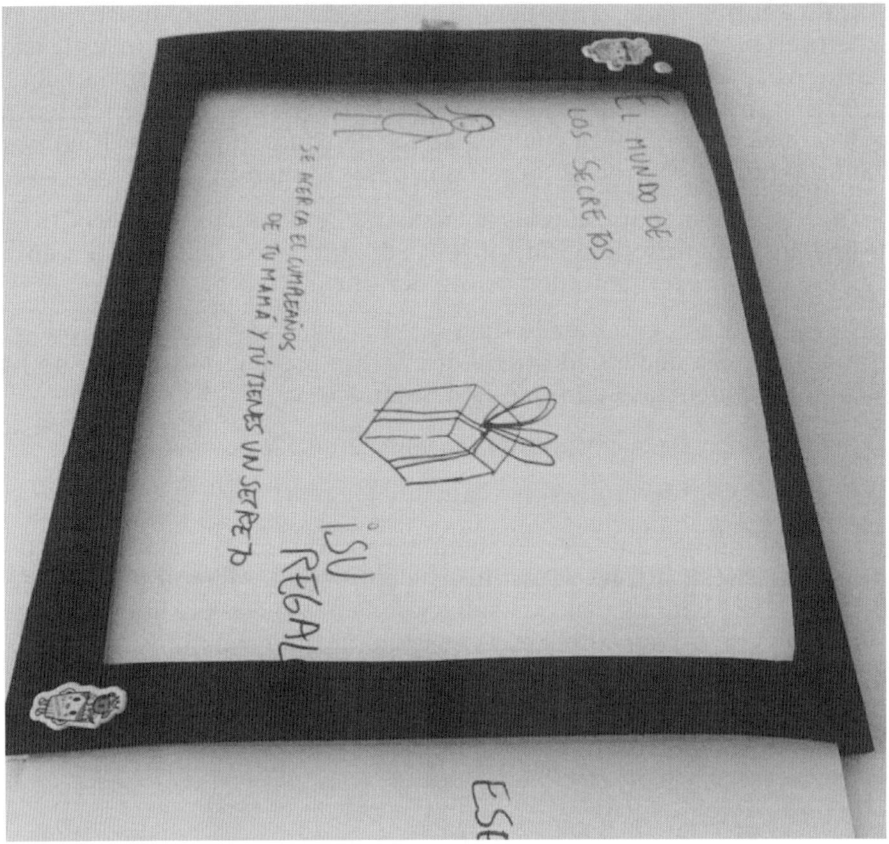

Figura 4.9. Prototipo del producto.

Sabiendo que me iba a centrar en la prevención seguí investigando sobre cómo empoderar a los niños, cuál era el segmento de infantes más vulnerables y qué dispositivos o plataformas utilizaban. E inicié el prototipado de las principales soluciones.

PROTOTIPADO

Tijeras, goma EVA y folios. Así nació el primer prototipo en el que ya sí empecé a tomar decisiones sobre cómo sería el producto digital que estaba diseñando.

Al final, escogí centrarme en niños y niñas de 7 a 9 años ya que era el rango de edad más vulnerable. Decidí que estuviese optimizado para tableta porque era el dispositivo al que tendrían más acceso. Por último, el sistema de navegación o cómo iban a consumir los contenidos sería lineal, como un libro al que pondría juegos para darle interacción.

DISEÑO VISUAL Y DE INTERACCIÓN

Estuve leyendo muchos materiales ya existentes sobre la prevención del abuso sexual y me di cuenta de que lo más relevante para evitarlo era mejorar la educación afectivo sexual de los niños y las niñas. Los puntos más importantes que teníamos que evitar en los niños y niñas eran:

- Que tengan secretos y no se atrevan a contar su situación.
- Que se vean forzados a ciertos actos afectivos como dar besos o jugar a las cosquillas (excusas típicas que utilizan los abusadores).
- Que sepan nombrar las partes íntimas de su cuerpo y entiendan qué partes pueden ser vistas y cuáles nadie debería pedirles que enseñasen.
- Que estén empoderados como para detener cualquier juego que deseen parar.

Me imaginé cinco islas por las que el niño o niña navegaría. Cada una trataría un tema distinto: los secretos o cuando no les contamos a nuestros padres qué ha pasado; la de los besos o cuando damos besos a quien no queremos; las cosquillas, los juegos o tu propio cuerpo.

Todos los contenidos estaban realizados en tono positivo y con un esquema narrativo sencillo: situación–problema–solución. Dentro de la solución se ponía en marcha una actividad o dinámica como gritar, repartir besos, etc.

A nivel visual intenté buscar un estilo que no fuera demasiado infantil para que no causara rechazo entre los menores. También revisé muchas aplicaciones destinadas a niños y niñas de esa edad para ver mejor cómo pintaban y cómo comunicaban.

La pantalla central que encontrarían los infantes sería este plano de islas donde seleccionarían la que quisieran y descubrirían su interior. En la figura 4.9 te dejo un ejemplo del prototipo de la pantalla principal. La imagen de la niña fue diseñada por @Drawnhy97[1].

1. www.freepik.es/drawnhy97.

Figura 4.10. Imagen principal del producto.

TEST DE USUARIOS

El trabajo no terminaba ahí, sino que fui a un centro donde niños y niñas pasaron y testaron la aplicación. De ahí tomé muchas notas y mejoras que realizar como incluir más juegos o ponerle voz a la aplicación para facilitar su lectura.

Figura 4.11. Imagen tomada durante el test de usuarios.

5 CÓMO CREAR UNA ESTRATEGIA DE CONTENIDOS

La estrategia de contenidos define qué contenido será relevante para los distintos canales, cómo responderá a los objetivos de marca y cómo lo generamos de manera planificada.

Para contarte qué es la estrategia de contenidos y cómo crearla para tu producto digital, me referiré al *Content Strategy Quad* que ha creado Brain Traffic[1] (ver figura 5.1).

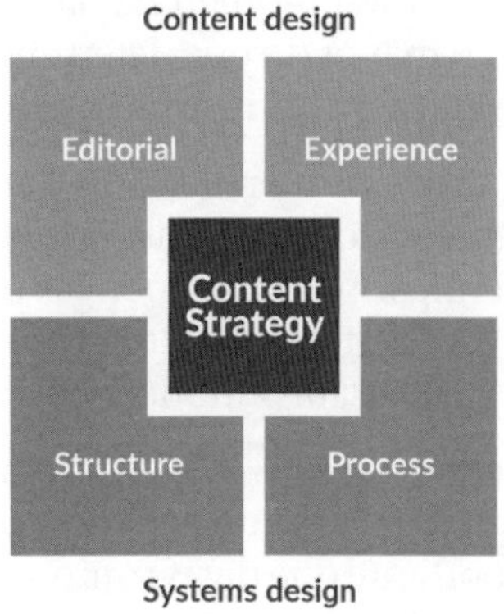

Figura 5.1. Content Strategy Quad de Brain Traffic.

El objetivo de las estrategias de contenido es ayudarte a definir, priorizar, integrar, sistematizar y medir el contenido. Por eso en este *quad* aprecias dos términos necesarios: el diseño de contenidos y los sistemas de diseño.

1. www.braintraffic.com/blog/new-thinking-brain-traffics-content-strategy-quad.

DISEÑO DE CONTENIDOS

El diseño de contenidos es ser capaz de llegar a los usuarios con el contenido adecuado en el lugar y el momento idóneos. Igual que diseñas interfaces como parte de una conversación que tienes con el usuario, también debes pensar en qué contenidos te apoyarán. Porque sí, los contenidos también se diseñan.

Para diseñar contenidos siempre te basarás en datos y evidencias para asegurarte de que lo que planteas sea real, no una suposición de buen *copy*.

Dentro del diseño de contenidos, como muestra la figura 4.1, hay dos áreas de estudio: la estrategia editorial y el diseño de la experiencia del usuario.

ESTRATEGIA EDITORIAL

Cuando diseñas los contenidos piensa siempre en cuál es tu público objetivo y cómo hablará tu marca. Esta estrategia editorial es posible resumirla en un documento de tono o marca que plasme cómo serán tus contenidos.

Algunos de los puntos que incluirá tu documento de tono o marca son:

- **Target o quién escucha.** Tener claro el público objetivo te ayudará mucho a crear contenidos adaptados a las necesidades de los usuarios. Con cuanta más información cuentes, mejor. Intenta poner ejemplos de personas reales y adjuntar entrevistas si tiene valor final.
- **Tono o quién está hablando.** Otra de las técnicas que me gustaría recomendarte está relacionada con personificar la voz del redactor. Esto ayudará a que el contenido esté más unificado y se note menos quién habla. Aquí podrás decir si la persona que escribe es joven o mayor (lo que determinará el tipo de palabras que utiliza) o si es más cercano o más institucional.
- **Redacción o cómo habla.** Especifica los consejos de redacción que se utilizarán. No es lo mismo que al usuario lo tutees a que le llames de usted, igual que no es lo mismo que emplees o no perífrasis, o que propongas o no el uso de ejemplos para aclarar conceptos. En esta parte es posible permitirte licencias y definir respuestas típicas o dejar claro si usarás emoticonos o no.
- **Imágenes o cómo se ve.** Aunque esto puede estar presente en tu documento de marca, te recomiendo que unifiques todo en un mismo documento e incluyas la parte de imágenes. Es importante que digas cómo serán las imágenes: si quieres que sean fotos, ilustraciones, los colores principales y hasta el encuadre más habitual que prefieras.

Por ejemplo, si eres una escuela universitaria, en la que varias personas vayan a estar detrás de tu contenido, crearás este documento de tono o de marca que te estoy comentando. Al final habrá siempre al menos una persona que te ayude a generar el contenido estático de tu web, un diseñador que te dirá qué imágenes usar y, seguramente, personas especializadas en los distintos canales de difusión más adelante. Por eso, disponer de este documento hará que tu marca sea más coherente.

Siguiendo el esquema que te he comentado antes, no olvides que tendrás con seguridad varios *targets* distintos (alumnos actuales, alumnos potenciales, antiguos alumnos o padres de los alumnos). Esta información condicionará la forma en la que hablas con tus usuarios, es decir, el tono. Desde luego, al tener un público tan heterogéneo, tu tono no será muy cercano, sino más institucional.

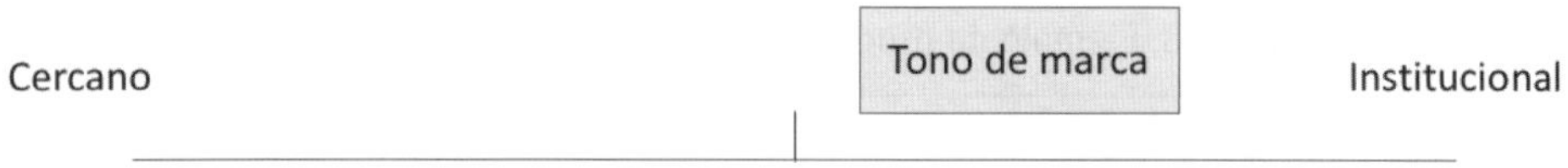

Figura 5.2. Ejemplo de cómo representar gráficamente el tipo de tono de una marca.

En este apartado más cercano al tono pondrás casos concretos de la expresión a nivel lingüístico. Añade cómo serán los titulares, la extensión de los párrafos o cuáles van a ser tus llamadas a la acción o *call to action*, ya que no será lo mismo que digas «solicita información» que «pide información».

Por último, incluye cómo serán tus imágenes, los iconos más relevantes, el tipo de imagen o ilustración, si serán informativas o descriptivas. Pon ejemplos para que las personas que generan contenido sepan con qué tipo de imagen trabajar.

Otra recomendación personal es que, en el mismo documento, des consejos para escribir orientado a los buscadores, cómo titular, cómo introducir enlaces y cómo optimizar las imágenes.

Cuando tengas terminado este documento, contarás con una guía que podrá seguir cualquier editor y que responde a la marca que has definido.

DISEÑO DE EXPERIENCIA

El contenido no son solo palabras, también son interacciones y formatos. El diseño de experiencia, que es parte del diseño de contenidos, dejará claras las necesidades de los usuarios (cómo llegar y cómo interactuar), así como los formatos de contenido a utilizar dentro de la narrativa de cada una de las páginas. Esto se puede ver de manera global a nivel de estructura de contenidos, algo que veremos más adelante. Es posible, además, analizar a nivel de microinteracción, donde veremos el viaje que realiza el usuario dentro de la plataforma digital. Por ejemplo, si estás analizando cómo el usuario realiza una compra en un *ecommerce*, debes pintar de dónde viene y hacia dónde va para entender el contexto que tiene y cómo el contenido aclarará o mejorará el proceso.

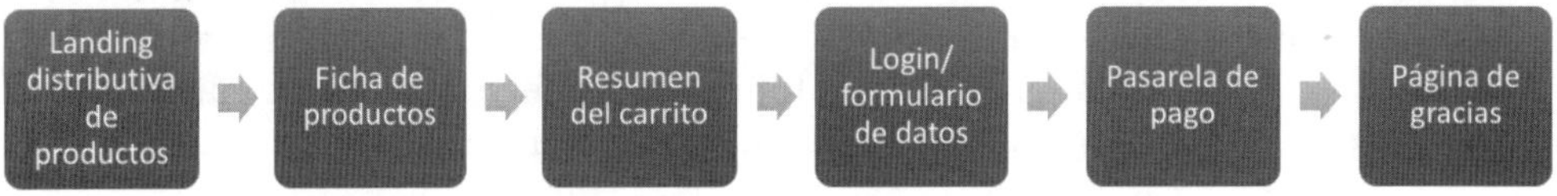

Figura 5.3. Ejemplo de proceso de compra en un ecommerce.

No olvides que dentro del proceso de la experiencia está el analizar qué espera el usuario de ti, cuáles son sus expectativas. Los objetivos de negocio son importantes, pero los equilibrarás con lo que el usuario desea conseguir.

SISTEMAS DE DISEÑO

Una vez que has fijado la parte más centrada en el diseño de contenidos —donde te he hablado de la parte más editorial (utilizando los documentos de tono para definirlos) y la parte más centrada en la experiencia del usuario (teniendo en cuenta aspectos como las interacciones o el contexto del usuario)—, llega el momento de hablarte del sistema de diseño. Recuerda que me estoy refiriendo al *quad* de la figura 5.1.

El sistema de diseño cuenta con dos partes: la estructura de contenidos y el proceso de creación de contenidos.

ESTRUCTURA DE CONTENIDOS

En este punto es preciso delinear la arquitectura, los módulos y las interfaces que necesitarás para alcanzar tus propósitos. El objetivo es que puedas crear un sistema que permita al usuario navegar entre los contenidos de una manera sencilla. Para ello habrá que pensar cómo organizarlos y cómo será la navegación.

Antes de empezar repara en qué contenidos tienes, sobre qué querrías hablar, cómo te defines, cuáles son tus productos. Intenta hacer grupos sobre estas temáticas y después únelos.

Esta tarea, aunque parece sencilla, es mucho más complicada y responde a tres factores principales:

- **Cómo navegará el usuario por nuestro espacio web.** La tendencia, cuando definimos arquitecturas de la información, es que acabes haciendo réplicas de las jerarquías internas o utilizando términos que son más internos que externos. Evita esto y piensa —o pregunta a usuarios reales— cómo navegarán por tu espacio web. Solo así te cerciorarás de que tus contenidos tienen una ordenación lógica.
- **Cómo nos va a buscar en buscadores.** Cada uno de los elementos que colocas en el menú generará una URL. Esta URL —y por tanto esta página o *landing page*— tiene muchas posibilidades de indexar en buscadores. El cómo se ordenan y, sobre todo, el cómo las nombras responderán a criterios SEO.
- **Cómo me identifico como marca.** Es importante que tu arquitectura de la información responda a los dos puntos anteriores, pero no es lo único. No olvides tu esencia, tus objetivos, lo que de verdad persigues comunicar como marca. Piensa en los usuarios, pero llega a un compromiso con lo que tú deseas obtener.

Si quieres de verdad que tu arquitectura de la información refleje todo esto, reunirás en la misma sala a todas las personas internas que consideres adecuadas (*product managers* o especialistas de productos), a personas de SEO (bien sean internas o de una agencia) y a usuarios o personas de comunicación que te puedan ayudar. No tienes por qué hacerlo todo a la vez, divídelo en distintas sesiones. Sin embargo, es imprescindible que sepas que, si juntas distintos perfiles, se enriquecerá mucho la conversación.

Si en este proceso no cuentas con expertos en posicionamiento en buscadores, seguramente la arquitectura de la información acabará estando poco alineada con la mejor forma de posicionar los contenidos en la web. Si en este proceso no cuentas con usuarios, es posible que acabes haciendo una web corporativa solo centrada en lo que tú buscarías como marca y no en los usuarios.

Una actividad que se suele realizar con cierta frecuencia es el *card sorting*. Invita a esta sesión a todas las personas con las que sea necesario tener un consenso y prepara con anterioridad una serie de tarjetas con nombres de productos que tengas, áreas de trabajo o conceptos que manejes.

Por ejemplo, si eres una tienda de zapatos, deberás añadir palabras como «zapatilla de deporte», «bota», «bailarina», «zapato de tacón» o «náuticos» y términos como «dirección de la tienda», «cómo son nuestros zapatos», «guía de tallas», «contacto», «FAQ», «política de envíos y devoluciones» o «quiénes somos».

Si por el contrario eres una agencia de organización de eventos, que en lugar de productos tienes servicios, tus palabras serían «cumpleaños», «boda», «sorpresa», «evento corporativo» y «otros eventos». Como en el caso anterior, agregarás otras palabras como «dónde estamos», «quiénes somos», «testimonios de clientes», «cómo son nuestros eventos» o «contacto».

En cualquiera de los dos casos colocarás cada palabra en una tarjeta y, con todas las personas en la sala, haréis un árbol jerárquico que tenga sentido para vosotros y que cumpla el compromiso que hemos dicho antes.

De esta forma, y volviendo con los ejemplos anteriores, si eres una zapatería con seguridad dispondrás de una categoría para «zapatos de hombre» y «zapatos de mujer», o decidas categorizarlos por el momento de uso y tener «zapatos de diario» y «zapatos arreglados». Además, incluirás como categorías principales las relativas a la marca o a vuestra filosofía y el contacto. En las subcategorías ya sí crearás grupos de zapatos.

Este ejercicio no es único, sino que has de validarlo con más personas para asegurarte de que de verdad está bien hecho. El entregable final que tienes que realizar no es similar a la figura 5.4, sino a la 5.5, donde aparecen ya especificadas las URL y cómo se formarán para mejorar el SEO.

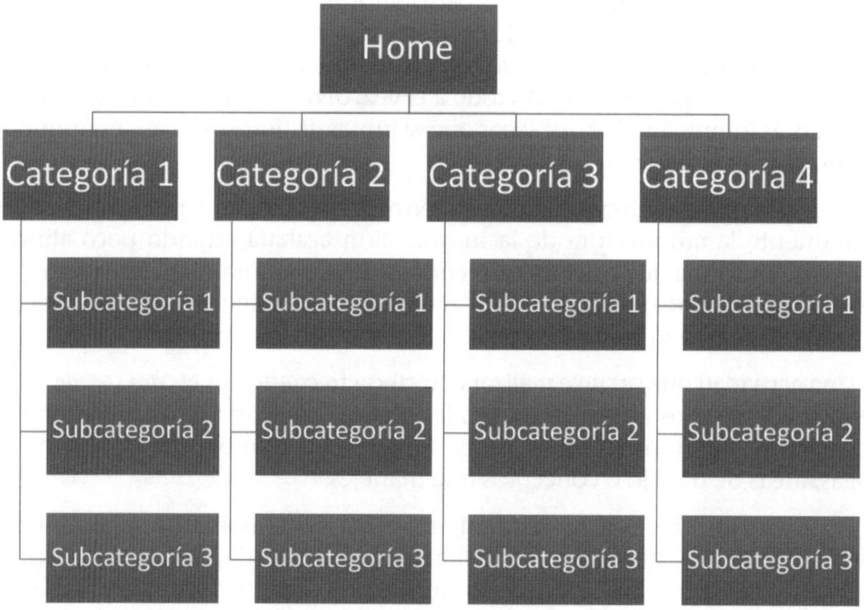

Figura 5.4. Ejemplo de arquitectura de la información.

	A	B	C	D
1	/trabajo-ong	/mortalidad-infantil	/agua-saneamiento-higiene	
2			/nutricion	/seguridad-alimentaria
3				/desnutricion-infantil
4			/salud-vacunacion	
5		/educacion	/equidad-educativa	
6			/educacion-de-calidad	
7			/educacion-en-emergencias	
8			/educacion-inclusiva	
9			/educacion-y-conflictos	
10		/proteccion-infantil	/violencia-contra-la-infancia	/victimas-de-trata
11				/menores-soldado
12				/matrimonio-infantil
13				/abuso-violencia-sexual
14				/castigo-fisico
15				/trabajo-infantil-forzoso
16			/ninos-migrantes	
17			/proteccion-en-emergencias	
18			/sistemas-de-proteccion	

Figura 5.5. Ejemplo de arquitectura de la información de un apartado de la web de Save the Children.

Este trabajo no es nunca algo definitivo. Como te contaré en el capítulo de iteración de contenidos, puede que en algún momento debas revisar esta estructura, pues podrás tener más información de los usuarios o tu empresa cambie de prioridades cada cierto tiempo. Esta variación de estructura acarrea unas consecuencias SEO importantes.

Junto a la arquitectura de la información, que pretende organizar y agrupar los contenidos, mencionaremos los modelos de navegación o cómo los usuarios interactuarán o accederán a las distintas categorías que hemos definido en la arquitectura de la información.

El modelo de navegación al que me estoy refiriendo casi todo el rato en este punto es en esencia un menú tradicional, con esta estructura que encontramos en la parte superior de la web y que permite desplegar las distintas categorías. En la figura 5.6 se aprecia un ejemplo del menú que tiene la marca de zapatillas Muroexe.

Su árbol de navegación diferencia en primer nivel las categorías de hombre, mujer, sus productos más icónicos, imágenes de redes sociales e información corporativa. Cuando despliegas cualquiera de los ítems, te aparecerán las subcategorías, donde ya se halla un detalle mayor (solo en «calzado» podemos ver «zapatillas», «zapatos», «botas», «slippers para casa», «impermeables y de alta amortiguación»).

Esta no es la única forma que existe de mostrar un menú, si por ejemplo vas a la web de otra marca, como Pompeii, verás un número inferior de subcategorías.

Figura 5.6. Menú de navegación de la marca Muroexe.

En este caso, en el menú principal sí encuentras categorías de hombre, mujer y nosotros, pero añaden tiendas y novedades. Quizá el cambio más importante que se observa es que, cuando despliegas una categoría, solo hay tres ítems («zapatillas de mujer», «accesorios» y «tarjeta regalo»). Esta es una decisión de diseño que la marca ha tomado teniendo en cuenta cómo son sus usuarios. Sin ir más lejos, al entrar en la parte de zapatillas de mujer, te sigues encontrando colecciones diferenciadas que no han querido ponerlas en el menú principal.

Figura 5.7. Menú de navegación de la marca Pompeii.

Existen muchos más modelos de navegación como el «menú hamburguesa», la navegación por búsquedas o por contenidos. El objetivo no es que aprendas todos, pero sí te sugiero que navegues mucho y por muchos productos digitales. Investiga cómo de fácil es acceder o no a los contenidos y ten en cuenta esas conclusiones para cuando quieras diseñar tu modelo de navegación.

DISEÑO DEL PROCESO

Igual de importante que saber cómo será el contenido, la interacción con el usuario y cómo se jerarquizará, debe importarte cuál será el proceso por el cual tu contenido se creará y continuará viviendo.

Como ya hemos visto, el contenido no se dejará para el último momento ni para que el último becario —con mucho respeto para las personas que están aprendiendo una profesión— tengan que escribir por escribir. El contenido es algo transversal al proceso de diseño y a las campañas de marketing y, por tanto, has de contar con personas específicas que te ayuden a que estas funciones se desarrollen correctamente.

Algunos de los perfiles más populares que se están ofreciendo y demandando en la actualidad son:

- **Content Strategist.** La persona que realiza la estrategia de contenidos. Será alguien que sabrá definir todo lo que hemos visto en este capítulo: desde el tono basándose en la propuesta de valor, como las interacciones que el usuario realizará con el contenido, hasta la arquitectura de la información.
- **Content Manager.** Un puesto un poco más intermedio que se ubica más en la fase de lanzamiento del producto. Este profesional tiene en mente todas las unidades de contenido existentes y las necesidades que hay que cubrir en la parte de marketing.
- **Redactor, Copywriter o UX Writer.** Es el responsable de redactar los contenidos. Este puesto ha ido cambiando de nombre con el paso del tiempo. Empezamos llamándole redactor y asociándolo a los periodistas. Sin embargo, en la última época nos encontramos más demanda de *UX Writer* (redactores más especializados en interfaces digitales con conocimientos de *microcopy*).

Con seguridad haya muchos más perfiles a considerar de cara a contratar y también los puestos serán distintos de aquí a pocos años. Por eso, no me importa tanto que te quedes con cómo lo llamamos, sino con cuándo pueden entrar.

Si recuerdas el esquema de ciclo de vida de un producto digital, ahora es posible incluir los distintos perfiles que hemos comentado antes.

Esto solo pretende ser una aproximación. Si vas a crear un equipo de contenidos te sugiero que lo definas teniendo en cuenta las personas concretas que quieres contratar y sus cualidades al intentar replicar un esquema concreto.

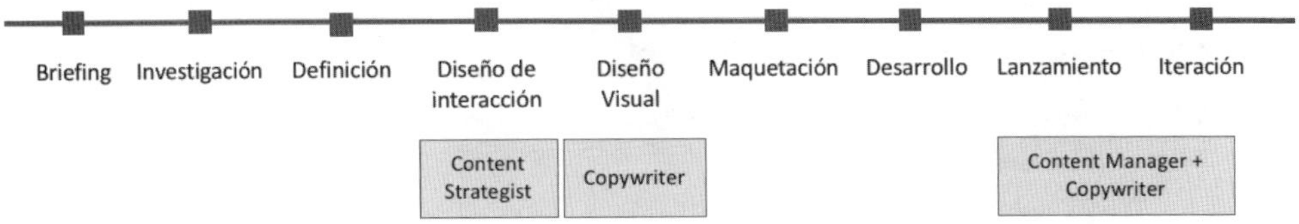

Figura 5.8. Perfiles de contenido en el ciclo de vida de un producto digital.

6 NARRATIVA DE LOS PRODUCTOS DIGITALES

Una vez has terminado de delinear tu estrategia digital, llega el momento de aterrizar ciertas páginas que sabes que tendrás que redactar de una forma u otra.

Este trabajo de elaborar contenidos tiene tres patas: una relacionada con el mensaje, otra con el diseño de contenidos y la última con el *copy*. En los siguientes capítulos haré hincapié en cómo diseñas centrado en el consumo de contenidos (intentando que la experiencia del usuario sea buena) y analizando qué palabras generarán más interés en el usuario. En este capítulo me centraré en cómo definir la narrativa en tus productos y servicios digitales.

Primero quiero hablarte de cómo hacer un prototipo indicando solo la prioridad de los contenidos. Posteriormente, abordaré las narrativas más importantes que estarán presentes en tu proceso de creación de contenidos.

GUÍAS DE PRIORIDAD

Cuando vas a empezar a diseñar una página, lo normal es que acabes usando un *wireframe*, es decir, un esquema de tu página web como el de la figura 6.1.

Esta herramienta, pese a ser la más habitual, no siempre es la que más te ayudará a diseñar tu espacio web teniendo en cuenta los contenidos que vas a encontrar. Los *wireframes* representan cómo podrá llegar a ser tu página de una manera simplificada. Añaden todos los elementos de la interfaz, pero, al ser una herramienta meramente visual, no reflejan la narrativa que tendrá. Te dan una falsa idea de cómo será el diseño final.

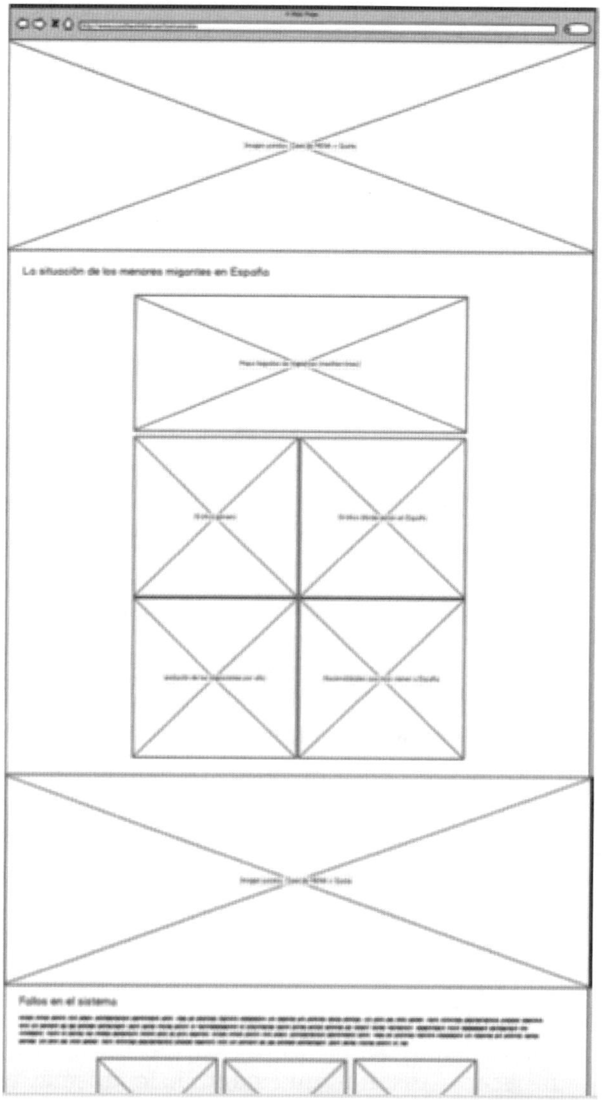

Figura 6.1. Ejemplo de wireframe de una página web.

Para solucionar todos estos problemas te presento esta herramienta llamada Priority Guides que fue creada por Paul Versteeg de la empresa Mirabeau. Cuando presentas un prototipo con las guías de prioridad, añades el contenido y elementos —para un móvil o un ordenador— de manera que esclarezcas la jerarquía que seguirán pero sin entrar en las especificaciones de diseño, solo pensando en cómo mejorarás la conversación con el usuario.

Pese a que el formato no es fijo (se puede hacer con el ordenador, en un papel o con pósit), lo que sí es importante es que sitúes en primer lugar el contenido que consideres clave para el usuario (ver figura 6.2).

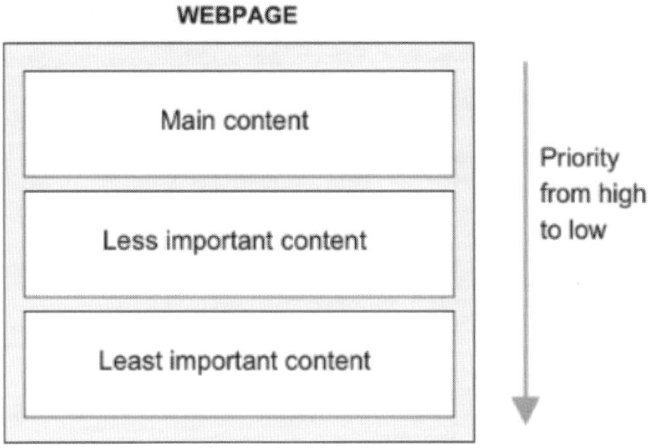

Figura 6.2. Ejemplo de guía de prioridad.

Este ejercicio no acaba aquí, sino que es posible detallar —como en la imagen de la figura 6.3[1]— muchas más partes del contenido online para que, después, el equipo de UX le dé la forma más visual.

Las anotaciones laterales son de gran relevancia, ya que te brindarán mucha información sobre las funcionalidades, los componentes y otras páginas con las que el usuario pueda interactuar.

1. alistapart.com.

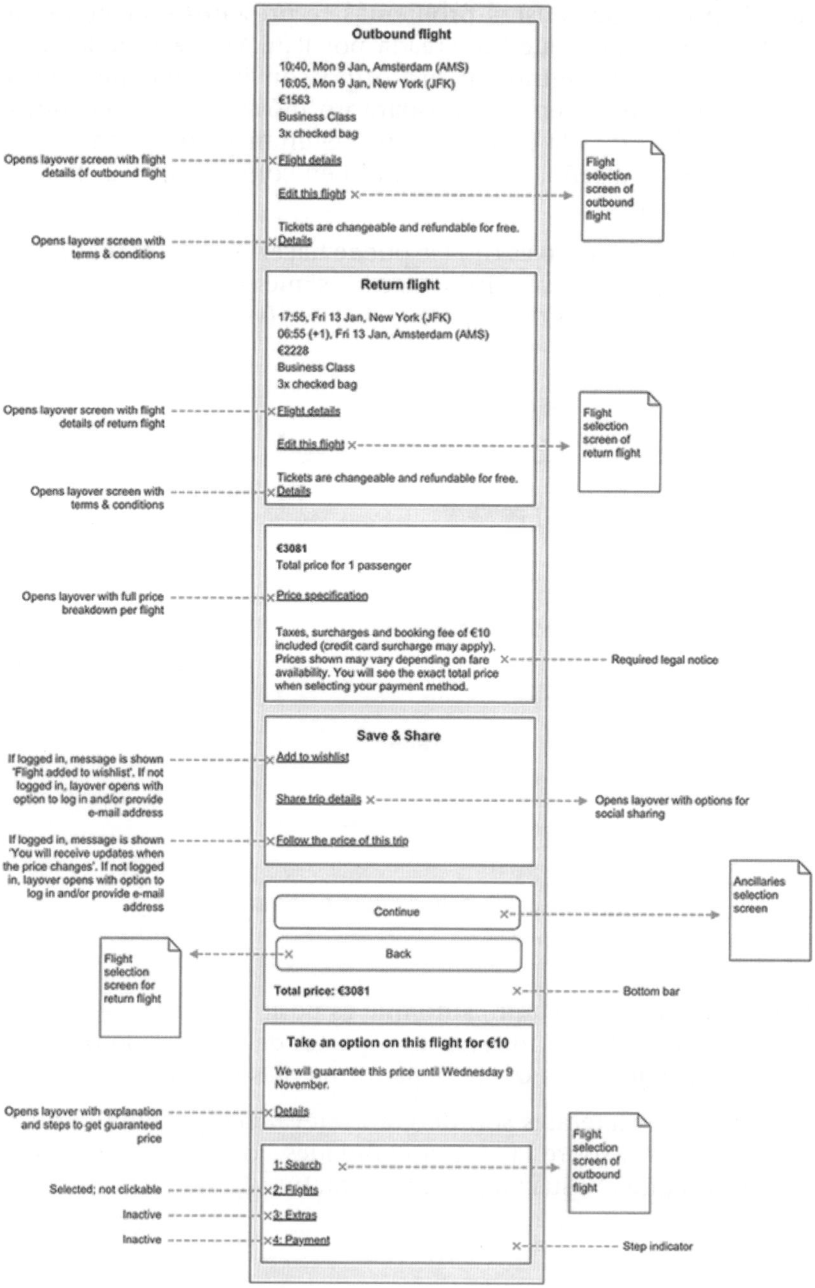

Figura 6.3. Ejemplo de guía de prioridad para una aerolínea.

PRINCIPIOS DEL STORYTELLING

Junto a la narrativa de las páginas, se junta la importancia del *storytelling* o las historias que contamos. Es fácil pensar que, según el sector de tu marca, tendrás más facilidades para contar historias. Sin embargo, eso no es cierto.

La vida, tu vida, está llena de historias. En tu día a día estás viviendo nuevas aventuras, algunas son grandes, como un viaje, y otras son cotidianas, como llegar a casa y tumbarte en el sofá a ver una serie con tu pareja o tener tu comida favorita en un táper. Las historias que vives dan sentido a tu existencia y la acompañan. No hay nada imposible de contar si lo acompañas de una historia. Nada.

De los muchos sectores que pueden pensar que su situación es más complicada para conseguir historias, es el sector tecnológico el que lo tiene más difícil: con productos o servicios que, hasta ahora, han sido definidos única y exclusivamente por sus características técnicas. Sin embargo, todos ellos forman parte de una historia o hay historias que los envuelven.

Tal vez el mejor ejemplo que pueda darte es este vídeo de Google (ver figura 6.4) en el que se narra la historia de dos amigos que, cuando se produjo la partición de India y Pakistán, quedaron separados.

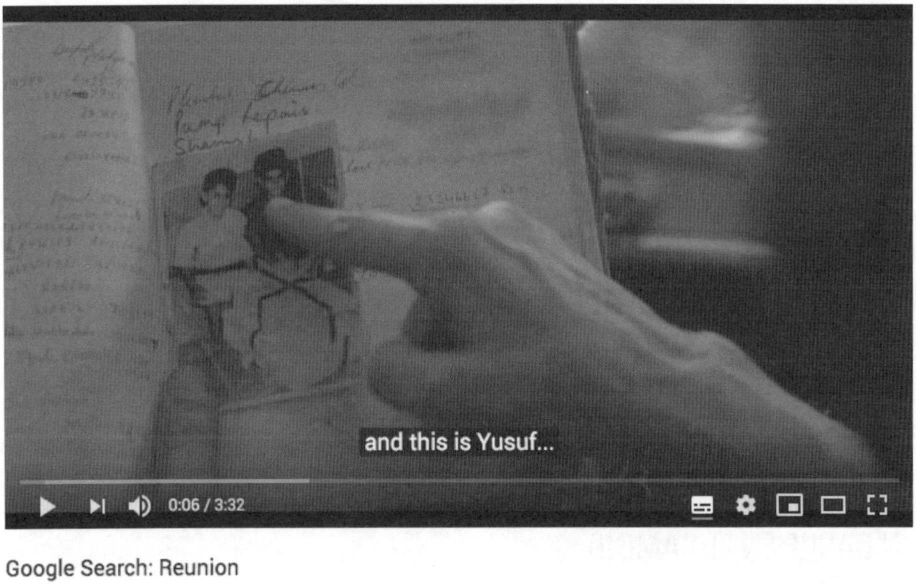

Figura 6.4. Vídeo Google Search (www.youtube.com/watch?v=gHGDN9-oFJE).

Mientras nos cuentan la historia del reencuentro, Google muestra su buscador, las páginas de lugares, el buscador de clima y hasta de vuelos. Pero estos ejemplos, en lugar de venir acompañados de una descripción técnica, están rodeados de una historia, de la realidad de su uso.

Todas las historias tienen una serie de elementos comunes y, con seguridad, sea posible resumirlos en un tipo de historia narrable.

DEL FRACASO AL ÉXITO

Las personas exitosas y siempre felices dan miedo, igual que las personas siempre tristes dan pereza. Esta frase es muy real y, si te pones a pensar en tus relaciones personales, seguro que tienes casos de personas cercanas que siempre hablan de lo bien que les va todo y otros que siempre se quejan de sus problemas. Ninguna de esas historias es especialmente interesante y a nadie terminan llamando la atención.

Sin embargo, sí te pueden gustar las historias de las personas que empezaron en lo más bajo y fueron ascendiendo escalones hasta llegar a ese punto. Las cenicientas que pasaron de barrer cocinas a ser princesas, las grandes empresas que empezaron en un garaje con pocos dólares en los bolsillos. De pobre a rico, de nada a todo.

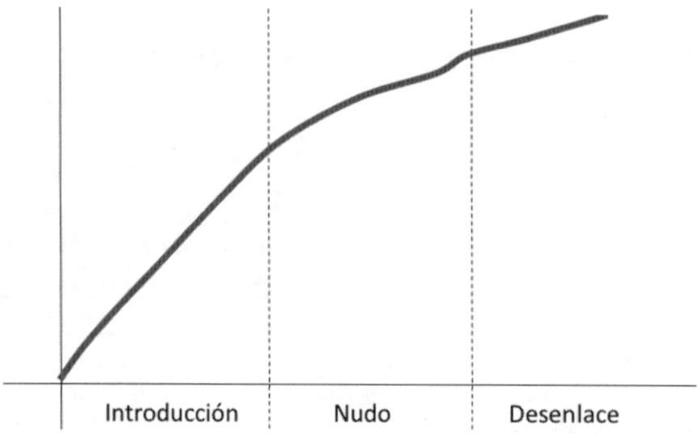

Figura 6.5. Ejemplo narrativo «del fracaso al éxito».

UN BACHE EN EL CAMINO

Este tipo de narrativa es parecida a la anterior, solo que en lugar de que vayas a contar una historia de rico a pobre, solo ilustrarás cuándo hallas una pequeña piedra en el camino (cuando todo iba bien, hasta que algo comienza a ir mal).

Como se aprecia en la figura 6.6, el esquema narrativo en este caso no empieza tan abajo, sino que estás en una situación de normalidad. En el nudo, algo ocurre que hace que todo se tuerza y en el desenlace acabas mejor que como empezaste.

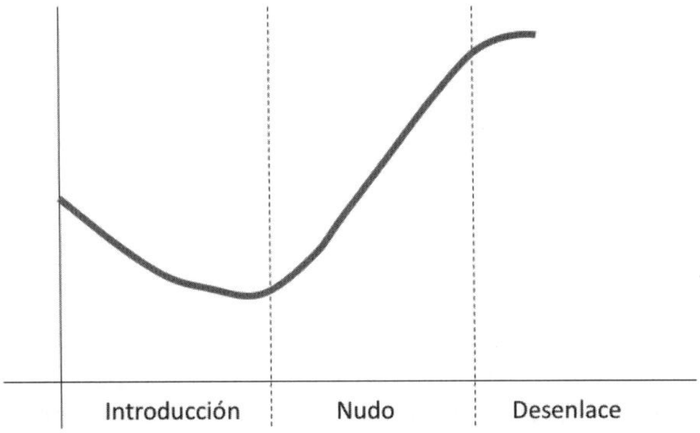

Figura 6.6. Ejemplo narrativo de «un bache en el camino».

PERSONA CONOCE A PERSONA

El último esquema narrativo que me gustaría contarte es el de «persona conoce a persona». Como muestra la figura 6.7, este empieza un poco más abajo de lo normal. Es entonces cuando el protagonista conoce a una persona que le mejora la situación. Sin embargo, en el nudo algo pasa que empeora todo. En cuanto se resuelve, la felicidad vuelve al protagonista.

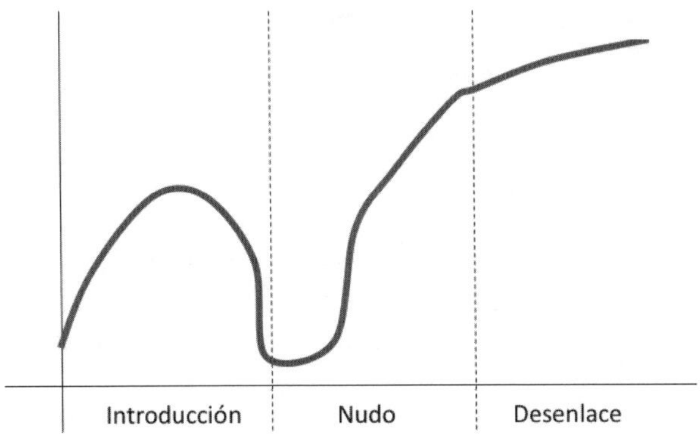

Figura 6.7. Ejemplo narrativo de «persona conoce a persona».

Este es un claro ejemplo en las parejas. Cuando una parte de la pareja está triste, conoce a alguien que le ilusiona, algo pasa en la relación (celos, terceras personas, desamores o situaciones externas) y todo se estropea. Sin embargo, acaba con un final feliz tras arreglarse el entuerto anterior.

OTRAS TRAMAS

Este tipo de historias que acabo de enumerar son las básicas y, tal vez, puedas resumir y simplificar muchas de las narrativas de grandes películas en estas. En cualquier caso, no son las únicas. No todas las historias tienen un final feliz y otras tienen más giros de los que te esperas.

No pretendo, en estas pocas páginas, explicarte cómo escribir una gran historia, ya que seguramente ni siquiera yo pueda. Pero sí deseo que analices una forma de contar historias que sí facilitará mucho tus resultados finales y los hará más interesantes.

Intenta que tus historias no sean planas, sino que tengan giros y sorprendan. Habla desde la vulnerabilidad, sé humano, explica tu situación, que no te dé miedo exponerte. No te inventes historias, cuenta las tuyas propias con humildad, ¡seguro que son mucho más interesantes de lo que crees!

LAS NARRATIVAS DIGITALES MÁS IMPORTANTES

Escribir contenidos digitales no es como escribir un guion de cine. Es que sepas comunicarte con los usuarios, que seas interesante, que les facilites la tarea de entenderte.

En entornos digitales, si tuviera que enunciarte las tres páginas básicas que vas a encontrarte en casi todas las webs, te diría que, como mínimo, debes redactar:

- La página de quiénes somos o quién soy yo.
- La página de tus productos o servicios.
- La página de contacto.

Todas ellas, en un alto porcentaje de veces, aparecerán dentro de tu arquitectura de la información o jerarquía de contenidos. Por eso, en este apartado, te aconsejaré sobre cómo asegurarte de que estén bien creadas y con una narrativa de calidad.

¿QUIÉNES SOMOS?

Puede que en tu caso seas solo una persona que quiere contar cómo empezó o realizar una biografía, o puede que seas una empresa pequeña. También es posible que seas una gran empresa, en tal caso, no será tan vital contar quiénes sois, sino que deberíais pensar en cómo sois. Pero vayamos por partes.

Si lo que buscas es crear una biografía personal, lo primero es reflexionar es si quieres escribirlo en primera o en tercera persona. Una de las cosas que me generan más fricciones, al leer el «*about me*» de muchas webs personales es ver cómo una persona habla de sí misma en tercera persona, como si otro hubiese redactado ese contenido. Insisto en que esto es una opinión, porque es cierto que escribir en tercera persona da mucha más seriedad. Sin embargo, si ese contenido está en tu web, has de plantearte ser honesto y decir con claridad que tú has sido quien has preparado este contenido. Es decir, plantéate al menos escribir en primera persona en entornos digitales.

Explicar cómo se fundó tu empresa es una buena forma de contar quién eres. Eso sí, recuerda que, como vimos en el apartado anterior, no siempre debes tener una historia lineal, contar lo buenos que sois haciendo vuestro trabajo o autodenominaros los «número uno del sector». Esas historias no interesan: la gente quiere saber cómo llegasteis a este punto. Apóyate en las narrativas vistas en el punto anterior. Ayuda a los usuarios a que entiendan de dónde vienes, ¿es la primera vez que intentas montar tu empresa?, ¿os costó al principio?, ¿tuviste algún problema en el camino?

Redacta cómo tu empresa pasó del fracaso al éxito o habla de los baches en el camino. La base de una buena historia es la honestidad, la autenticidad y la sorpresa. Estos tres factores harán que tu espacio web no sea un panfleto comercial, sino una historia de calidad.

¿QUÉ HACEMOS?

Tus productos, como hemos visto antes, estarán bien clasificados en la arquitectura de contenidos. Esta clasificación dará lugar a las páginas de categoría que serán el primer aspecto que cuidarás con los contenidos. Piensa que esas páginas tienen muchas posibilidades de indexar.

En la figura 6.8 se aprecia una parte del contenido que aparece en la página de quesos del *ecommerce* de Mumumío. Podrían haber puesto solo un listado de quesos, pero ellos han optado por contarle al usuario algo más e informar sobre los distintos tipos de queso.

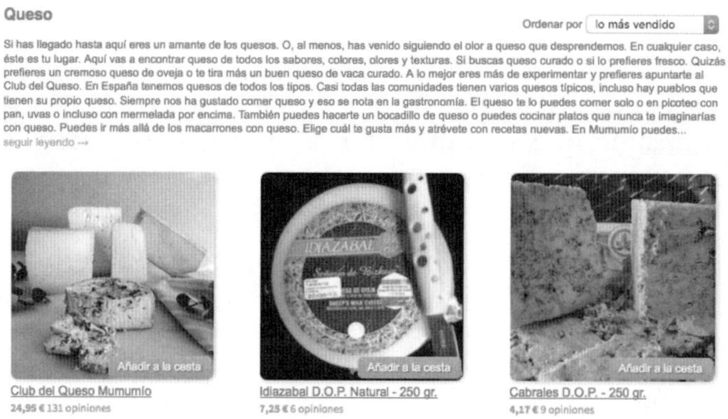

Figura 6.8. Ejemplo web de Mumumío.

Además, considera cómo defines tu producto y qué historia hay detrás, qué valor tiene ese objeto. En la web de Mr. Wonderful todos los productos están descosificados y cuentan algo que les rodea. No es lo mismo que desees comprarte una vela con un tamaño y un olor concreto, a que quieras comprarte una vela que huele a felicidad y que está descrita de la siguiente forma:

Figura 6.9. Ejemplo de producto de Mr. Wonderful.

«Felicidad, sí, sí, de esa que te hace sentir lo mismo que cuando sales del último examen de un largo curso como cuando escuchas esa canción que te hace bailar.

Felicidad de esa que sientes cuando sales de una montaña rusa.

Esa que es como una manta cuando te quedas frío en el sofá. Felicidad, sí, sí, de esa que te llena y hace la vida más bonita. La vela la ponemos nosotros, la felicidad la pones tú».

TESTIMONIALES

Una de las formas más efectivas de mejorar tu consideración es mediante la experiencia de tus clientes. Desde hace mucho tiempo, los internautas han creído más en las opiniones de otros internautas —aun siendo desconocidos— que a la propia marca y sus campañas. El contar con personas que refuerzan tu mensaje siempre será de valor.

Una de las principales tendencias que existen es intentar falsear los mensajes que dan los clientes actuales y revestirlos de un claro aire de positividad. «Mi vida ha cambiado desde que uso este producto», «no podría haber tomado una decisión mejor», «no sé qué hacía antes de estar trabajando con ellos». Todas esas frases son cuestionadas por los usuarios y hacen que no sean consideradas del todo ciertas, ya que parece el comentario que harían o un amigo o los propios padres.

Eso no significa que no hagas un vídeo con la opinión de un cliente, sino que, a partir de ahora, buscarás formatos en vídeo que no sean tan publicitarios. La publicidad solo habla bien de los productos y la narrativa, por el contrario, se concentra en las historias reales, que en ocasiones se confrontan con ese positivismo.

Tampoco sirve que pongas una frase en la web de un cliente, ese modelo ya no es creíble. Sin embargo, hay muchos ejemplos de webs que han integrado un sistema de reseñas sobre los productos que dejan claro que tras las compras hay usuarias dispuestas a dar su opinión sobre el producto que han comprado.

Un buen ejemplo es la marca Shein que, tras la ficha de producto de la figura 6.10, cuenta con una sección de reseñas donde las clientas dicen si el producto les queda bien de tamaño y suben fotos de cómo les queda (ver figura 6.11).

Figura 6.10. Ficha de producto de Shein.

Figura 6.11. Comentarios de usuarias reales.

Este tipo de contenido puedes integrarlo todo lo que quieras dentro de tu espacio web o de tu ficha de producto. La marca We are knitters dispone de un espacio específico dentro de cada página de producto donde incluye fotografías que sus seguidoras han subido a las redes sociales. Esto es de doble valor, pues enlaza con las usuarias reales y gana viralidad al proponer a la gente que suba la imagen a redes sociales.

Figura 6.12. Módulo web de We are knitters.

OTRAS NARRATIVAS

No olvides que hay más narrativas, algunas tan específicas como la página de contacto. Además, prepárate por si algún día algo falla y tienes que reaccionar (algo que te acabará pasando en algún momento).

Haz una pequeña prueba: un día, cuando alguien esté muy enfadado contigo por algo que has hecho, prueba a pedir perdón en lugar de justificar lo que has hecho. Así de sencillo. Verás cómo la otra persona deja pasar el enfado poco a poco, en lugar de seguir afectando.

La teoría que hay detrás es sencilla, porque lo único que has hecho es pensar cómo ha afectado esto al usuario. Has escuchado lo que ha dicho, lo has incluido, has pedido perdón por las consecuencias y, sobre todo, vas a proponer una solución. Escuchar, disculparte y pedir perdón.

Más adelante podrás dar tu visión de los hechos, por qué crees que pasó lo que pasó. Pero nunca priorices la justificación a la disculpa.

7 EL USUARIO, EL CENTRO DEL DISEÑO DE CONTENIDOS

Quieres contar cosas. Las marcas son así, las personas somos así. Quieres que tu mensaje llegue a más personas.

La gran duda es si eres capaz de contar lo que el usuario necesita o lo que como marca te interesa. En este pequeño-gran matiz es donde entra el diseño de contenido centrado en el usuario: en no contar solo lo que deseas como marca, sino aprender de los intereses y necesidades del otro para enriquecer tu mensaje y hacerlo más valioso.

Es evidente que, como marca, tienes tus propios objetivos. Esto no consiste solo en generar el contenido que un usuario quiere escuchar. No hablo solo de generar contenidos para él, sino de buscar el compromiso entre lo que él quiere leer y lo que tú, como marca, quieres contar.

Parece complicado según a qué marca nos refiramos. Imagínate que estás vinculado al sector de la banca. Esto hará que tengas más dificultades para generar contenidos atractivos que si fueras una marca que vende *merchandising* de un club de fútbol. Al final, claramente, la que vende *merchandising* tendrá más fácil hablar de fútbol para acercarse a sus clientes potenciales y, por tanto, producir un contenido relevante.

Sin embargo, ¿cómo puedes generar un contenido atractivo siendo un banco? La respuesta es única: aprendiendo de tus usuarios. ¿Son personas formadas y les interesa la actualidad? Si es así podrás seguir la actualidad de la bolsa, por ejemplo. ¿Son personas con un conocimiento básico sobre tus productos? Podrás entonces crear un contenido divulgativo que los ayude a tomar decisiones.

Ese tipo de contenidos existe y es lo que llamo el contenido relevante.

ESCRIBIR CONTENIDOS RELEVANTES

La relevancia del contenido es el punto de intersección que existe entre el interés del usuario y los objetivos de la marca. Ese compromiso del que te hablaba antes.

No debes solo pensar en crear contenidos que estén asociados a los intereses de los usuarios, pero tampoco soltarás solo tu discurso institucional. Adaptarás tu propuesta de valor a lo que desean leer los usuarios.

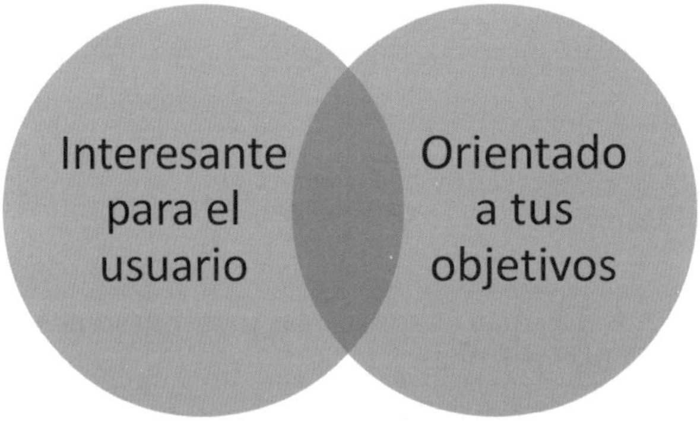

Figura 7.1. Cómo definir el contenido relevante.

Muchas marcas llevan tiempo realizando acciones de este estilo, pero para mí un gran ejemplo es el de Greenpeace. Para ellos hablar del cambio climático es un objetivo. Sin embargo, las personas no siempre tienen por qué estar deseando leer sobre ese tema.

¿Cómo puede conseguir Greenpeace que la gente se interese sobre un tema tan importante dentro de su día a día? Su técnica fue sencilla: asociar la temática a algo que estaba de moda, como la serie *Juego de Tronos*.

En el vídeo aparece uno de los personajes de *Juego de Tronos* que no termina la escena porque el hielo que estaba debajo de él se ha derretido. Ellos lo tenían claro: «Un par de grados menos cambia totalmente la historia».

Figura 7.2. Vídeo #WinterIsNotComing (Greenpeace On Global Warming). Lo puedes ver en www.youtube.com/watch?v=lGgUnvXbLuQ.

Una idea sencilla que ha funcionado en términos de comunicación. En todo momento es evidente que el emisor es la marca, pero el mensaje atrapa al tener una temática que es interesante para el destinatario.

Este mismo vídeo se podría haber hecho de otra forma: imagínate un vídeo infográfico en el que se explica cómo el cambio climático nos está afectando. No digo que este modelo de vídeo no sea bueno, solo digo que será menos interesante para la persona que lo consume. No solo te hablo de una campaña concreta o de un vídeo determinado, sino de un enfoque de contenidos que puede hacer que una persona decida quedarse y consumir tu contenido o salir corriendo. Aquí la narrativa vuelve a jugar un papel muy importante, porque la forma en que cuentas las historias puede hacer que una persona se interese por ella.

Vivimos en un mundo en el que los contenidos digitales suponen horas de consumo para los usuarios, pero también horas de trabajo para las marcas y el lanzamiento de mensajes en medios y canales muy competitivos. El cómo sea tu mensaje, cómo de original, cómo de relevante y cómo de adecuado marcará la diferencia entre conseguir o no tu objetivo.

Profundizaré sobre cómo generar contenidos relevantes en la segunda parte del libro que estará muy centrada en la creación de campañas y en el *inbound marketing* o marketing de atracción. Es imprescindible que recuerdes que no solo te importará el mensaje sino también cómo has diseñado el espacio en el que la persona lo va a consumir.

DISEÑAR ESPACIOS DE CONTENIDO CENTRADOS EN EL USUARIO

El contenido debe pensar en el usuario y, por tanto, ser relevante. Sin embargo, la relevancia no es lo único a considerar. Cuando una persona se dispone a consumir un contenido, pero no está adaptado a su contexto, es posible que pierdas una visita que podría haber llegado a ser una venta.

No basta solo con un buen texto, hay que pensar también en cómo lo consumirá el usuario. Es decir, si no tienes en cuenta de dónde viene, con qué información previa, y qué va a consumir cuando llegue a tu web, posiblemente no consigas esa relevancia en el contenido. Esto es el contexto de la comunicación, que se encuentra a la misma altura que el mensaje y el canal porque están totalmente relacionados.

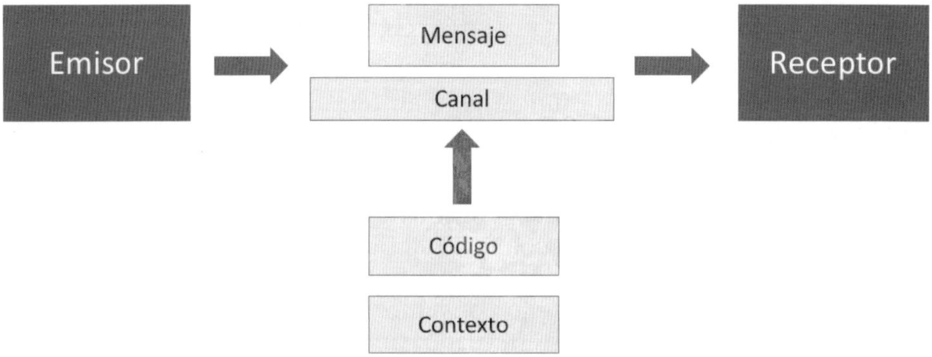

Figura 7.3. Esquema de comunicación.

Los contenidos también han de diseñarse y, por eso, cuando estás preparando espacios con contenido, considerarás al menos cuatro cosas:

- El flujo del usuario o de dónde viene.
- La narrativa que utilizarás o cómo lo contarás.
- Las métricas o qué puedes aprender del usuario.
- Los dispositivos móviles o desde dónde consume el contenido el usuario.

FLUJO DE USUARIO

Cuando diseñas productos digitales siempre se pinta un flujo de usuario. Las pantallas por las que va a pasar la persona, qué información deja en cada una, cuál recibe y cómo.

El propósito de este tipo de diagramas es mostrar el camino que hace el usuario dentro de la web para asegurarnos de que estamos pidiendo la información necesaria en el momento apropiado. Vamos, que no estés pidiendo los datos bancarios antes de que el usuario seleccione el producto que comprará.

Figura 7.4. Ejemplo de flujo de usuario.

Este tipo de flujos es vital para la coherencia de la web y la narrativa que recibe el usuario. Pero generalmente no tienen en cuenta qué recibe el usuario antes de entrar en la web.

Pocas veces la puerta de entrada a una web es la *home* o que alguien teclee en la barra del navegador tu dirección web. Lo normal es que vengan por distintos canales (redes sociales, buscadores, un email) y a sitios específicos de tu web (un producto concreto, un artículo, una *landing* distributiva). Por tal motivo, pensarás de dónde procede cada visita y analizarás qué contenido ha podido ver ya (o qué le ha motivado a visitarte) para así definir qué pondrás en tu web.

Una situación habitual es cuando se crea un buen contenido (por ejemplo, un vídeo) y quieres aprovechar su potencial y usarlo el mayor número de veces posible. Sabes que realizar un vídeo tiene un elevado coste, así que lo mejor es utilizarlo, darle difusión, cerciorarte de que recibirá el mayor número de reproducciones. Por eso es posible pensar en usar este mismo vídeo en redes sociales y, por supuesto, también en la web. Pero si el usuario viene desde redes porque ha visto el vídeo, ¿es necesario volver a ponérselo en la web? Esta puede ser una experiencia fatídica para el usuario si no reparamos en de dónde procede y dónde aterriza.

En la figura 7.5 se aprecia un anuncio en Facebook con un vídeo. Cuando haces clic se ve la segunda parte de la imagen (el vídeo se sigue reproduciendo en la parte superior de la web), mientras que en la propia web se carga el contenido que tiene (en la parte superior del mismo vídeo). En la última parte de la imagen, puedes ver que, una vez se cierra el vídeo de Facebook, aparecería de nuevo el vídeo en mi web. Es decir, estás impactando al usuario dos veces con el mismo vídeo.

Figura 7.5. Ejemplo de contenido mal diseñado cuando no tenemos en mente el contexto del usuario.

En ninguno de los casos el usuario verá la llamada a la acción o el *call to action*. Sin embargo, ese mismo vídeo lo verá en numerosas ocasiones.

Aquí podrías haber trabajado de muchas maneras distintas:

- Realizar dos vídeos. Por ejemplo, podrías haber ideado dos vídeos diferentes: uno de una corta duración, casi como un *teaser*, en Facebook y el vídeo principal de mayor duración para la web.
- Cambiar la distribución de la web.
- Variar el orden de los elementos. Así, en lugar de tener un destacado con el vídeo, podrías contar con un pequeño texto o incluso la llamada a la acción.

Esto no significa que no sea posible poner nunca vídeos en la parte superior de una *landing page*, sino que tendrás que tener en cuenta de dónde viene el usuario. Si es una página normal que tienes en la web, lo mismo te compensa dejarla como está definida (con el vídeo destacado) y crear una página de aterrizaje o *landing page* específica para las campañas en redes sociales.

Como ves, hay muchas formas de mostrar un contenido, eso sí, partiendo de dónde procede el usuario.

HERRAMIENTAS DE NARRATIVA DIGITAL

El mensaje que recibirá el usuario es muy importante, sobre todo porque el contenido se diseña. No voy a entrar en el debate de si un contenido largo es lo mejor o lo peor para tu estrategia. Habrá quien diga que las personas ya no leen, pero está demostrado que un contenido extralargo posiciona mejor.

Según datos de serpIQ, el número de palabras medias de los primeros resultados de Google es de entre 2000 y 2400. Además, el contenido de calidad tiene muchas más posibilidades de ser enlazado.

No siempre estás obligado a trabajar con contenidos de más de 5000 palabras. También es importante cómo cuentas tu mensaje de forma eficiente, visual, interactiva y mediante historias. Hablamos de las funcionalidades que te permiten mejorar tu narrativa digital, reducir la carga cognitiva del usuario y aumentar el tiempo de permanencia dentro de tu web.

Un ejemplo idóneo en este sentido es el de la web Searching for Syria (searchingforsyria.org). Es una web hecha con *parallax* en la que avanzas en el contenido solo haciendo *scroll* hacia la parte inferior. Fijaros por un momento en las palabras que incluye cada pantalla (ver figuras de la 7.6 a la 7.10).

Figura 7.6. Primera pantalla de la campaña «Searching for Syria».

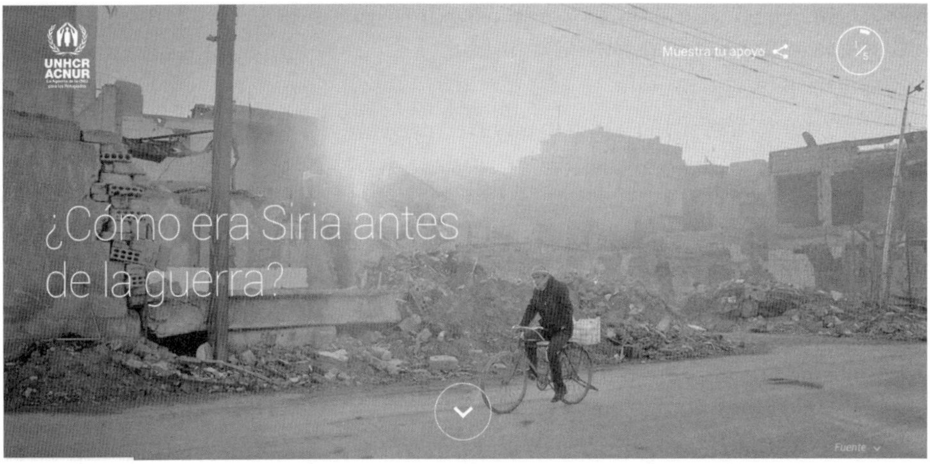

Figura 7.7. Segunda pantalla de la campaña «Searching for Syria».

Figura 7.8. Tercera pantalla de la campaña «Searching for Syria».

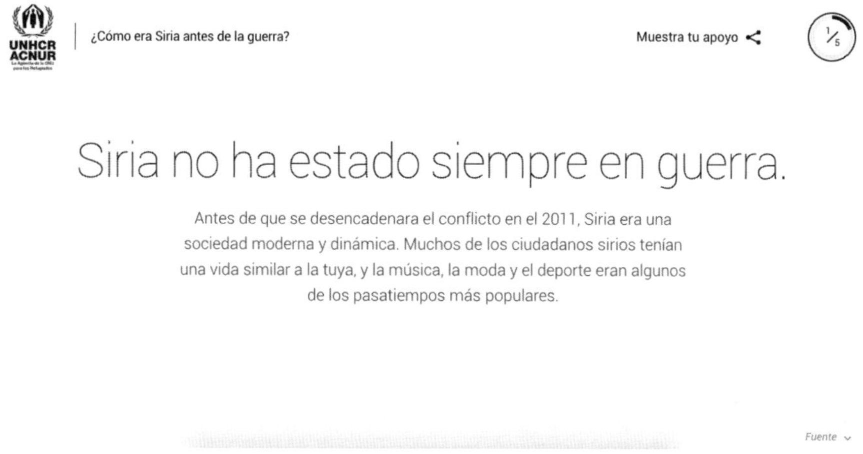

Figura 7.9. Cuarta pantalla de la campaña «Searching for Syria».

Figura 7.10. Quinta pantalla de la campaña «Searching for Syria».

El consumo de contenido va más allá del párrafo o del «parrafazo», mejor dicho. Hay muchas cosas que contar sin usar tantas palabras o rellenando algo por rellenar.

MIDE Y APRENDE, SÉ DATA DRIVEN

En ocasiones valoras un contenido por cómo te parece a ti, por la emoción que te ha provocado. Pero, recuerda que las opiniones de los redactores importan poco, aquí solo opina el usuario. Mide bien cómo reacciona el usuario ante tu contenido. ¿Llega hasta el final del texto? ¿Consume los vídeos? ¿Hace lo que le hemos pedido que haga? ¿Cuánto tiempo está?

Para eso te recomiendo que analices qué objetivo tienes en cada página que generas y fijes una KPI adecuada. Un ejemplo puede ser el que te muestro en la tabla 7.1.

Tabla 7.1. Ejemplo de KPI para contenido on-site.

Objetivo	¿Qué mides?	KPI
Captar tráfico	Si te interesa captar tráfico deberás medir cuánto llega y por qué canal para saber cómo mejorarlo.	Tráfico por canales.
Engagement o consideración	Si persigues que el usuario aprenda más sobre ti, medirás cuánto tiempo se pasan en tu espacio web y si siguen navegando o no en tu web.	Tiempo de permanencia. Tasa de rebote.
Conversión	Si buscas generar ventas o captar leads, medirás cómo está diseñada esa página para mejorar el porcentaje de personas que realiza una compra.	Tasa de conversión. Tique medio.

MOBILE FIRST

A estas alturas, hablar del gran aumento del consumo de contenidos desde *mobile* es algo casi innecesario. Ya sabes que los smartphones están a la cabeza y son el principal dispositivo de consumo de contenidos, o se acercan rápidamente a ese puesto.

En teoría es algo sabido, pero no siempre las marcas acaban adaptando y priorizando sus contenidos a esta realidad. Me remito a las pruebas: ¿has probado alguna vez, antes de publicar un contenido, cómo se veía en desktop y en móvil? Si lo has hecho te doy la enhorabuena, pero desafortunadamente esta no es la situación más habitual.

Un ejemplo muy común es cuando una marca usa las columnas. En el primer caso puedes ver cómo es la experiencia desde desktop (ver figura 7.11).

Figura 7.11. Ejemplo de web con columnas visto desde desktop.

En la figura 7.12 se aprecia cómo se ve desde móvil (se pierde el orden y por tanto el mapeo natural de los elementos).

Figura 7.12. Ejemplo de web con columnas visto desde móvil.

La experiencia cambia bastante y priorizarás siempre cómo crear los contenidos para móvil. De empezar a generar contenidos para móvil salen muchos aprendizajes. El primero y más relevante es dónde colocar la llamada a la acción o *call to action*. No siempre la pondrás al final del todo, como manda la narrativa, sino que a veces se hallará en una parte superior pensando en un tipo de navegación distinta o también con *parallax* o navegaciones laterales. Se trata de interacciones nuevas que cambian el movimiento que hace el usuario. Hay que tener cuidado con todo, incluso con cómo se visualizan las fotografías.

Muchas veces piensas que los contenidos son algo que ponemos para rellenar pantallas, pero cada vez más se convierte en un imperativo considerar que los contenidos diseñan y que hay que priorizarlos a la hora de entablar conversaciones con los usuarios que visitan tu producto digital.

8 TENDENCIAS EN EL CONTENIDO DIGITAL

Una de las creencias más extendidas en los entornos digitales es que el usuario no lee. Hay una parte de esa afirmación que puedes considerar como válida: el usuario va con más prisa. Es decir, sí es verdad que cuando te sientas frente al ordenador acabas teniendo unas diez o quince pestañas abiertas (con suerte, porque a veces son más), el correo electrónico mandando notificaciones de nuevos mails, una aplicación de mensajería, el calendario avisándote de la próxima reunión, la música sonando y el *smartphone* cerca. Con suerte, para no distraerte mientras trabajas, habrás dado la vuelta al móvil.

Los usuarios se ven expuestos a una gran cantidad de posibles distracciones en su día a día. Pero eso no significa que cada vez lean menos. Todo lo contrario, creo que el buen *copy,* la relevancia que tengas para el usuario y cómo estés haciéndole llegar esta información siempre llaman la atención y lo retienen. En definitiva, ha llegado el momento de dejar de repetir la frase de que «el usuario no lee». El problema no es que no lea, es que no eres capaz de hacerle llegar un contenido relevante en un momento adecuado. Tu enemigo real no es la prisa de él, es la lucha por su atención.

Hace muchos años, parecía que terminar la carrera de periodismo iba a ser un sinónimo de no encontrar empleo fácilmente. A día de hoy, las marcas han entendido la importancia de los contenidos y han incorporado esos perfiles en sus filas. Personas que saben contar historias. Perfiles que has de tener en tu estructura. El contenido se ha profesionalizado y ya no es generado solo por unas personas. Ahora encuentras una riqueza de información muy elevada. A cambio, la competencia es mayor y, por tanto, es preciso luchar más por la atención de los usuarios.

Si tuviera que sacar una bola de leer el futuro y pensar qué va a ser lo que más afecte al contenido en los próximos años, vaticinaría tres retos principales que abordar:

- **El copywriting o la generación de un contenido de calidad.** Hace años que hablamos de la narrativa o del *storytelling*. Ya no es una novedad para ti saber que precisarás contar con grandes historias para que tu usuario se enganche. Esto ya no será lo único, porque el cómo lo narres también será determinante. Ya no vale cualquier contenido: el usuario tiene que disfrutar leyéndote.
- **La lucha contra las «fake news».** Algunas realidades son difíciles de explicar y en ocasiones se reducen a titulares sin ninguna base. El exceso de información hace que sea cada vez mayor la necesidad de simplificar y que muchas personas con mala intención se dediquen a tergiversar esta información.
- **El lenguaje inclusivo.** El feminismo ha calado en la sociedad y en la forma en la que nos comunicamos. Desde hace tiempo se habla de cómo comunicarnos mejor para llegar a ese 50 % de la sociedad que también te consume.

Puede que en este momento ninguno de los tres temas los consideres determinantes en tu estrategia de contenido. Posiblemente sea verdad. Sin embargo, son temas que cada vez se mencionan más y que supondrán una clara diferenciación en el futuro.

COPYWRITING

El *copy* o texto es una parte importante de la interacción con el usuario. Ya has visto cómo se plantea una estrategia de contenidos en la que valoraste cómo es el tono, analizaste el contexto del usuario, definiste cómo se organizan los contenidos en arquitectura de contenidos y qué perfiles ibas a tener en cada punto.

Uno de esos perfiles era el del redactor o persona que se dedica a elaborar los textos de la web. En un buen o en un mal texto, te juegas el que un usuario te entienda y esté enganchado a lo que dices o te abandone.

Empecemos por el principio, por definir qué es el *copywriting*. Según Maïder Tomasena, «es la habilidad de escribir de manera persuasiva cualquier tipo de texto que aparezca en tu página web para conseguir que tu cliente ideal realice una acción». Es posible que la acción sea concreta y esté centrada en la conversión, pero —como viste en los tipos de comunicación que podemos definir— las acciones pueden ser simplemente de sensibilización o tener la finalidad de entender más sobre nuestro producto, trabajando la consideración.

Junto al *copy* se encuentra también el *microcopy*, esos pequeños textos que suelen llamar a la acción al usuario en enlaces o botones. Hay muchos más tipos de *microcopy*, pero prefiero hacer esa gran diferenciación para que entiendas en qué contexto utilizarás cada uno. Si estamos hablando de cómo mejorar la conversación con tus usuarios, el *copy* y el *microcopy* serán determinantes. Tus clientes o futuros clientes deben entenderte con claridad y sentir placer al leerte. Un texto legal siempre va a ser tu texto legal, pero un contenido bien escrito, utilizando las palabras adecuadas y haciendo uso de la creatividad, hará que tu historia valga mil veces más.

CUÁNDO UN BUEN COPY ES IMPORTANTE

Un buen *copy* es siempre importante, pero hay algunos casos en los que contar con él sí determinará tus resultados.

- **Cuando un usuario acaba de llegar a tu web.**

La captación importa y que sepas explicar tu valor hará que el usuario se decida a registrarse en tu web o no. Hay muchas formas de contar tu valor, pero cuando tu fama te precede, lo mejor es ser capaz de hacer una única página donde resumas en una frase qué haces, pongas en valor tu fama e invites al usuario a unirse.

Este es el modelo de Basecamp que, como se aprecia en la figura 8.1, habla de tu «deseo concedido», te describe su producto y te invita a unirte como otros 4000 negocios. No hay más, ni menos. Directo, creativo y centrado en el valor.

Figura 8.1. Página de bienvenida de Basecamp.

- **Cuando explicas cómo eres.**

En el capítulo sobre la narrativa hemos visto la relevancia de disponer de una página en la que expliques cómo eres. Estas páginas son básicas, pero eso no significa que sigas una norma fija para redactarlas.

El primer ejemplo que te traigo es el de Medium, una plataforma de *blogging* que se ha hecho especialmente famosa por su buen diseño. La forma en la que el usuario accede al contenido es muy amigable y reduce la carga cognitiva. Además, al tener un buen sistema de curación de contenidos, permite llegar al autor a más personas. Pese a los elogios, recuerda que esta plataforma no es tuya y que, por tanto, todo lo que publiques ahí es valor que le aportas gratis a la plataforma.

Ellos tienen claro cuál es su público y cuál es su valor, así que para explicar quiénes son se limitan a hacer una comparativa de qué son y qué no son (ver figura 8.2).

Figura 8.2. Página de about de Medium.

Otro buen ejemplo es cómo se define Laconicum (sirve de ejemplo en cualquier sitio, ya que su *copy* es simplemente exquisito). En este caso (ver figura 8.3) han desarrollado un manifiesto de 16 puntos que muestran de la mejor manera cuál es su visión. Algunos de mis puntos favoritos son:

> *«Nº 2. La cosmética, según Laconicum, está en algún lugar entre la necesidad, el escape, la salud y el entretenimiento».*
>
> *«Nº 3. Nuestra cosmética no usa el prefijo anti-, tan (anti)pático. Preferimos el multi».*
>
> *«Nº 5. La celulitis no se quita. No conocemos a nadie que no tenga. La celulitis es un fenómeno democrático».*
>
> *«Nº 8. Promovemos la compra consciente y con sentido: si no tienes muchas ganas de probar un nuevo champú, no lo compres».*
>
> *«Nº 16. Nos interesa la conversación cosmética, más en las calles que en las pantallas. Nos gustan los likes, pero nos gusta más un "préstame ese colorete"».*

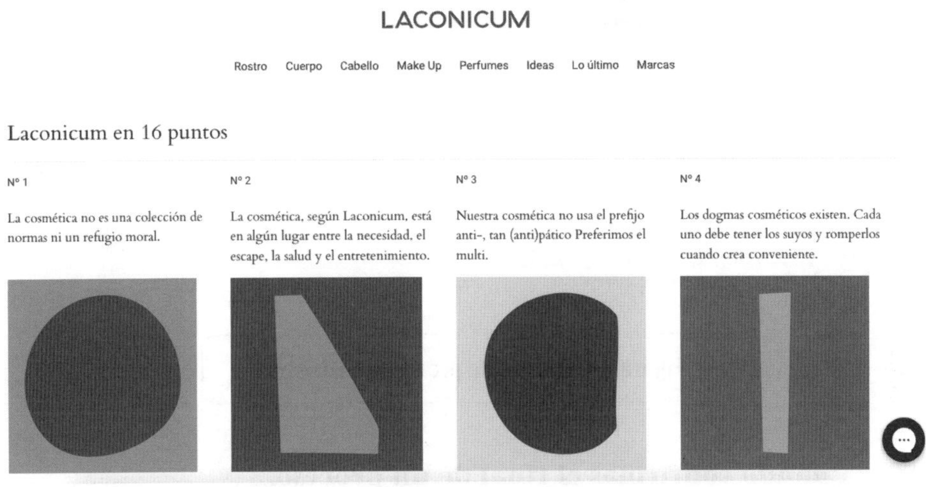

Figura 8.3. Página del manifiesto de Laconicum.

▸ **Cuando describes tu producto.**

La base de la venta de productos es contar con páginas específicas para ellos que brinden información o especificaciones del producto o que te hagan viajar con ellos. Porque sí, una salsa te puede contar toda una historia (ver figura 8.4).

«Hace 100 años en el pueblo de Valls (Tarragona) ya se celebraban las famosas "Calçotades", ahora muy populares por toda Cataluña. Se cuecen las cebollas (llamadas Calçots) a la brasa. Una vez listas, se limpian y se sirve con la Salsa Calçots. Se preparan durante los meses de noviembre a abril. La Salsa Calçots Ferrer se elabora con productos frescos de la más alta calidad, siguiendo la receta tradicional, pero con el toque secreto Ferrer».

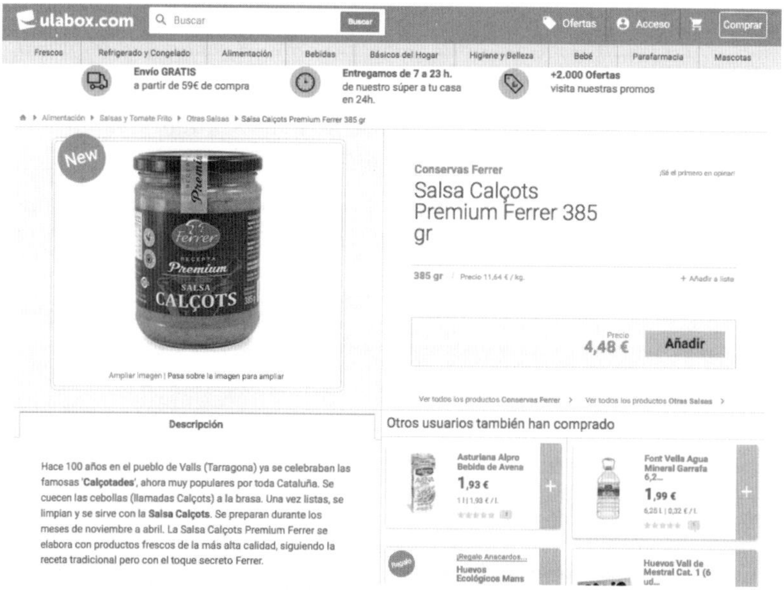

Figura 8.4. Detalle de producto de Ulabox.

- **Cuando confirmas el final de un proceso.**

Y, en general, en cualquier momento del funnel de venta. No hay nada más frustrante para el usuario que estar conversando con una interfaz y no saber qué está pasando. Guíale, dile en qué punto está y haz que un proceso complicado y con muchas fricciones sea mucho más amigable.

Para este caso te traigo un ejemplo de MailChimp que se diferencia por haber creado una personalidad propia y saberle sacar partido con todos los contenidos que encuentras en su plataforma. Algunos tan sencillos como decirle que su mail se va a enviar.

Figura 8.5. Confirmación en MailChimp.

PRINCIPALES FALLOS QUE PUEDES ENCONTRAR

Ejemplos de buen *copy* hay muchos, yo solo te he mencionado algunos. Sin embargo, más allá de darte buenos ejemplos, quiero advertirte de por qué se producen los principales fallos o dónde encontrarás mucho margen de mejora.

- **Cuando hay un diseño poco claro:** y al final tiendes a pensar que es posible arreglarlo con un *copy*. El *copy* ayuda a la conversación con el usuario, pero no hace milagros.
- **Malas traducciones:** cuando trabajas para marcas globales, lo normal es que te lleguen contenidos en otro idioma y solo tengas que traducirlos. Puede que esta traducción esté hecha al más puro estilo «*Google Translate*» de manera automática. Este proceso suele crear fricción en las interfaces.
- **Contenidos que no se entienden:** en ocasiones te enfrentarás a temas difíciles de explicar que quizá intentes reflejar solo con palabras. Plantéate que hay otras formas, que puedes usar gráficos, infografías o vídeos.
- **El síndrome del erudito:** muy parecido al punto anterior, habrá momentos en los que, para demostrar tus conocimientos, te plantees emplear palabras rimbombantes o frases muy largas. Intenta evitarlo, sobre todo si quieres llegar a un público generalista.

- **Falta de creatividad:** tu marca debe ser distinta y tus contenidos, tener una personalidad. Esto se reflejará en tu libro de marca o en tu documento de tono. No busques tonos uniformes, halla tu nicho y comunícate con ellos de persona a persona.

LUCHANDO CONTRA LAS «FAKE NEWS»

El contenido no nace de la nada. Proviene de la propuesta de valor que has definido y de las historias que envuelven tu marca. Este no es el único tipo de contenidos que existe. Los medios de comunicación siguen publicando noticias, las instituciones explicando realidades, las ONG incidiendo para cambiar las situaciones que son injustas y los partidos políticos explicando los programas que proponen.

Si quieres que los contenidos que produces se conviertan en información valiosa y con un significado concreto, has de considerar el *understanding spectrum* (ver figura 8.6).

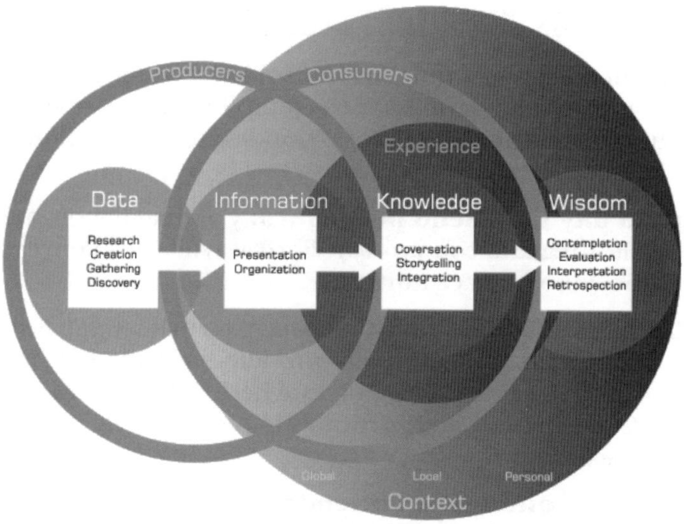

Figura 8.6. Understanding spectrum[1].

1. www.xenogenic.com.

En este gráfico se aprecia cómo pasar del dato al conocimiento construyendo capa a capa. En la primera encuentras el dato, que pasará a ser información. Cuando a esa información le incluyes historias o la encajas en una conversación, tienes conocimiento. Por último, el conocimiento pasa a ser sabiduría cuando es evaluado e interpretado.

Esto no significa que no hay más contenido que el dato, sino que, si eres capaz de partir de un dato y explicar una situación, tus resultados serán mucho mejores y, sobre todo, no habrá lugar a dudas.

Las *fake news* o noticias falsas son uno de los grandes temas a abordar porque van proliferando y, a día de hoy, no estamos preparados como sociedad para frenarlas. Las noticias falsas obvian los primeros puntos y se van directamente a la reflexión. Usan una única historia para generalizar situaciones. En definitiva, hacen daño a la verdad.

Si quieres evitar caer en crear *fake news* en tu marca o ser capaz de identificarlas, comienza siempre por el dato. Asegúrate de que es cierto, busca en las fuentes, trabaja la visualización de esta información y siempre referénciala.

EL LENGUAJE INCLUSIVO

No te preocupes: no haré apologías de la utilización de las palabras en femenino ni instaré a repetir todas las veces hombres y mujeres hasta que los textos o discursos se hagan eternos. Sin embargo, sí vengo a recordarte que la experiencia de tus usuarias es algo que debes cuidar, sobre todo, cuando un pequeño cambio no te costará demasiado.

Uno de los ejemplos más típicos, pero más claros, es cuando le damos la bienvenida a un usuario. En el asunto aparecía un dudoso «bienvenid@» y en la primera frase «bienvenido a...». Está bien, es correcto, no tiene ningún problema. Pero, ¿no sería igualmente correcto el haber utilizado «te damos la bienvenida»? Con esta segunda opción habrías evitado excluir a parte de tu público de la comunicación.

La perspectiva de género es una realidad y, cuanto antes lo apliques a tus contenidos, mejor te diferenciarás de otras personas. Lo mismo que cuidas tu tono y cómo te refieres a tus usuarios, te recomiendo que lo hagas con tus usuarias. No pierdas de vista cómo escribes y cómo ilustras.

Figura 8.7. Mail de bienvenida.

En la actualidad hay dos guías que me gustaría recomendarte: «Hacia una comunicación más inclusiva» de Prodigioso Volcán y «Lenguaje inclusivo» de Fundéu. Ahí se debate sobre cuándo debes usar el masculino genérico, ideas para usar el género neutro o cómo evitarse el desdoblamiento: «El desdoblamiento*:* "Los españoles y las españolas pueden servir en el Ejército". Una apostilla o modificador: "El equipo estará formado por profesionales, tanto hombres como mujeres"».

Quiero pedir disculpas porque durante el libro te encontrarás muchos casos en los que no he sido lo suficientemente inclusiva.

Hoy en día las marcas deben seguir trabajando en la creación de titulares basados en datos que no den lugar a malas interpretaciones, en perfeccionar su uso de las palabras para mejorar su conversación o en apelar a las mujeres para incluirlas en el discurso.

Figura 8.8. La guía de Fundéu está disponible en www.fundeu.es/lenguaje-inclusivo.

9 ITERACIÓN DE CONTENIDOS

Entender la relación que existe entre los productos digitales y los contenidos es todo un reto. Como habrás visto en muchas ocasiones, el contenido suele vincularse a la parte de marketing, pero en la parte de diseño no siempre se hace. No hay más que acercarse a una librería y ver cómo la estrategia de contenidos o *content strategy* brilla por su ausencia en libros en castellano.

Para mí es importante que entiendas que, dentro de un proceso de diseño que lleva haciéndose mucho tiempo, debes incluir el contenido. Pero también quiero proponerte cómo enfocar este contenido, cómo considero que ha de hacerse. Estrategia, procedimientos, consejos y ejemplos es todo lo que he intentado mostrarte en esta primera parte del libro.

Antes de que empieces la segunda parte, donde me centro más en cómo debe ser el contenido en los distintos canales de comunicación y en el mix de dichos medios, quiero hablarte de la última parte del ciclo de vida de productos digitales: la iteración (ver figura 9.1).

Figura 9.1. Ciclo de vida de los productos digitales.

Tras haber pasado todo el ciclo de diseño para tener claro tu producto o servicio y tras haber definido una estrategia de contenidos que permita que la conversación que mantienes con el usuario por la interfaz tenga sentido, llega el momento de medir cómo está funcionando. Los productos que diseñas deben iterar, y no solo en su forma —que también— sino en los contenidos que los componen.

Las estrategias de contenidos que definimos no siempre son precisas y, después de ponerlas a prueba, llega el momento de analizar qué mejorar. Esta reflexión te sugiero que la hagas en dos partes: el análisis de las páginas estáticas y el de las páginas dinámicas (o blog).

ANÁLISIS DE LAS PÁGINAS ESTÁTICAS

Cualquier análisis que se precie comenzará por detenerse en la situación actual. Primero decide qué medirás para saber si tus páginas estáticas te están ayudando o no. Algunos ejemplos son:

- **Arquitectura de la información:** seguramente cuando realizaste la primera estrategia de contenidos determinaste tu primera arquitectura, pero según haya ido variando tu marca, esto ha cambiado.
- **Contenido on-site:** cada una de tus *landings* tienen una narrativa que con seguridad hayas definido hace tiempo, ¿cómo están interactuando tus usuarios con ellas?

ARQUITECTURA DE LA INFORMACIÓN

Este trabajo se inicia con un inventario de contenido: empezar de manera ordenada a revisar tu modelo de navegación e ir apuntando en un Excel cuáles son las distintas URL que tienes y su dependencia.

Aprovecha este Excel de inventario para ir tomando nota. Si para ti tiene valor, puedes poner una columna donde vayas dejando comentarios sobre el contenido *on-site* para la siguiente fase. Recuerda aprovechar este inventario para tomar nota sobre el tráfico que reciben estas páginas, ya que te ayudará mucho en la siguiente fase.

Es el momento de valorar el nivel de anidación que existe. Cuanto más anidado esté el contenido, más dificultas que el usuario llegue a los últimos niveles. Esto no siempre es malo si tu intención es que vaya profundizando poco a poco. Pero si no suele visitar los últimos niveles, eso demuestra que tu modelo de navegación no es intuitivo o natural, y que los contenidos que tienes en el nivel superior son suficientes para el usuario.

	A	B	C	D
1	/trabajo-ong	/mortalidad-infantil	/agua-saneamiento-higiene	
2			/nutricion	/seguridad-alimentaria
3				/desnutricion-infantil
4			/salud-vacunacion	
5		/educacion	/equidad-educativa	
6			/educacion-de-calidad	
7			/educacion-en-emergencias	
8			/educacion-inclusiva	
9			/educacion-y-conflictos	
10		/proteccion-infantil	/violencia-contra-la-infancia	/victimas-de-trata
11				/menores-soldado
12				/matrimonio-infantil
13				/abuso-violencia-sexual
14				/castigo-fisico
15				/trabajo-infantil-forzoso
16			/ninos-migrantes	
17			/proteccion-en-emergencias	
18			/sistemas-de-proteccion	

Figura 9.2. Ejemplo de arquitectura de la información en un Excel.

De esta parte del análisis, y tras haber revisado la arquitectura de contenidos actual, dependiendo de las necesidades que tengas como marca y de si el usuario está llegando a los últimos niveles de navegación, sacarás una nueva arquitectura de contenidos: un nuevo árbol jerárquico de contenidos.

Recuerda, antes de llevar a cabo los cambios, te recomiendo que hables con una persona experta en SEO que valide las implicaciones de los cambios (no siempre podrás cambiar el menú sin tener que hacer correctamente redirecciones).

CONTENIDOS ON-SITE

Todas estas páginas o *lading pages* que has definido suelen tener un doble objetivo: mejorar la navegación del usuario y posicionarse en buscadores para aumentar tu tráfico orgánico. Por eso, como te he dicho antes, conviene que mientras realizas el inventario, analices también el tráfico orgánico que han tenido, si han formado parte del funnel de conversión y otras KPI que consideres relevantes en la consecución de tus objetivos.

De este análisis podrás saber qué páginas han posicionado bien en buscadores y cuáles no. Las que no lo hayan hecho las revisarás y decidirás si perfeccionando las palabras clave o *keywords* lograrás mejoras o si tu competencia es muy grande como para conseguirlo (en tal caso te plantearás si tiene sentido unificarla con otra).

Para realizar este tipo de análisis, que parece complicado, apóyate en herramientas como SEMrush que identificará y mejorará las palabras clave que usas y en las que tienes posibilidades de posicionarte.

Figura 9.3. Brecha de palabras clave en SEMrush.

Otro análisis es cómo convierten esas páginas y si tiene sentido que incluyas más llamadas a la acción en las nuevas *landings*. De aquí seguro te surgirá la necesidad de volver a redactar o unificar algunas páginas estáticas. Mejorar la narrativa, unificar el tono, revisar imágenes, añadir palabras clave e incluir nuevos materiales que hayas creado serán algunas de las acciones o puntos de mejora que con seguridad aplicarás.

ANÁLISIS DE LAS PÁGINAS DINÁMICAS

Este último análisis tiene que ver con cómo está funcionando tu blog y las temáticas que has trazado. Te recomiendo que hagas otro pequeño inventario donde apuntes las URL de artículos que más tráfico orgánico han tenido.

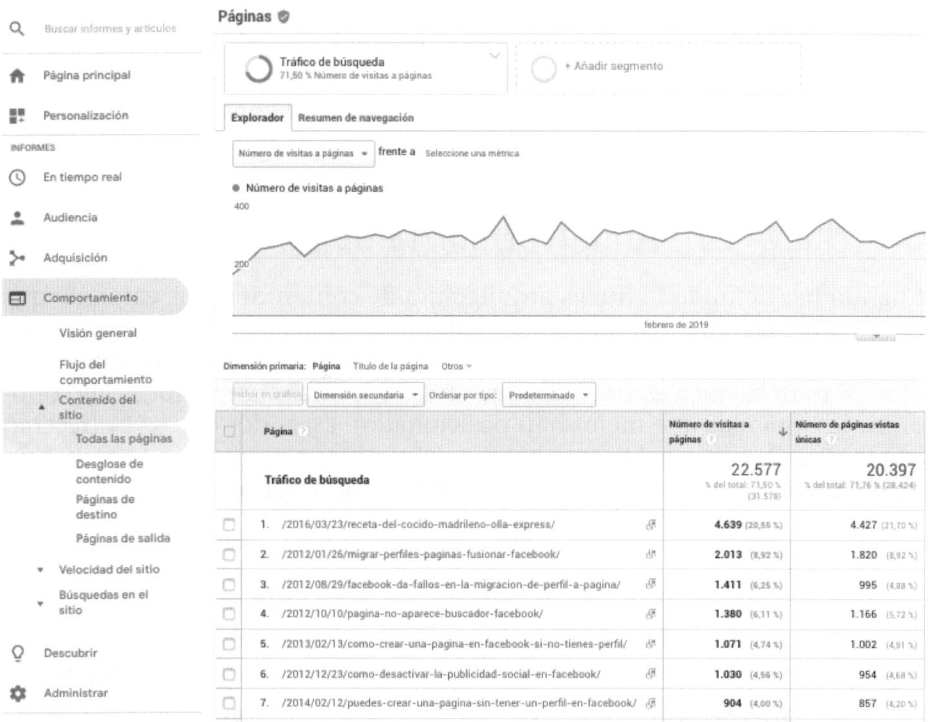

Figura 9.4. Pantalla de Google Analytics con las entradas que han tenido más tráfico orgánico.

En un primer análisis puedes saber qué temas son los que están funcionando mejor y mantener esa línea de contenidos. Además, cada uno de los artículos que es una fuente de tráfico importante para ti es posible revisarlo, modificar las llamadas a la acción y sus enlaces internos.

Dentro de cada artículo pon distintos tipos de *call to action* o llamadas a la acción:

- **Enlaces internos.** Estos enlaces, de manera contextual, perfeccionarán la autoridad de tus *landings* de producto. Además, te aseguras de que están generando más tráfico y aumentando las posibilidades de conversión.

- **Banners.** Estos banners son más directos, pero pueden ser malinterpretados por algunos lectores. Incluye descuentos o información adicional y explicita tu llamada a la acción. Puedes colocarlos al final de los artículos o en mitad de los párrafos si lo consideras adecuado.

UNA NUEVA ESTRATEGIA DE CONTENIDOS

Cuando has definido la nueva arquitectura de contenidos, has valorado qué cambiar en las principales *landings* (contenidos, palabras clave, narrativas y llamadas a la acción). Une esta información con la que saques del análisis del blog (si tu frecuencia es correcta, qué temas te posicionan mejor, cómo optimizar los artículos que mejor han posicionado). Estos dos datos te ofrecerán dos resultados principales: una batería de cambios a realizar en tu web y un nuevo plan de contenidos a delinear con estos aprendizajes.

¿EXTERNALIZAR O NO EXTERNALIZAR LOS CAMBIOS?

Quizá esa sea la pregunta del millón y la respuesta dependerá de cuál sea tu capacidad interna de absorber estos cambios o tu presupuesto para acometerlos.

Lo primero que considerarás es que los cambios de arquitectura de contenidos suelen estar acompañados por una consultoría SEO y una necesidad de un perfil técnico que los realice. Son cambios relativamente sencillos de ejecutar y, en proporción, no te llevarán tanto tiempo. A cambio, las modificaciones de contenido y la reescritura de varias páginas sí es algo que tomará su tiempo. Por eso, si decides hacer esos cambios de forma interna, reduce otras tareas (como la frecuencia de actualización del blog). Otra opción es contratar a una persona experta en *copywriting* que reescriba estas partes de la web.

ROADMAP DE CAMBIOS

Con todos los cambios en la cabeza, es momento de organizar un *roadmap* en el que se aprecie quiénes serán los responsables de ejecutarlos, cuánto tiempo se tardará y cuándo darás por cerrado el proyecto. Este tipo de tarea es posible medirla con un diagrama de Gantt como el de la figura 9.5.

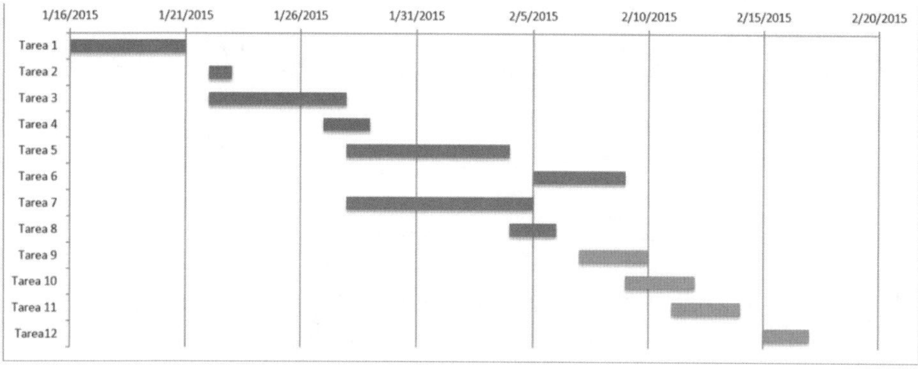

Figura 9.5. Ejemplo de diagrama de Gantt.

TEAM
WWW
10%
15%
15%
60%
Creative
Motivation
TEAMWORK
Marketing
Strategy
15%
15%
40%
15%
15%
http://
100%
BALANCE
HELP
WORK
SUCCESS
ASSISTANCE
SUPPORT

2 PARTE

MARKETING DE CONTENIDOS

10 LA TRANSFORMACIÓN DIGITAL EN LAS EMPRESAS: EL MARKETING DE CONTENIDOS

La transformación digital es un proceso por el que todas las empresas deberían haber pasado ya. Y, sin embargo, no es así. Pero, ¿por qué? Para mí, la respuesta es sencilla: porque la transformación digital es constante.

No hace falta llevar mucho tiempo en este sector para darse cuenta de que nuestro trabajo día a día es saber qué viene después y cómo podemos nosotros estar dentro de esa tendencia que se genera. Después de años y años enlazando teóricos cambios y transformaciones digitales he aprendido que la clave está en dos cosas, solo dos: nuestro enfoque y cómo nos adaptamos a las tecnologías emergentes.

Aunque la transformación digital sea algo constante, hay algunas empresas que se encuentran varios escalones por detrás. Por eso, voy a tratar la transformación digital desde dos puntos de vista: cómo ponerme al nivel y cómo no quedarme nunca atrás.

CÓMO PONERME AL NIVEL

La transformación digital no ha empezado en todas las empresas en el mismo punto. Algunas han contado con grandes presupuestos que les han permitido realizar transformaciones mucho más rápidas y otras han tenido que montar ecosistemas digitales a marchas forzadas.

La dificultad a la que se veían expuestas las compañías también era desigual ya que todos los negocios no son exactamente iguales. Algunas grandes empresas han tenido que realizar transformaciones en procesos o en el propio CRM (en inglés *Customer Relationship Management*, nuestra base de datos de clientes). Otras solo han tenido que dar un paso a la apertura de canales digitales de cara a lanzar o mejorar sus sistemas de venta y comunicación actuales.

En cualquier caso, debería ser prioritario que las estrategias digitales de las empresas fueran, al menos, higiénicas. No hablo de grandes webs o complejos sistemas, sino de ser capaces de evitar los principales fallos que lleva la transformación digital. Algunos de los fallos que encontramos suelen ser porque no se ejecutan bien dos aspectos principales: la actualización tecnológica y el uso del contenido online.

ACTUALIZACIÓN TECNOLÓGICA

Si tienes la misma web que hace tres años deberías de plantearte revisarla. El consumo de contenidos ha variado, el cómo los usuarios entran y navegan desde una web y, sobre todo, desde dónde. El consumo de Internet a través del móvil cada vez es mayor, pero todavía perviven webs que no son navegables desde estos dispositivos, es decir, que sean *responsive*.

Un contenido *responsive* es aquel que se puede consumir igual desde cualquier tipo de dispositivo o pantalla. No tienes que hacer zoom con los dedos porque la web se adapta al móvil. Hablamos tanto de elementos visuales como de tamaños de la fuente. El objetivo es facilitar el consumo de contenido desde cualquier dispositivo. No lo confundas con un *sitio web mobile*, que lo único que crea es una visualización del contenido distinta si lo consumes desde un móvil.

Sabemos que el presupuesto para el desarrollo tecnológico que existe en muchas empresas en ocasiones es escaso. Por eso, más allá de justificarte por qué necesitas invertir en soluciones tecnológicas, te hablaré de las soluciones económicas que es posible implementar. En la actualidad, en torno al 33 % de todas las webs del mundo —y un 60 % de las que usan un gestor de contenidos— están hechas con WordPress, un sistema sencillo, económico y con muchas opciones de integración con distintos sistemas de venta. WordPress permite tener una web que favorezca el consumo de contenido y la conversión a venta por menos de lo que te imaginas.

No pretendo decirte que debes abandonar lo que tienes ahora por crear una web en WordPress. Solo afirmo que, si tienes un problema tecnológico, si tu web no se consume sencillamente desde todos los dispositivos, si no cuentas con las herramientas necesarias para mejorar tu narrativa digital ni con un gran presupuesto, puedes montar una web por un presupuesto bajo y al menos estar a la altura del resto de los negocios.

La situación es distinta si cuentas con un presupuesto alto, ya que podrás explorar otros sistemas de mayor calidad y complejidad.

PLANIFICACIÓN DE CONTENIDO

La mayor parte del contenido que se genera suele realizarse desde departamentos de comunicación y con un claro enfoque mediático. Si bien es cierto que el conseguir una amplia difusión en medios es clave de cara a dar visibilidad a nuestros productos, este no debería ser el único objetivo que buscamos.

Desde el contenido online que difundimos en nuestros medios propios, somos capaces de dar una mayor profundidad a nuestros productos o servicios y así ganar consideración. Esta consideración no solo nos ayudará de cara a generar más ventas, sino que apoyará la fidelización, es decir, la consecución de ventas recurrentes a un coste menor.

Debemos trabajar la propuesta de valor desde un punto de vista estratégico: analizar cuáles son nuestras debilidades y amenazas de cara a mitigarlas, pero sobre todo tener claras nuestras fortalezas y oportunidades para reforzarlas en el mensaje que se mandará. Para ello, podemos utilizar el tradicional esquema de DAFO.

Figura 10.1. DAFO.

Todo lo que aprendamos de este proceso debe quedar plasmado de forma correcta en la narrativa de nuestro producto o servicio. Que tu mensaje de verdad sea capaz de resaltar tu valor diferencial.

Una vez que somos capaces de contar lo que somos, tienes que hacérselo llegar a los usuarios de una manera eficiente por medio de los canales de difusión adecuados.

Son muchos los canales para la difusión de estos contenidos, las estrategias de *inbound marketing* ayudan a que la propuesta de valor llegue a los usuarios. Los principales canales a valorar en una estrategia de marketing de contenidos son:

- **Email marketing:** una correcta estrategia de email marketing puede hacer que tu mensaje llegue al usuario directamente. Eso sí, no es obligatorio ceñirnos solo a las clásicas *newsletters* o a los refritos de contenido, sé capaz de contar historias que despierten el interés del usuario.
- **Redes sociales:** un lugar donde los usuarios pasan cada vez más tiempo y que nos sirve de punto de contacto con el usuario final.
- **SEO/ Buscadores:** estar posicionado en la primera página de Google marca la diferencia entre que los usuarios compren tu producto u otro. Por eso, hay que plantearse crear contenidos que sean estratégicos y mejoren el SEO.
- **Medios pagados:** la creación de un contenido bueno es clave, pero si no somos capaces de asegurarnos de que llegue a los usuarios actuales y, sobre todo, a los clientes potenciales, no servirá de nada. Ni las redes sociales son gratuitas ni debemos confiar solo en las estrategias de posicionamiento en buscadores. Una correcta combinación entre medios propios, ganados y pagados hará que nuestras estrategias de difusión sean más exitosas.

Todo esto de una manera coordinada y que haga que se refuercen unos con otros. No hay que elaborar planes de contenido por canal, sino multicanal.

CÓMO DEBE SER LA TRANSFORMACIÓN DIGITAL

El problema no es la transformación que se produce sino cómo nosotros la estamos enfocando. Cuando creemos que ya sabemos cómo funciona una tendencia, es cuando cambia. Y ahí es donde encontramos el fallo, en creer que sabemos cómo funcionan las cosas. Se trata de aprender constantemente y no de las tendencias que marcan los grandes referentes sino de cómo actúan nuestros propios usuarios y usuarias.

ENTREVISTA A USUARIOS

¿Cuándo ha sido la última vez que te has sentado con un cliente o usuario para saber si lo que has creado (o diseñado) le ha parecido bien? ¿Cuándo ha sido la última vez que lo has hecho antes de empezar a diseñar tu campaña, producto o servicio? Tenemos una idea, nos enamoramos de ella y la ejecutamos. Esta es nuestra realidad. Pero no debería ser así.

Debemos ser capaces de buscar tiempo para sentarnos a hablar con las personas, para comprobar que nuestras ideas son correctas, para saber cuáles son sus necesidades. Llevar a cabo un plan o una estrategia concreta porque «siempre hemos hecho esto» o «porque sabemos que así funciona» es lo que nos deja atrás en la carrera por la transformación digital.

Para evitarlo, realiza una investigación o un estudio de mercado. Aunque siendo honestos, no siempre es necesario llegar tan lejos y no siempre tenemos los medios adecuados.

Hay algunos métodos de investigación que son tan intuitivos y tan cercanos a las personas como las entrevistas. Para hacer una buena entrevista solo tienes que quedar con tus usuarios, sentarte con ellos en su entorno para que se sientan cómodos, encender la grabadora y mantener una conversación sobre qué opinan. La idea no es seguir solo un guion de preguntas, sino conversar. Evita las preguntas de respuesta cerrada (tipo sí/no) y de verdad dales tiempo para que hablen. Tú eres el que tienes que escuchar. Después, vuelve a escuchar esta grabación tranquilamente, toma notas en pósits y agrupa las ideas que has sacado. De ahí obtendrás muchas conclusiones o *insights* y sin ellos no deberías empezar a crear nada. Tus ideas son buenas, pero cuando responden a usuarios reales pasan a ser brillantes.

MIDE LOS RESULTADOS

Nos encanta hablar de métricas y de KPI; mostrar inmensos informes de Excel que no siempre somos capaces de interpretar. Pero, ¿qué sentido tienen esos datos si no hay un contexto que los rodea?

Aprender a crear cuadros de mando que aporten valor a los datos que saquemos será clave de cara a no quedarnos estancados en estrategias del pasado que no estén funcionando. Transformarse también es saber qué debo hacer teniendo en cuenta la información de la que dispongo. Por este motivo, hay que empezar a crear KPI contextuales, ir de la teoría a la práctica y, sobre todo, ser capaces de recalcular lo que hacemos para mejorarlo.

SABER ELEGIR TECNOLOGÍAS EMERGENTES

La tecnología nos rodea y nos abraza en todo este proceso de transformación, pero ¿cuándo tiene sentido unirnos a esta ola y cuándo no? Para ayudarnos a tomar decisiones podemos usar el *Digital Hype Cicle*[1]. Esta herramienta es muy útil para saber cómo y dónde emplazar los canales y herramientas que tenemos cerca.

Como se aprecia en la imagen 10.2 solo consiste en ver qué pasará a nivel de visibilidad a lo largo del tiempo. Cuando colocamos una herramienta cerca del 0 (donde se juntan ambos ejes) es porque está arrancando. Pero también debemos analizar cuál va a ser su pico de inflación con el tiempo ¿estará en el pico superior o en el inferior? Por último, determina si con el paso del tiempo continuarán siendo útiles.

Figura 10.2. Digital Hype Cicle.

1. www.3ders.org/articles/20170817-4d-printing-on-the-rise-says-gartners-2017-hype-cycle-for-emerging-technologies-report.html.

En la gráfica vemos muchas nuevas tecnologías como los *wereables*, el pago con *e-monedas*, etc. Ahí decidimos el futuro que creemos que tendrán en el mercado. Pero en este mismo análisis se verá qué pasa con otras tecnologías que han estado con nosotros desde hace tiempo como el email y los SMS. ¿Todavía hay alguien que dude de su eficiencia?

No me gusta tanto hablar de cuál es la tendencia sino de lo importante que es saber analizar las nuevas que vienen. Como decía al principio, no vamos a ser capaces de hacer una constante transformación digital si no contamos con el enfoque y las herramientas necesarias para no marearnos constantemente.

</>
1
2
3
4

11 CANALES DE DIFUSIÓN

Antes de comenzar a explicar qué estrategias de contenido (*inbound marketing*, campañas, planificación...) es posible utilizar de cara a mejorar los resultados, creo que es necesario diferenciar los principales canales en los que se realizarán dichas acciones.

Hay que tener en cuenta que todo lo relativo al contenido web ha quedado definido dentro de la primera parte del libro. Ahí hemos hablado mucho sobre cómo estructurar los contenidos dentro de una web, cómo pensarlos dentro de una única página, qué narrativa debe tener la marca y cómo colaborar en los equipos de trabajo en la elaboración de estrategias.

Si no realizas el punto anterior correctamente, tu empresa o marca con seguridad fracasará. No importa lo bueno que sea tu producto o servicio si no eres capaz de contarlo. Sin embargo, tu éxito no solo dependerá de esta parte, sino de cómo vas a ser capaz de llegar a tus usuarios potenciales.

Jonathan Perelman de *BuzzFeed* dijo en su momento: «*Content is king, but distribution is queen, and she wears the pants*». Es decir, si el contenido es el rey, la distribución es la reina y ella lleva los pantalones.

CÓMO ELEGIR QUÉ CANAL DE DIFUSIÓN USAR

En digital contamos con muchos canales de difusión para que la reina haga su función. Se diferencian en tres grandes grupos:

- **Medios propios:** los que activo siempre que quiero. Son míos. Y, siempre y cuando tenga contenidos para alimentarlos, los puedo empezar a usar.
- **Medios pagados:** solo se activan si hay una inversión económica detrás. Son en especial útiles para llegar a públicos nuevos.
- **Medios ganados:** necesito de un tercero para activarlos. Es decir, que no depende de nosotros ni de nuestro presupuesto el poder utilizarlos, sino de la colaboración de otra empresa o persona.

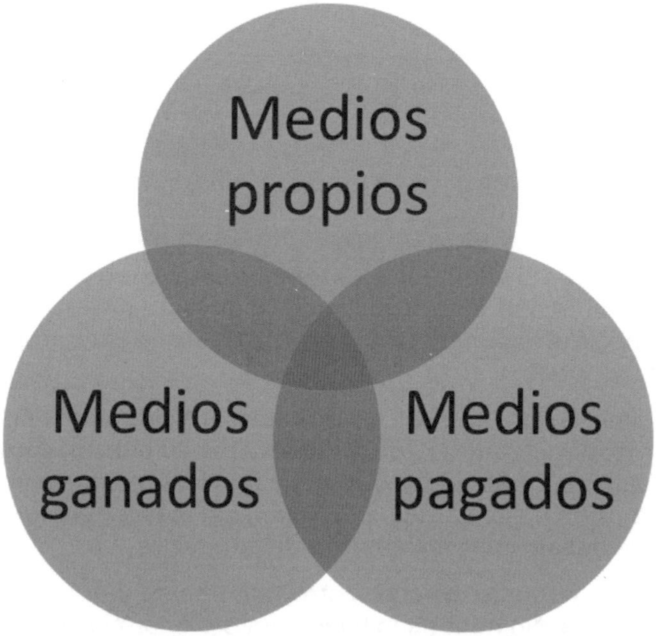

Figura 11.1. Gráfico de tipos de medios.

La clave no es usar todos los canales porque sí, sino analizar cuáles nos interesan más de cara a realizar acciones. A veces serán todos, otras solo algunos. Por eso, lo importante es tener claro cómo es cada uno y luego determinar en función del presupuesto disponible, del público al que quiera llegar y de la capacidad de generar contenido y gestionar canales, qué presencia voy a tener.

PRINCIPALES CANALES

1. **Medios propios.**

   - **Blogs:** es el contenido dinámico que subo a la web: artículos, *landings* o cualquier formato creado desde un sistema de gestión de contenidos o CMS (del inglés *Content Management System*). Sirven como apoyo para dar a conocer mi propuesta de valor, para complementar campañas y con un objetivo claro de mejorar mi posicionamiento en buscadores.
   - **Redes sociales:** canales de comunicación donde se encuentran mis usuarios, por ejemplo, Facebook, Twitter, Instagram, LinkedIn o YouTube. Este entorno es de los que más rápido avanza y en el que cada canal está más diferenciado. Por eso debo analizar cómo de emergente o estratégico es y sobre todo qué contenido es el que mejor funcionaría.
   - **Email:** uno de los canales que peor fama tiene por el mal uso que ha tenido en ocasiones. Sin embargo, es uno de los que mejor funciona de cara a convertir clientes. Solo debemos aprender cómo realizar buenas estrategias.

2. **Medios pagados.**

   - **SEM:** las siglas SEM se refieren a *Search Engine Marketing*, es decir, a la compra de espacios en los buscadores. Permite aparecer en las primeras posiciones de los buscadores sin haber tenido que elaborar y posicionar un contenido con antelación.
   - **Social Ads:** las redes sociales no son gratis y aparecer en ellas cada vez es más difícil, ya que cada red cuenta con un algoritmo propio que priorizará o no nuestro contenido. Por eso, es importante realizar campañas específicas que nos ayudarán a mejorar nuestra presencia y notoriedad.
   - **Banners:** se emplean para difundir nuestra publicidad dentro de webs de terceros en espacios reservados para ello.
   - **Branded content:** los tradicionales publirreportajes o las acciones de marca siguen estando presentes en los canales digitales y ganan peso por la importancia que tiene la verosimilitud o no de la fuente.
   - **Celebrities e influencers:** personajes famosos o relevantes en la red que dan a nuestra empresa un alcance mayor al hacerse embajadores de nuestra propia marca.

3. **Medios ganados.**

- **SEO:** ser capaces de posicionar un contenido en los buscadores no depende directamente de nosotros, sino del algoritmo propio del buscador. Por nuestra parte sí podemos seguir las indicaciones y generar contenidos de calidad.
- **Medios de comunicación:** en los entornos digitales los medios de comunicación son muy relevantes, como en el mundo offline. Aparecer en ellos o no dependerá de la percha (o excusa de comunicación) que tengamos y de la calidad de la información difundida en nota de prensa.
- **Microinfluencers:** pese a que en muchos casos los influencers son medios pagados (si hay una transacción económica), cuando trabajamos con microinfluencers, la moneda de cambio para conseguir difusión suele ser un regalo, evento o experiencia.

HERRAMIENTAS DE PLANIFICACIÓN DE CANALES

En cada uno de los medios propios, pagados y ganados, encontramos todavía más canales de los que he mencionado antes. Es posible utilizar muchísimos canales, pero lo más importante es ser capaces de decidir cuál es el que más interesa. Por eso, te propongo que hagas dos esquemas: analizar los canales que tienes y decidir cuáles son los prioritarios. La matriz de canales te ayudará a saber cuáles están disponibles y con qué objetivo los usarías. Así te aseguras de que cubres todos los objetivos con los que te propones trabajar.

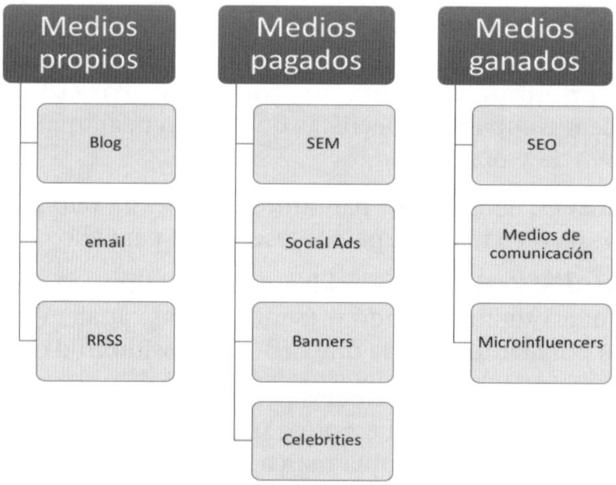

Figura 11.2. Matriz de canales.

Para establecer cuáles son tus canales prioritarios, dentro de los que tienes disponibles, debes enfrentar dos variables: la capacidad que tienes para gestionarlo (bien sea por el presupuesto o por los recursos para generar contenido) y los resultados que esperas (con base en los datos que tengas de otras ocasiones).

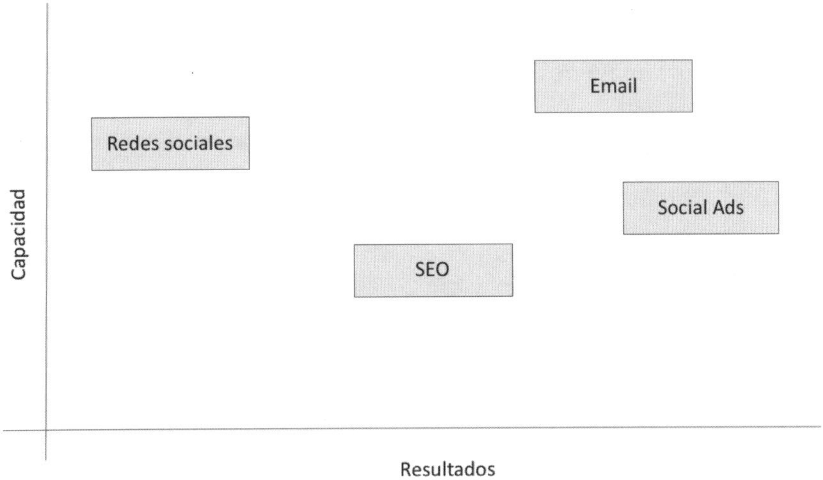

Figura 11.3. Capacidad versus resultados de los canales.

Si tu empresa es pequeña, es importante que aprendas a priorizar. Si —por el contrario— cuentas con muchos recursos, este análisis no es prioritario.

Una vez entendidos los principales canales de difusión, vamos a pasar a examinar los más importantes de una manera un poco más desglosada.

CONTENIDO DINÁMICO O BLOG

Lo controlas tú directamente. No requiere de inversión (aunque tenga gastos asociados). Decides en cualquier momento cuándo activarlo y con qué contenido. La gran ventaja es que dan mucha libertad en la toma de decisiones. La desventaja es que no ayudan mucho a llegar a público nuevo de manera decisiva.

Todo el contenido que generas en tu blog o web es una acción que se realiza de manera sencilla e independiente. En ocasiones se necesitará para las campañas (como páginas de aterrizaje) y otras para posicionar. Todo este contenido siempre estará optimizado lo mejor posible para llegar a posicionar en algún momento, pero seguramente el que tenga más texto gozará de más posibilidades de éxito.

En cualquier caso, ten en cuenta que el contenido también se diseña, da igual del tipo que sea. Piensa en el contenido de los blogs como una narrativa que plasmamos en una pantalla gracias a los elementos de edición con los que contamos: títulos, imágenes, texto, columnas, vídeos...

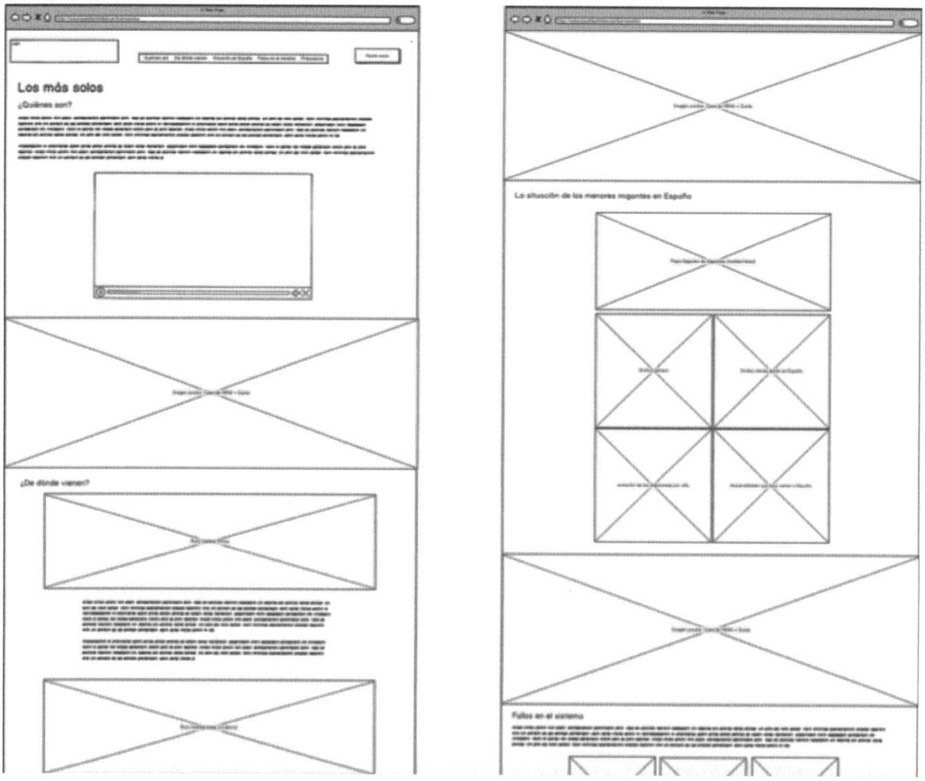

Figura 11.4. Ejemplo de prototipo de contenidos.

¿CÓMO ELABORAR ESTE TIPO DE CONTENIDO?

Una de las técnicas que más empleo es el prototipado físico. Puede ser trabajo individual, pero se aprende mucho cuando se realiza a nivel de equipo.

Es muy sencillo: en un papel grande (o en varios folios juntos) recoge todos los tipos de contenido que existen y es posible crear dentro de tu web:

- Titulares (h1, h2, h3).
- Fotografías.
- Párrafos de texto.
- Módulos en filas y columnas.
- Elementos que insertas o embebes: vídeos de YouTube, podcast...

La siguiente parte es discutir con el resto de personas cómo vamos a contar lo que queremos comunicar al usuario y montarlo todo con tijeras y pegamento.

Figura 11.5. Ejemplo de prototipado físico.

Esto no consiste solo en hacer un puzle, sino en decir en cada párrafo qué mensaje clave poner y decidir cómo titular.

No siempre tendremos que realizar prototipados físicos. Habrá veces donde solo generes un contenido tipo blog tras haber escrito en un papel las ideas claves y directamente lo plasmes en el artículo. Esto en muchas ocasiones será más que suficiente.

El mensaje clave que quiero darte es que lo importante es planificar qué vas a decir antes de ponerte a escribir contenidos y, luego, trabajar con las herramientas de narrativa visual que tengas a tu alcance para crear el contenido.

CÓMO POSICIONAR LOS CONTENIDOS

El SEO o posicionamiento en buscadores es muy importante como canal de difusión, ya que permite llegar al público que está buscando el contenido. Para posicionar contenidos hay que seguir una serie de pautas:

- **Escribe para personas, no para ordenadores:** en la actualidad los buscadores sí priman la naturalidad a la hora de redactar, frente a los trucos. Escribe con naturalidad y para tus usuarios.
- **Utiliza palabras clave:** con herramientas como Google Trends o AdWords se sabe qué palabras clave son las más empleadas. Usa palabras clave pero, de nuevo, con naturalidad y sin abusar.
- **Busca enlaces entrantes:** pero no te obsesiones con la cantidad sino con la calidad. Cuando un contenido es atractivo, empiezas a recibir enlaces sin hacer nada.
- **Actualiza tu web:** pero no hagas contenido por hacer. Cuida que tu contenido sea de calidad y tenga una extensión adecuada.
- **Nunca copies contenido:** si vas a necesitar copiar varias *landings*, asegúrate de que no todas estén indexando y evita que los motores de búsqueda las detecten.
- **Mejora tu tecnología:** comprueba que tu tiempo de carga es bajo y con herramientas como Webmaster Tools de Google indica tu mapa de URL de la web.
- **Usa URL amigables:** hazlas cortas, con palabras clave.

El posicionamiento en buscadores es todo un arte que requiere precisión y meticulosidad. Está claro que, si sigues estos consejos, irás por el buen camino. Pero si buscas ampliar información, te recomiendo que consultes los libros especializados de esta colección.

REDES SOCIALES

Las redes sociales son un canal de comunicación directo con otras personas o clientes potenciales, que con seguridad ya están presentes en las distintas plataformas sociales que existen. Las tendencias aquí son cambiantes, así que veo muy comprometido decir, de manera única, cuál es la mejor red social para estar.

El hecho es que, en España, hoy en día, Facebook es la red que cuenta con más usuarios. Twitter está empezando a perder popularidad en ciertos aspectos e Instagram es una de las que está creciendo más rápidamente, sobre todo en segmentos jóvenes. A partir de este punto, te recomiendo que revises las tendencias actuales que hay en el sector y para cada uno de los países o públicos objetivos a los que te refieres.

De cara a decidir en qué red social posicionarte, entiende bien el ecosistema de personas que está en cada una y el objetivo que perseguirás. Por ejemplo, Instagram es una red social joven que basa su contenido en imágenes. Además, no nos permite poner enlaces nada más que en la biografía y en las *stories* (usuarios con más de 10 000 seguidores). Por tanto, tus objetivos estarán más cerca del *branding* (o posicionamiento de marca) que de la generación de tráfico.

Es importante tener en cuenta que las redes sociales tienen una tendencia cada vez mayor a la pérdida de tráfico orgánico. Todas ellas son empresas y su monetización proviene del uso que hacen las marcas de los distintos formatos publicitarios que tienen. Por eso, cuando usamos las redes sociales de manera orgánica, vemos que nuestro alcance disminuye. Esto no significa que haya que abandonar este canal (dentro de los medios propios), solo que debemos hacerlo de manera inteligente y conforme a unas expectativas reales del impacto que vayamos a conseguir.

¿EN QUÉ RED SOCIAL ESTAR PRESENTE?

Cada red social es un mundo y cada una tiene unas normas en función de las opciones que ofrece. No es lo mismo una red social enfocada a las imágenes que una dedicada a compartir enlaces.

Lo primero es elegir en qué red estarás presente. Como decíamos antes, lo importante no es conocer hoy las tendencias para decidir, sino aprender a definir tu presencia en redes sociales en cualquier momento. Se trata de que seas capaz de buscar la información y tomar decisiones basadas en evidencias. Este conocimiento te dará la capacidad de trazar estrategias siempre (no solo ahora) con la información con la que cuentas.

Define una serie de criterios para la apertura de nuevos canales. Si sigues estos canales, verás que es más sencillo saber si abrir o no un nuevo perfil.

Tabla 11.1. Criterios para la apertura de canales.

Criterio	¿Qué debe cumplir?
Coste de oportunidad	Ten en cuenta el equilibrio que existe entre el esfuerzo en costes y recursos (ya que habrá que generar contenidos específicos y contar con especialistas que gestionen los canales), y el retorno de inversión que esperas.
Crecimiento de la plataforma	Considera el ritmo de crecimiento que está teniendo el nuevo canal y cuántos de los usuarios son retenidos (o activos). No solo vas a abrir un perfil cuando una red social está de moda, sino cuando de verdad está asentada.
Propuesta de valor	Serás capaz de aportar un valor añadido a los usuarios que te sigan en esta red social. No te dediques solo a replicar lo que se publica en otras plataformas. Aunque el tema sea el mismo, la forma en la que lo cuentas, no.

¿CÓMO ELABORAR ESTE TIPO DE CONTENIDO?

Una vez traces tu estrategia de canales, estudia el tipo de contenidos. Alguna de las cosas que no se perderán de vista son:

- **Frecuencia de actualización.** Habrá redes como Twitter que te permitirán publicar varias veces al día y otras en las que sea mejor bajar el número de publicaciones semanales. Esta cifra nunca es fija y depende de cada marca. Te propongo que hagas test y pruebes cuál es la mejor frecuencia para tu marca. Varía poco a poco la frecuencia hasta que encuentres el equilibrio que buscas.
- **Hora de publicación.** Pese a que algunas redes sociales te dicen a qué hora hay más usuarios activos, no todas te dan este dato tan importante. Por eso, otra vez, prueba distintas franjas horarias para mejorar tus resultados. Publicamos para llegar cada vez a más gente, así que buscamos optimizar la hora de publicación.
- **Tipo de contenido.** Foto, vídeo, texto, enlaces... hay muchas posibilidades y en cada red funcionará una mejor que otra. Analiza qué hacen otros usuarios, otras marcas. Conviértete en un usuario real de la red social. Aprende y mejora tus contenidos para centrarte en los que son más relevantes para ti.

- **Tono.** Cada red social cuenta con un tono propio. Algunas como Pinterest son muy cálidas y otras como Twitter en ocasiones se convierten en un hervidero. Pese a que tu marca siempre se identifica por un tono fijo, se adaptará al entorno o contexto en el que se encuentre.
- **KPI.** Cuando tengas claro qué objetivo persigues con cada red social, fija su KPI correspondiente. Por ejemplo, si buscas «llegar a más personas», mide el alcance orgánico de tus publicaciones. Una vez lo tengas definido, crea un cuadro de mandos para tomar decisiones.

¿QUÉ MEDIR?

KPI hay infinitas, tantas como se definan de una forma SMART. Para los que se hayan perdido con tantas siglas haré un inciso:

- KPI: *Key Performance Indicator* o indicador del rendimiento.
- SMART: específico, medible, alcanzable, relevante y temporizado.

Es decir, que en el fondo tienes que definir un indicador que cumpla unas condiciones de coherencia y que evalúe el rendimiento de lo que sea que medimos.

Una de las KPI más populares se relaciona con el número de seguidores. Personalmente la llamo «la KPI de los CEO» porque es el dato que más miran las personas que están en los escalafones más altos.

Desde mi punto de vista, el número de seguidores no me aporta demasiada información, ya que tener más o menos no me va a ayudar a llegar a más personas (no hay una relación directa entre los seguidores y el alcance de las publicaciones). Sin embargo, el saber a cuántas personas alcanzo realmente sí me parece relevante.

Te recomiendo que midas el alcance de las publicaciones (fotos en Instagram, tuits en Twitter, post en Facebook...). Este dato a su vez puede relacionarse con otros. Es posible ver cómo ha avanzado el alcance de las publicaciones en una fecha determinada, medir el alcance medio en un espacio de tiempo y comparar unos datos con otros.

Otra de mis KPI favoritas, sobre todo porque la utilizamos día a día, es el engagement o tasa de interacción de los usuarios con el contenido de la marca. Si sabemos cómo interactúan los usuarios con la marca es mucho más sencillo evaluar si lo que comunico (más allá de cumplir mis objetivos de marca) es de valor para él.

Existen muchas fórmulas que nos dicen cómo medirlo, pero no existe un «sistema internacional» que nos ayude a medir el engagement de una única manera. Una de las más populares es medir de manera lineal. La fórmula es bastante sencilla: sumatoria de interacciones dividida entre el alcance del post en concreto. En otras palabras: sumas los «Me gusta», los comentarios, los compartidos de un post y lo divides entre el alcance que ha tenido.

$$Engagement = \frac{Me\ gustas + Comentarios + Compartidos}{Alcance\ del\ post}$$

Figura 11.6. Fórmula del engagement lineal.

Uno de los problemas de esta fórmula para calcular el engagement o tasa de interacción es que solo se sabe el alcance de los posts cuando eres administrador (si lo mides frente a la competencia, no tendrás ese dato). Si estás realizando un análisis comparativo, divide entre el número de seguidores y no entre el alcance. Insisto, solo si estás haciendo un análisis comparativo o benchmark con tu competencia.

$$Engagement = \frac{Me\ gustas + Comentarios + Compartidos}{Número\ de\ seguidores}$$

Figura 11.7. Fórmula del engagement lineal para benchmark.

El defecto principal que veo a esta fórmula es que da igual valor a un «Me gusta» de un usuario que a un comentario, algo que no creo que sea real en absoluto. Mi propuesta es que midas el engagement de manera ponderada. Esta fórmula corrige el defecto de la anterior: un «Me gusta» de un usuario no dispone del mismo valor de un comentario, requiere distinta implicación intelectual. Por eso, multiplico el valor del comentario y del compartido.

$$Engagement = \frac{Me\ gustas + 2 * Comentarios + 3{,}5 * Compartidos}{Alcance\ del\ post}$$

Figura 11.8. Fórmula del engagement ponderado.

Como en el caso anterior, si no tengo el alcance real del post, se divide entre el número de seguidores. Algo más inexacto, pero que, si mides todas las páginas bajo el mismo algoritmo, será válido al menos como referencia.

$$Engagement = \frac{Me\ gustas + 2 * Comentarios + 3{,}5 * Compartidos}{Número\ de\ seguidores}$$

Figura 11.9. Fórmula del engagement ponderado para benchmark.

En el momento en el que has recogido información sobre el número de seguidores, las interacciones y el alcance de las publicaciones, ya has recopilado lo suficiente para un informe de gran calidad.

Es importante decir que esta fórmula es solo una aproximación y que puedes replantearla a tu caso específico. Por ejemplo, si eres un medio de comunicación, la viralidad de tus noticias no deberían puntuar tan alto (no hay una identificación real entre el usuario y la marca), y tiene sentido que solo reduzcas esa parte de la fórmula.

Las KPI o lo que podemos medir es infinito. En ocasiones, el rol de nuestra marca en redes sociales condiciona lo que tenemos o no que medir. Por ejemplo, si una marca centra su presencia en el *social care* o atención al cliente, seguramente medirá el tiempo de respuesta. En definitiva, es importante recordar que el mejor analista no es el que mejores datos saca, sino el que mejores conclusiones obtiene de los datos extraídos.

PUBLICIDAD EN REDES SOCIALES

Las redes sociales han sido uno de los canales que más han avanzado en los últimos diez años. En sus inicios muchas marcas experimentaban, el foco era publicar y analizar cómo los usuarios interactuaban. En la actualidad y tras años demostrando que las redes sociales sí funcionan para ciertos objetivos, vemos cómo las plataformas están moviéndose a un modelo publicitario. Es algo bastante normal. Cuando las plataformas sociales cuentan con los usuarios y las marcas, es el momento de empezar a sacarles un provecho económico. Pero, ¿cómo han convencido a las marcas de la necesidad de invertir en publicidad?

El motivo principal ha sido el descenso del alcance orgánico de las publicaciones de las marcas. Cada vez los usuarios cuentan con más contactos y siguen a más marcas, así que las distintas plataformas sociales han empezado a cambiar el modelo cronológico (en el que veíamos las últimas publicaciones) por modelos en los que se prioriza mostrar los contenidos más interesantes o, lo que es lo mismo, los de más interacciones. Para contrarrestar esto, emplea los formatos de pago que ayuden a asegurar el alcance de las publicaciones.

TIPOS DE PUBLICIDAD EN REDES SOCIALES

Los formatos en todas las redes sociales son similares. En este caso, para simplificar, voy a explicar los principales que se usan y pondré ejemplos concretos de Facebook.

Post patrocinado

Las propias publicaciones que hacemos en redes sociales podemos patrocinarlas, es decir, invertir en que un post tenga alcance extra (ya sea un enlace, una fotografía, un vídeo o una fotografía o vídeo dentro de un enlace). El objetivo es llegar a más personas y aumentar, por tanto, la interacción.

Para darle de alta solo tenemos que hacer un post normal y pulsar el botón de patrocinar. Ahí podremos elegir algunas opciones de segmentación. Además puedes darle de alta en el gestor de anuncios para tener todavía más opciones.

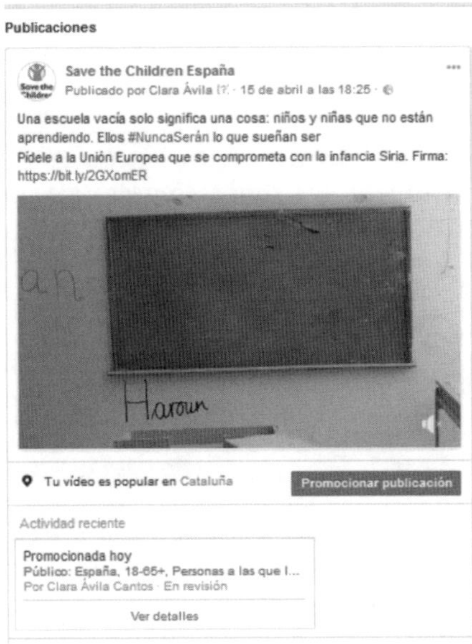

Figura 11.10. Ejemplo de post patrocinado.

Link ad

La forma más sencilla de generar tráfico a una *landing* en nuestra web sería utilizar este formato con las distintas opciones de optimización que existen. Fíjate como objetivo el tráfico o la conversión (para eso estará configurado en tu web el píxel de Facebook).

En ocasiones, en lugar de generar tráfico a un espacio web, es posible hacerlo a una página de aterrizaje dentro de la misma plataforma social. En Facebook esto se llama Canvas y nos ayuda a crear un espacio interactivo. Solo recomiendo usar este formato cuando no tenemos la posibilidad de llevar el tráfico a *landings* específicas en nuestra web o tienen un diseño o tiempo de carga perjudiciales. Después solo debemos fijar el contenido de la creatividad. Desde foto a vídeo, todo vale.

Figuras 11.11. Ejemplos de link ad.

Lead generation

La generación de leads es una de las grandes tendencias como veremos más adelante. Está más que demostrado que una de las formas más económicas de vender en digital es mediante la captación de leads en redes sociales y la conversión utilizando técnicas de email marketing.

Las plataformas sociales, conscientes de esta situación, han creado sus propios formularios que permiten a las marcas captar los leads sin tener que realizar ningún desarrollo web.

Estos formatos parecen un anuncio normal (link ad), pero llevan a un formulario dentro de Facebook que se personaliza con los campos que quieras. Luego solo tendrás que descargar un Excel con los datos más relevantes.

Figuras 11.12. Ejemplos de lead gen.

Existen más formatos: es posible promocionar un vídeo y optimizarlo para lograr reproducciones; buscar aumentar tu número de seguidores en redes sociales; mandar un mail directo dentro de LinkedIn o pagar por tener un trending topic en Twitter.

Cada cierto tiempo, además, aparecen nuevos formatos publicitarios creados por las propias plataformas sociales. Por eso el objetivo no es que aprendas todos los que existen, sino realizar una pequeña división que sea suficiente para entender qué formatos encontrarás y seguir las estrategias que posteriormente te iré contando a lo largo del libro.

¿QUÉ SE NECESITA PARA CREAR UNA CAMPAÑA EN REDES SOCIALES?

Aunque la forma en la que se ponen las campañas en redes sociales depende mucho de cada plataforma, los pasos que hay que seguir son parecidos. En ocasiones hay funcionalidades distintas o en otro orden, pero la dinámica suele ser similar (ver figura 11.13).

Figura 11.13. Proceso de creación de campañas en redes sociales.

Decidir objetivo

Las plataformas te sugieren formatos y optimizaciones específicas en función de tus objetivos. Algunas están más ligadas al alcance, otras a aumentar las interacciones o reproducciones y las más interesantes, a nivel de ventas, te llevan a conseguir más tráfico o conversiones.

Aquí es importante que tengas claro qué quieres obtener. En ocasiones querrás hacer una campaña de *branding* y usarás formatos más cercanos al alcance. Otras, querrás ventas y por tanto usarás formatos que optimicen la conversión.

Fijar público objetivo o segmentación

El público que decidas será clave de cara a mejorar el coste por adquisición final. En casi todas las plataformas sociales puedes seleccionar entre distintos intereses (trabajo, deportes, programas de TV que ve...) y opciones demográficas (edad, género, ciudad, idioma). En algunas redes sociales como LinkedIn las segmentaciones se amplían más con criterios como la formación que ha recibido el usuario o la empresa en la que trabaja. En otras, como en Facebook, hallarás más opciones de segmentación utilizando los intereses que nos permite seleccionar la red social.

Una de las segmentaciones que mejor rendimiento suele tener es subir tu propia base de datos a la plataforma social y crear públicos similares (o alike) a tus clientes anteriores. Cuanta más información tengas, mejor rendimiento obtendrás.

El procedimiento es el siguiente: subes un archivo Excel a la red social y le dices el tamaño de la segmentación que quieres conseguir. Cuanto más pequeña sea la segmentación final que buscas, más certera será. Cuanto más grande, más capacidad tendrás de llegar a gente nueva, pero menos parecida será a la base de datos original que has subido.

Es posible, asimismo, crear segmentaciones con acciones que hacen los usuarios: si han visto un vídeo tuyo (o una duración concreta del mismo), si han interactuado con tus publicaciones o si han visitado tu web. Todas las segmentaciones que has creado se emplean en positivo (para impactarlos directamente a ellos) o en negativo (para evitar impactarlos).

Configuramos el anuncio

Depende de fechas, pujas y presupuestos de la campaña que estás creando. También seleccionamos las ubicaciones en las que queremos estar presentes. Por ejemplo, en Facebook es posible decidir aparecer solo allí o estar presente en Instagram o en Messenger.

Generamos los contenidos

De nuevo el contenido vuelve a ser una parte importante del rendimiento de nuestras campañas. No podemos pensar que el mensaje no será relevante de cara a mejorar la conversión.

Cada red social tiene sus propias restricciones y formatos a los que adaptarse. No hablo solo del tamaño de las creatividades, sino además del porcentaje de texto. Por ejemplo, Facebook pone serios problemas cuando ponemos más de un 20 % de texto en las imágenes o si detecta un desnudo.

Presta especial atención a los elementos que más afectan al rendimiento de las campañas. Por ejemplo, Consumer Acquisition averiguó tras analizar 100 000 anuncios que las imágenes son posiblemente la parte más importante de los anuncios. Son responsables de entre el 75 y el 90 %[1] del rendimiento. Lo que significa que, si tu imagen no capta la atención de tu público objetivo, nadie leerá el texto que lo acompaña por muy bueno que sea.

Mi mejor consejo: prueba siempre varias creatividades y optimiza las que mejor tasa de conversión tengan para ti.

1. www.consumeracquisition.com/100k-facebook-ads-tested-heres-works/.

ESTRATEGIAS DE FUNNEL EN LAS AUDIENCIAS SOCIALES

Como hemos visto antes, de cara a crear una campaña de publicidad es imprescindible ser capaces de tener claro el objetivo, decir qué formato va a ser el utilizado y crear un contenido acorde. Sin embargo, dentro de las campañas de publicidad, también encontramos estrategias o formas de implementar que mejoran los resultados.

Una de ellas consiste en ir refinando la audiencia a la que llegamos. Por eso crearemos un funnel con una audiencia grande y, poco a poco, la iremos refinando con las propias herramientas que nos ofrece Facebook.

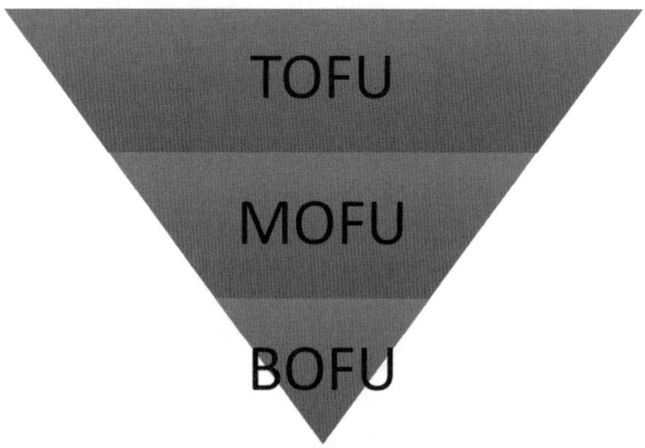

Figura 11.14. Funnel y sus fases.

Es importante dejar claro que esta estrategia solo cobra sentido cuando hablamos de productos o acciones que son costosas: no es lo mismo que estemos pidiendo al usuario que se suscriba a una *newsletter* a que se compre un coche. Por eso te recomiendo que esta estrategia la hagas de manera paralela a una sin pasos o sin funnel, y que compruebes cuál te da mejor resultado, cuál te reduce el coste por adquisición.

En este caso vamos a definir tres pasos (no siempre es así) e iremos cambiando el objetivo, la audiencia y, por tanto, la creatividad.

TOFU	**Audiencia:** público alike	
	Objetivo: notoriedad	
	Creatividad: vídeo	
MOFU	**Audiencia:** personas que han visto el vídeo anterior	
	Objetivo: consideración	
	Creatividad: enlace web	
BOFU	**Audiencia:** personas que han visitado la web	
	Objetivo: conversión	
	Creatividad: enlace a venta	

Figura 11.15. Cómo aplicar un funnel a una estrategia de Facebook Ads.

Top of the funnel

En este paso es donde seleccionamos la audiencia más grande. Podemos usar una audiencia alike, por ejemplo. Es posible subir nuestra base de datos y crear una audiencia similar a los clientes actuales que tenemos. A ellos les pediremos que vean un vídeo y así empezamos a generar notoriedad sobre nuestro producto o servicio.

Facebook cuenta con una funcionalidad muy interesante: la posibilidad de crear audiencias con las personas que han interactuado con tu marca en su plataforma. De esta forma, es posible crear una audiencia de las personas que han visualizado un porcentaje de tu vídeo: te aseguras de seguir impactando a gente que seguro ha visto antes a la marca.

Middle of the funnel

En este paso partes de esta audiencia que ya ha visto un porcentaje del vídeo. Así que tu audiencia anterior depende de las acciones que has realizado en el TOFU y lograrás mayor impacto en ella de nuevo ampliando información y ganando consideración. Aquí el contenido será distinto (no tendría sentido que fuera el mismo vídeo) y estará enfocado a dar motivos al usuario para que te elija.

Por eso defino otra acción distinta a la anterior: ya no pediré que vean un vídeo, sino que visiten la página web. Si tienes instalado el píxel de Facebook, podrás realizar campañas de remarketing en el siguiente paso. Por ahora solo comprueba que tu contenido genera tráfico y que estás creando una audiencia para el último paso.

Bottom of the funnel

En este último paso ya sabes que las personas a las que vas a impactar han visto información sobre tu marca y han visitado tu web. Tu contenido estará muy enfocado en la llamada a la acción y, por tanto, en la conversión. Este último paso suele tener un coste por adquisición más bajo, pero recuerda que, para hacer un buen cálculo, debes valorar tus costes de manera global y sumar todo el gasto que has tenido en las distintas partes del funnel.

EMAIL MARKETING

El email es uno de los canales que parece menos atractivo (por el mal uso que muchas marcas han hecho de él), pero que sabemos que tiene una gran relevancia de cara a la adquisición de nuevos clientes.

TIPOS DE ENVÍOS

Para empezar, realiza una pequeña división entre los tipos de envíos posibles.

Envíos normales

Estos son los más habituales. Tú como marca elaboras los contenidos y decides el momento del envío. Puede ser en formato *newsletter* (donde hacemos un resumen de contenidos o noticias) o un envío de emails con historias únicas o, en general, con un único contenido.

Envíos automatizados

Para realizar este tipo de envío habrá un desencadenante: algo que hace un usuario y que provoca que empiece a recibir una serie de correos electrónicos. Un ejemplo claro es la confirmación de compra: cuando un usuario realiza la acción de comprar un producto, de manera automática recibe un email con los detalles de la compra.

Este tipo de envíos es muy empleado en estrategias de *inbound marketing* o marketing de atracción (que ampliaremos más adelante), porque informa a los usuarios o genera leads de cara a mejorar la conversión en posteriores pasos. Por ejemplo, en el caso anterior de la compra online, después de recibir la confirmación, existe la posibilidad de seguir recibiendo correos electrónicos de productos relacionados o con información sobre el producto que acabas de comprar para que tengas un correcto *onboarding*.

Lo más importante en este caso es que siempre habrá un detonante y que nunca estará atado a un momento concreto. No planifiques que el correo se envíe el día de Navidad, sino cuando el usuario haga una acción concreta como:

- Suscribirse.
- Descargarse un *white paper*.
- Inscribirse a un evento.
- Solicitar información.
- Comprar un producto.

Envíos RSS

Son automáticos y se envían a una lista de suscriptores cuando la marca decide. Se queda preconfigurada una frecuencia concreta (semanal, mensual) o cuando se realiza una nueva publicación (conforme se publica el contenido, se envía el email).

Son poco personalizados, pero muy sencillos de hacer. Los envíos RSS los recomiendo en todo caso para blogueros, pero no para marcas: no se personalizan demasiado y por tanto los objetivos pueden mezclarse.

LISTAS Y SEGMENTACIONES

El primer paso, de cara a implementar acciones de email marketing, es ser capaz de crear buenas segmentaciones y listas para diferenciar a unos usuarios de otros. Por ejemplo, no se incluyen en la misma lista a un comprador que a una persona que se ha descargado un *white paper* o libro online. Su relación con la marca es distinta y las motivaciones para seguir recibiendo correos electrónicos también.

Una buena forma de mostrar las segmentaciones en tu base de datos es como un funnel o embudo. En la parte más ancha o TOFU (top of the funnel) están los usuarios con menor relación con la marca (como un suscriptor); en la parte más estrecha o BOFU (bottom of the funnel), los más fidelizados; y en la parte intermedia o MOFU (middle of the funnel), los de una relación media con la marca.

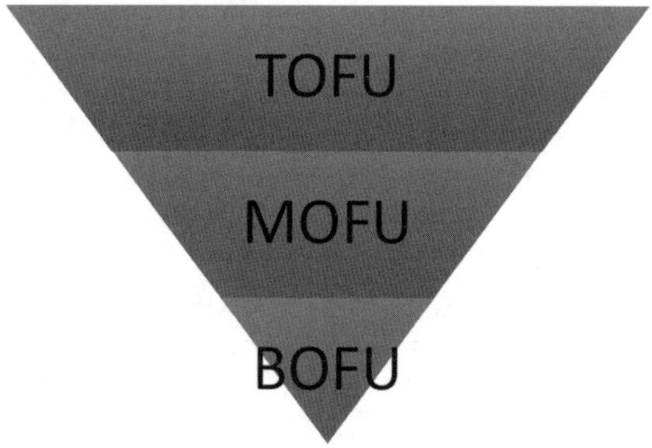

Figura 11.16. Ejemplo de funnel.

Este funnel lo voy a usar solo como una herramienta para entender la diferencia de volúmenes de cada segmento, pero la realidad es que tenemos que traducirlo a unas segmentaciones básicas. Si lo hacemos para un negocio online, podríamos tener unas segmentaciones de este estilo.

- TOFU: Suscriptores.
- MOFU: Compradores esporádicos.
- BOFU: Compradores regulares.

Para cada uno de los segmentos hay un objetivo distinto. En teoría siempre será que pasen al siguiente nivel, pero a veces solo que bajen lo más posible dentro del funnel.

Tabla 11.2. Segmentos y objetivos.

Segmento	Objetivo
Suscriptores	Que conozcan el producto o servicio de cara a realizar una primera compra.
Compradores esporádicos	Que conozcan más productos o que seamos capaces de aumentar la recurrencia de consumo de producto.
Compradores regulares	Fidelizarlos y convertirlos en prescriptores de marca.

Estos segmentos son el caso más sencillo. Hay que tener en cuenta que cada marca realizará los suyos. Por tanto, en ocasiones hablaremos de compradores, otras de clientes y otras de afiliados. También habrá veces que una marca tenga distintos públicos y, por tanto, distintos funnels para cada uno. Por ejemplo, una universidad privada cuenta con distintos públicos:

- Estudiantes potenciales.
- Padres de los estudiantes potenciales.
- Estudiantes actuales.
- Antiguos alumnos.
- Adultos que quieran estudiar un máster.

Para cada uno de estos públicos se realizan segmentaciones distintas con objetivos diversos y palancas de comunicación diferenciadas. Por último, hay que tener en cuenta, sobre todo cuando hablamos de clientes, que podemos tener la opción de «antiguos clientes» que además se tratarán de manera diferenciada y con distintos objetivos.

¿CÓMO ELABORAR ESTE TIPO DE CONTENIDO?

El contenido siempre responderá a los objetivos de cada segmento, por eso, si retomamos el caso anterior, pensaremos en un contenido o propuesta de valor diferente para cada uno.

Tabla 11.3. Segmentos, objetivos y contenidos.

Segmento	Objetivo	Ejemplos de contenido
Suscriptores	Consideración y venta	▸ Explicar el producto. ▸ Mostrar la ventaja diferencial. ▸ Alternar con llamadas a la acción.
Compradores esporádicos	Recurrencia de la venta	▸ Mostrar más productos relacionados. ▸ Presentar las nuevas colecciones. ▸ Alternar con llamadas a la acción.
Compradores regulares	Fidelización y prescripción	▸ Dar ventajas específicas por compra. ▸ Realizar acciones Member get member en las que los usuarios actuales traen a nuevos.

Cada email perseguirá un objetivo principal (pese a que en ocasiones incluyamos algún objetivo secundario) y aprovechará los distintos elementos del mail para poder generar contenidos lo mejor posible.

Algunos de estos elementos son:

- **Sender:** la persona que envía el correo electrónico.
- **Asunto:** línea de presentación del correo electrónico.
- **Primera línea de texto:** contenido que complementa el asunto.

Todos estos elementos son obligatorios y siempre debemos rellenarlos. Son de especial importancia de cara a mejorar la tasa de apertura, ya que como veis en este gráfico es más relevante el asunto y el sender que el momento en el que enviamos un correo electrónico[2].

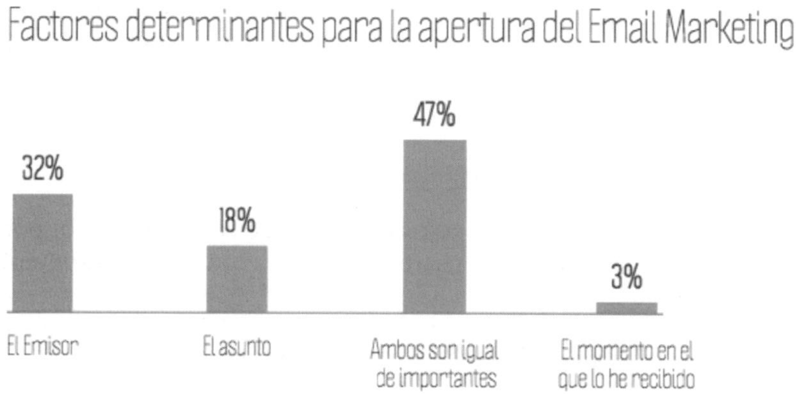

Figura 11.17. Factores determinantes para la apertura de los mails.

De cara al contenido principal del email tenemos otros elementos que colaboran en su edición:

- *Header* o cabecera.
- Imágenes.
- Titular.

2. Adigital: «Investigación sobre el uso y la percepción del email marketing en España 2017». www.digitalresponse.es/recursos-email-marketing/estudio-email-marketing-espana-2017.

- Texto principal.
- Columnas y filas.
- Llamada a la acción.
- *Footer* o pie del mail.

Aquí no tendremos que usar todos los elementos forzosamente, sino los que nos interesen para que nuestro contenido se consuma mejor. Mira el ejemplo de la figura 11.18.

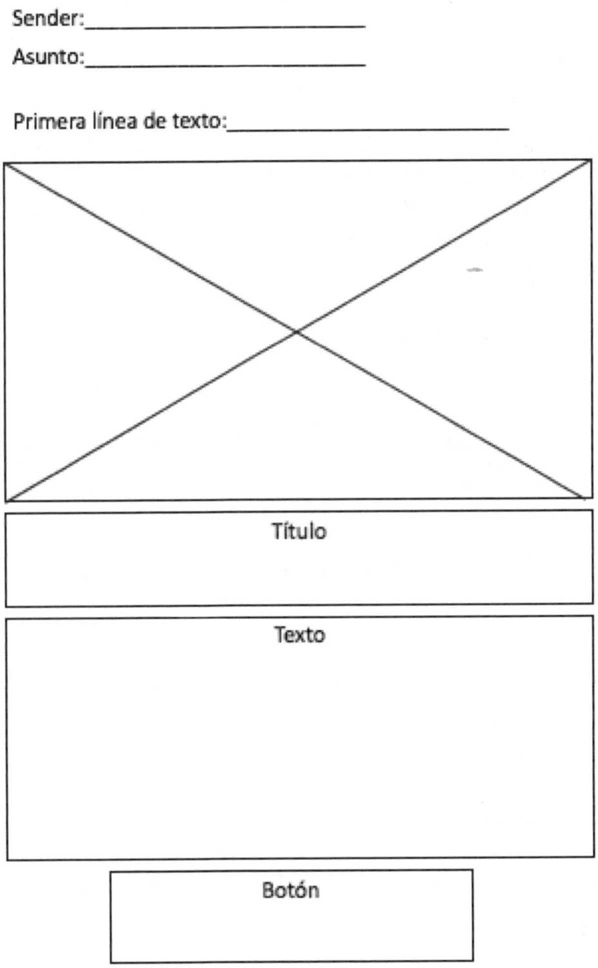

Figura 11.18. Prototipo de email.

Como decíamos, es imprescindible rellenar un sender, un asunto y la primera línea de texto. El resto del contenido es modulable: incluye o no fotografía, un titular, texto o columnas, una única llamada a la acción o varias.

Existe una alta probabilidad de que ese contenido sea consumido desde un móvil, así que siempre piensa primero cómo el usuario verá el mail desde un *smartphone* antes de realizar ningún envío.

TEST A/B

Cuando enviamos un email podemos hacernos una idea de lo que creemos que funcionará o no, pero no tenemos la certeza de qué tipo de contenido será el que obtenga un mejor rendimiento. De cara a optimizar nuestros envíos, una buena idea es emplear la técnica de los tests A/B.

El funcionamiento es sencillo. Primero elige qué quieres testar (p. e., qué asunto de correo electrónico es el de más tasa de apertura). Una vez seleccionado el aspecto (tasa de apertura), envía a un 10 % de la base de datos un email con un asunto y a otro 10 % de la base de datos el email con el otro asunto. Espera 24 horas y el que haya tenido mayor tasa de apertura es el que envías al 80 % restante. Así, no decidimos qué asunto es el mejor según nuestras percepciones, sino con datos suficientes que nos digan qué hacer.

Figura 11.19. Ejemplo de test A/B.

Esta técnica es posible utilizarla en muchos contextos más para medir:

- Tasa de apertura.
- Tasa de clic.
- Tasa de conversión.

Y es factible testar también los distintos elementos del email:

- El asunto.
- El sender.
- La primera línea de texto.

- La imagen.
- La longitud o el tono del texto.
- Las personalizaciones.
- El *call to action*.
- Si está firmado por una persona o no.
- ...

Es importante dejar claro que estos tests solo se llevan a cabo cuando haya una significancia estadística (es decir, que tu base de datos tenga un tamaño medio) y que solo se prueba un solo elemento a la vez para poder discriminar el origen de la variación.

Este tipo de test es muy útil para escoger la mejor estrategia de contenidos. Sin embargo, no siempre lo podemos usar porque requiere de tiempo para medir los resultados. Si necesitas tener una respuesta inmediata o es un contenido muy pegado a la actualidad, divide tu base de datos en dos y envía los dos contenidos a la vez. No sacarás conclusiones para este envío, pero sí de cara a los próximos.

CELEBRITIES E INFLUENCERS

Creemos más las recomendaciones que los anuncios. Cuando una persona cercana nos habla de un producto y lo recomienda, solemos confiar en su criterio. La situación cambió cuando ya no es necesario que la persona sea conocida. Nos fiamos de las reseñas, de los comentarios en Internet, de lo que opinan extraños. Cuando además esta persona disfruta de notoriedad pública y nos puede ayudar a llegar a un público nuevo, las acciones cobran un mayor interés para las marcas.

Antes de entrar de lleno en las acciones que es posible o no llevar a cabo, te propongo que analicemos, de manera sencilla, los tres niveles de influencia de los embajadores de marca:

- **Celebrity:** gozan de notoriedad pública, aparecen en medios de comunicación o cuentan con muchos seguidores en redes sociales. Están muy acostumbrados a realizar acciones con marcas y generalmente cobran por ello.
- **Influencer:** cuentan con un blog o unas redes sociales potentes. Realizan de manera habitual acciones con marcas y el acuerdo entre marca e influencer depende mucho (podrá ser remunerado, pero en ocasiones si el incentivo es bueno, podrán realizarlo de manera gratuita).
- **Microinfluencer:** son influencers con menor capacidad de impacto a nuevos públicos. De manera esporádica colaboran con marcas y en alguna ocasión cobran (a veces con mandar producto como prueba será suficiente).

Las acciones con embajadores de marca están dentro de los medios ganados o de los pagados, dependerá del caso. Cuando hay un intercambio económico, habrá forzosamente un acuerdo que deje claro qué hará cada parte (de hecho, te recomiendo que lo pongas por escrito). Si no hay un intercambio económico, sino que estás proponiendo un incentivo experiencial o de producto, ten en cuenta que existe el riesgo de que la otra persona no difunda tu producto o servicio.

Entender los distintos tipos de embajadores de marca con los que se trabaja es relevante, porque hay que tratarlos de diversa manera y proponerles distintos acuerdos o contenidos según su grado de influencia. Asimismo, no pierdas de vista el hecho de que correrás más o menos riesgos de reputación según el tipo de embajador escogido para tus campañas.

¿CÓMO SELECCIONAR A LOS EMBAJADORES DE MARCA?

Lo primero es determinar si tu estrategia va a estar basada en celebrities, influencers o microinfluencers en función de a quién quieres llegar y con qué tono.

Una celebrity será siempre más conocida y mediática que los microinfluencers, es decir, si tu objetivo es aumentar tu notoriedad, aspirarás a trabajar con celebrities o personas con alto impacto. Sin embargo, cuando trabajamos con microinfluencers ganamos en credibilidad, ya que suelen estar menos explotados por grandes marcas. Es decir, que si tienes un producto de nicho o solo deseas que algunos segmentos nuevos empiecen a conocerlo, trabajarás con personas que sean muy creíbles y accesibles para sus comunidades.

Analiza, asimismo, tu presupuesto: esto determinará si es posible acceder a celebrities o si realizarás acciones con microinfluencers. En el caso de los celebrities, como hemos dicho antes, suele haber un elevado presupuesto detrás. De todas formas, no olvides que ninguna acción será gratis, todas conllevan una serie de costes asociados (organizar un evento, mandar producto, preparar una experiencia...).

Con estos aspectos claros, empieza la selección de embajadores de marca siguiendo un esquema similar al de la figura 11.20.

Figura 11.20. Ciclo de trabajo con embajadores de marca.

Búsqueda

Identifica las distintas posibilidades para realizar este tipo de acciones. Este paso puede ser un análisis o un brainstorming en el que solo estudiarás qué perfiles son los más interesantes para tu campaña.

Selección

Una vez tengas todas las opciones sobre la mesa, determina con cuáles llegarás a un acuerdo. Para ello no olvides su capacidad real de influencia (no lo conocidos que sean sino cómo interactúan en redes, cuántos comentarios tienen sus artículos...), para qué otras marcas trabajan, cuáles son los temas que tratan realmente (deben ser similares a los tuyos) y, por supuesto, valorar si han tenido o no con anterioridad alguna crisis de reputación.

Este paso es muy importante para tu marca. Los principales fallos en las estrategias con embajadores de marca se producen en este punto.

Contacto

Con una lista final de embajadores con los que quieres trabajar en la mano, llega el momento de ponerte en contacto con ellos. Aquí mi principal consejo es que seas claro y justo. Desde el primer momento di qué esperas de esta colaboración, qué le vas a pedir que haga y, por supuesto, sé justo de cara a ofrecer una contraprestación.

Es fácil pensar que cualquier tipo de persona que ha trabajado en su marca personal hasta tener influencia «no hace nada» o que solo estás pidiendo que «pongan una foto en Instagram». Pero evidentemente son personas que trabajan a diario en sus contenidos y que, para poner un día una foto de una marca, deben generar muchas otras imágenes personales.

Ser justo y claro. Con eso, de verdad, has ganado la mitad de la batalla.

Medición

Se ha hablado mucho sobre si son o no efectivas las acciones con celebrities e influencers. La mejor forma de responder a esa pregunta es que lo pruebes y lo midas. Proponte unos objetivos claros, fija unas KPI concretas y mide los resultados de las acciones. Esto además te dirá qué tipo de acciones realizarás y con quién seguirás trabajando en el futuro.

¿QUÉ SE OFRECE A UN EMBAJADOR DE MARCA?

Si has llegado a la conclusión de que tu estrategia digital sí incluirá embajadores de marca para aumentar tu alcance o mejorar tu credibilidad, ten claro qué les ofrecerás. Como te decía antes, un fallo en alguno de estos puntos puede ser determinante.

A menudo pensamos que las notas de prensa son suficiente, pero en el caso de blogueros o influencers en redes sociales, no siempre es un contenido muy atractivo. Ellos ganan con lo que les ofrecen las marcas, no de sus contenidos, sino de sus incentivos. Algo distinto a los medios de comunicación, que sí ganan con la publicidad y, por tanto, con los contenidos que publican.

En el caso de celebrities y de algunos influencers, las negociaciones las llevarás directamente con su representante. En cualquier caso, al ser un intercambio económico, tu única labor será llegar a un acuerdo en base a un caché. Recuerda siempre elaborar un contrato en el que se dejen claros los términos de vuestro acuerdo.

Si dejamos de lado los acuerdos económicos, llegamos a las acciones más experienciales. Estas te servirán para trabajar con microinfluencers o para complementar la parte económica que estés ofreciendo. Estas acciones deben ser mucho más creativas. Aquí tienes algunas ideas:

- **Regalos:** realizar un envío es la primera de las acciones y, con seguridad, la más sencilla (aunque a veces sea de menor impacto). Asimismo, manda tu producto, de manera original para que lo prueben. O envía tu producto con algún complemento que encaje.

  Si por el contrario no cuentas con un producto sino con un servicio, plantéate un regalo que esté relacionado.

  Recuerda que este tipo de acciones conlleva bastante trabajo: tendrás que ponerte en contacto, pedir direcciones y realizar el envío. Son más económicas y masivas, pero no son sencillas ni gratuitas.

- **Eventos:** una de las mejores formas de mostrar tu producto es en un evento. La gente tendrá ocasión de volver a ver a otros influencers del sector, tomar algo, charlar y apreciar tu producto o servicio en vivo y en directo.

  Aquí hay ciertos factores claves como buscar un buen lugar que sea accesible para tus invitados, facilitar conexiones a Internet o cargadores y respetar un tiempo previo y posterior para que la gente intercambie opiniones junto a un picoteo.

  No siempre es así, pero si consigues que tu evento sea interesante, si sorprendes a tus influencers con acciones creativas y haces que disfruten, estarás más cerca de asegurarte de que difundan en redes sociales o sus blogs lo que está pasando.

- **Viajes:** cuando un evento se queda corto, siempre es posible proponer otro tipo de actividad de más larga duración a tus embajadores de marca. Los viajes son muy atractivos, pero no siempre tienen sentido para todas las marcas. El sector turístico claro que puede proponerlos, y también todos los productos que tengan oficina, sede o actividades en otra ciudad.

  Ten cuidado con las actividades que propones y, sobre todo, comprueba que tu viaje se enmarca en un contexto suficientemente grande como para que los influencers no sean acusados de «vividores», sino que se entienda que están realizando un viaje como parte de la experiencia de marca que propones.

- **Otros:** la creatividad es ilimitada y, según sea el contenido de tu campaña, innovarás o no. A veces no harás un viaje entero, sino un evento que dura todo el día o una acción interactiva. Otras veces contarás con actores o sorprenderás a los influencers en su lugar de trabajo. Más allá de las ideas que te doy en este libro, están las que tú y tu equipo desarrolléis.

PRINCIPALES ERRORES QUE SE COMETEN

Cuando trabajamos con otras personas es cuando suelen surgir los principales fallos. En este caso no olvides que un fallo puede afectar a tu marca. De cara a plantear tu acción con embajadores de marca toma algunas precauciones. Los principales fallos suelen ser:

- **En la selección:** Cuando no revisamos bien los antecedentes de los embajadores de marca y encontramos que defienden valores distintos a los nuestros o que han trabajado para la competencia.
- **En el acuerdo:** Debemos siempre ser muy claros con lo que esperamos del embajador de marca y con lo que se le ofrecerá a cambio. Si hay un hashtag o un mensaje concreto que queremos comunicar, mejor decirlo desde el primer momento.
- **En el incentivo:** Si no somos justos en lo que ofrecemos, si creemos que nuestro producto es tan interesante que la gente lo va a reseñar sin nada a cambio, si no sabemos valorar el trabajo que hacen los embajadores de marca... seguro que nuestra campaña fracasará. Sé honesto, sé justo. Ofrece incentivos y busca contenidos atractivos. Sorprende a la otra persona.

Las acciones con embajadores de marca son muy efectivas. Solo asegúrate de que las estás definiendo correctamente y que, tras una medición correcta, demostrarán que funciona.

12 MARKETING DE CONTENIDOS

En ocasiones, la necesidad que tenemos de demostrar que estamos innovando en entornos digitales supera la realidad sobre el avance que se ha hecho verdaderamente. Es decir, cuando pensamos que estamos revolucionando un sector, en el fondo estamos adaptando técnicas que ya existían antes que los canales actuales. Por eso, no hay que temer a los nuevos conceptos, sino entenderlos. Del *social media* al *inbound marketing* hemos pasado por una infinidad de términos en inglés que seguro conoces. Algunos de ellos, y sus correspondientes definiciones, podrían ser:

- **Marketing de contenidos:** Cómo crear contenido relevante y valioso para atraer a un público objetivo bien definido, con el fin de impulsarlos a ser futuros clientes[1].
- **Inbound marketing:** Es una estrategia que se basa en atraer clientes con contenido útil, relevante y mientras se agrega valor en cada una de las etapas del recorrido del comprador[2].
- **Growth Hacking:** Es una forma distinta de ver y buscar cómo hacer crecer una empresa en un mercado con el mínimo gasto de recursos posibles[3].

1. www.40defiebre.com/que-es-marketing-de-contenidos.
2. www.blog.hubspot.es/marketing/que-es-inbound-marketing-slide-share.
3. www.inboundcycle.com/blog-de-inbound-marketing/que-es-el-growth-hacking.

Como ves, ninguno de estos términos está inventando nada nuevo. Todos hablan de un modelo de relación distinto con el usuario en el que el contenido es la parte central. En resumen, no debemos tener miedo a las nuevas tendencias, solo definirlas y ver cómo, utilizando nuestros conocimientos previos, podemos adaptarnos a ellas.

En el caso del marketing de contenidos, la propuesta es sencilla: generar contenido valioso, para un público definido y con un objetivo claro. Por tanto, para crear una estrategia de contenidos, que sea válida para todas las campañas de marketing, considero pertinente hacernos tres preguntas:

¿Qué quiero conseguir?

¿A quién deseo llegar?

¿Con qué mensaje lo voy a hacer?

LOS OBJETIVOS (O QUÉ QUIERO CONSEGUIR)

EL CUSTOMER JOURNEY TRADICIONAL

Cuando hablamos del marketing tradicional era muy típico partir del *customer journey* (o ciclo de relación con el cliente) para definir los objetivos de la marca. Esto nos sirve para recorrer un camino lineal en el que, a cada paso que damos, mejoramos la relación con el usuario de cara a conseguir un prescriptor. Aprecia un ejemplo de *customer journey* en la figura 12.1.

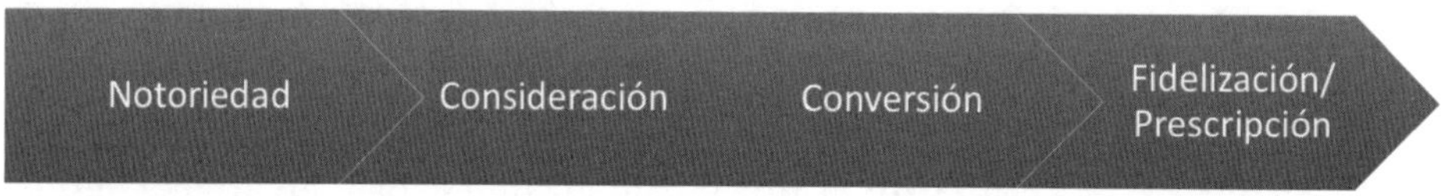

Figura 12.1. Ciclo de relación con el usuario o customer journey.

- **Notoriedad o que te conozcan.**

Este primer paso se refiere a usuarios que no saben nada de la marca. Siempre sería un primer paso para una marca/ producto nuevo. No busca profundizar, solo darse a conocer.

- **Consideración o que te tengan en cuenta.**

Si el usuario ya te conoce, al menos sabe algo de tu marca, es el momento de profundizar en tu propuesta de valor y hacer que, cuando necesite un producto o servicio como el tuyo, te elija frente a la competencia.

- **Conversión o que te compre.**

En teoría, si he seguido bien todos los pasos anteriores, lo normal es que el usuario acabe comprando tu producto o contratando tu servicio.

- **Fidelización o que te siga comprando.**

Una vez que hemos captado a un cliente, y teniendo en cuenta que el coste por adquisición suele ser una de las partes más caras en marketing, ponemos en marcha estrategias concretas de cara a la retención y a buscar la recurrencia de la compra.

- **Prescripción o que te recomienden.**

Es el último paso y consiste en enamorar al usuario tanto que se convierta en un prescriptor de nuestra marca, llegando a un público potencial nuevo sin tener que realizar inversión. El tradicional boca a boca.

Este ciclo de relación con el cliente es muy válido cuando hablamos de una marca a nivel general (aunque matizable para algunos casos). Sin embargo, cuando nos referimos a una marca en un entorno digital, vemos que este ciclo de relación con el cliente tiene muchas carencias y buscamos modelos más actuales que muestren mejor cómo se relacionan las marcas y las personas en espacios específicos.

EL CUSTOMER JOURNEY EN EL ENTORNO DIGITAL

Uno de los modelos que más fama ha adquirido —y que personalmente me gusta— es el ciclo de relación que propone HubSpot. Este esquema interrelaciona objetivos con el estado del usuario y los canales en los que principalmente debes fijarte.

Por lo general, cuando una marca lanzaba una campaña, se definía un concepto creativo y se replicaba para todos los canales. Es decir, si tenías un vídeo y una imagen de campaña, se adaptaban (con suerte) a formato cuadrado para Instagram, a 15 segundos para Facebook Ads; las creatividades se adaptaban a un formato concreto para que sirvieran como destacado en la web, banners o como publicación en redes sociales.

Ahora no buscamos solo replicar la campaña a los canales que tenemos, sino analizar en cuál de ellos estar para alcanzar cada objetivo y generar materiales específicos. Esto nos da más posibilidades de conseguir el resultado esperado, así como de ahorrar en adaptaciones de materiales que no siempre son necesarias.

Pasemos a analizarlo paso a paso con la metodología Inbound de HubSpot (ver figura 12.2).

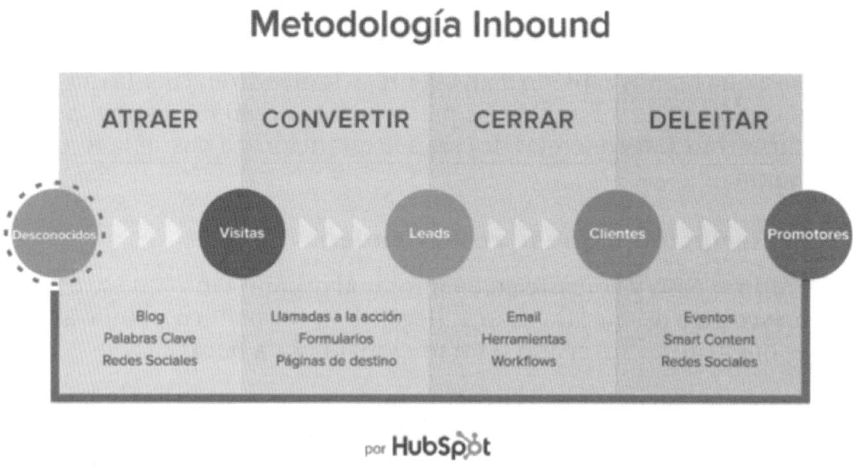

Figura 12.2. Ciclo de relación con el usuario de la metodología Inbound de HubSpot.

- **Atracción o cuando el usuario pasa de ser un extraño a ser un visitante.**

Este primer objetivo de atracción se parece bastante al de notoriedad. Sin embargo, está mucho más aterrizado a la realidad digital ya que sí deja clara la acción que quieres que el usuario lleve a cabo: visitar tu web.

- **Convertir o cuando una visita a la web se convierte en un lead.**

Una vez están en nuestra web, se optimiza el valor de la visita que hemos conseguido. Debemos tener en cuenta que las personas que entran por primera vez en cualquier web raramente están preparadas para realizar una compra. Por tanto, de cara a la rentabilidad de esta visita, pensemos qué les vamos a ofrecer para que nos dejen su contacto y trabajar desde ahí reduciendo los costes.

- **Cerrar o cuando un lead acaba comprando nuestro producto.**

Cuando hemos conseguido un lead, es el momento de plantearnos cómo crear una relación a la que cada vez le aportemos más valor hasta que se cierre la venta. Nadie se casa tras una primera cita, pero sí cuando se ha labrado la relación entre dos personas.

- **Enamorar o cuando un comprador se convierte en prescriptor.**

Esto encajaría con la fidelización del usuario en el esquema tradicional. Es importante apuntar que, si realizamos bien este objetivo, estaríamos generando nuevos usuarios o ventas recurrentes de manera casi gratuita.

EL PÚBLICO OBJETIVO (O A QUIÉN DESEO LLEGAR)

La segunda pregunta que nos haremos siempre es a quién queremos llegar. Para responderla, recomiendo trabajar con la herramienta *personas* de cara a definir los distintos públicos objetivos. Si ya sabes a qué se refiere el término *personas*, te habrá sorprendido que en este libro no se empleen las categorías *buyer persona* o *UX persona*. Y es que, en efecto, las personas son utilizadas en distintos sectores y tienen algunas diferencias importantes.

Pero empecemos por el principio. Cuando hablamos de crear personas lo que buscamos es generar un arquetipo de los públicos objetivos a los que deseamos llegar: bien sea a los que queremos comunicar o para los que confeccionamos los productos.

Esta representación la mostraremos en una especie de ficha que todo el mundo en una empresa conocerá y validará. De otra forma será una referencia que, al no ser compartida, no es del todo válida.

Este arquetipo o esquema tiene que ser una representación de la realidad e incluir solo la información relevante que ayudará en la elaboración de una estrategia adecuada.

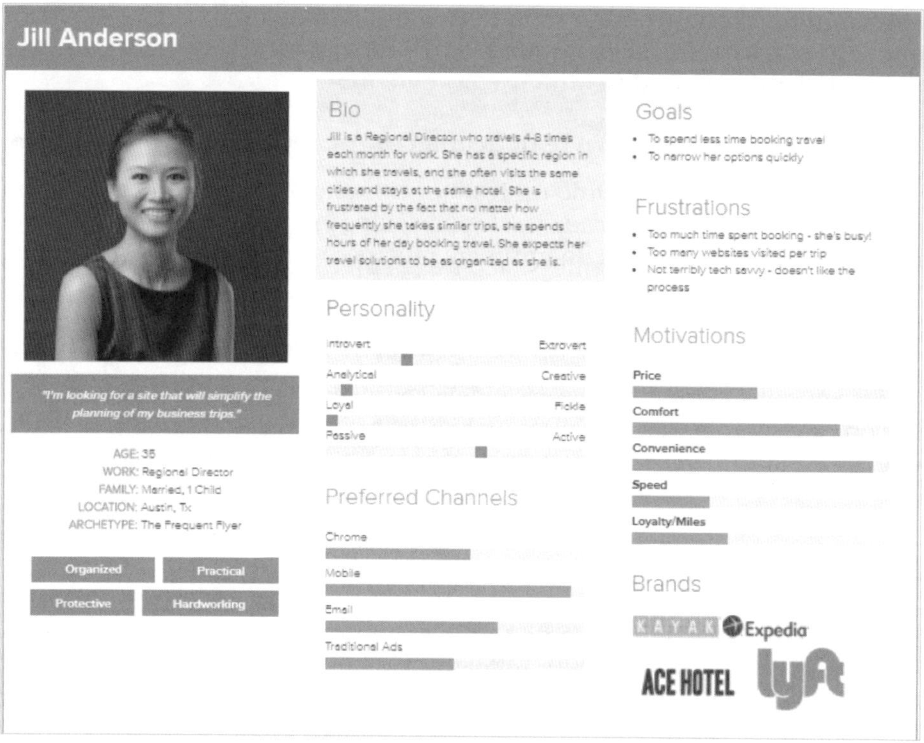

Figura 12.3. Ejemplo de buyer persona realizado por Neilpatel.com[4].

BUYER PERSONA: PERSONAS EN MARKETING

En marketing las personas se refieren de manera muy clara a quien nos va a comprar (por eso lleva el prefijo «buyer»). Son unas personas que vienen de la definición estratégica que haga la marca. Cuando desde el marketing preciso mi público objetivo, ya estoy preparado para seguir desgranando más información sobre este público y, por tanto, dando forma a los arquetipos o personas.

Uno de los principales fallos que veo en las personas en marketing o las *buyer personas* es que en ocasiones se definen desde la nada, sin ninguna evidencia detrás. A veces, en una fase más estratégica será cuando se

4. www.neilpatel.com/blog/create-reinforce-buyer-personas.

investigue cuál es el público potencial. Pero, en otras ocasiones, empezaré una campaña de marketing con muy poca información o antecedentes como para delinear correctamente las personas.

UX PERSONA: PERSONAS EN DISEÑO

En diseño, las personas se refieren al usuario para el que estoy diseñando, quien tiene un problema que, gracias a las metodologías de diseño, voy a intentar solucionar. En este caso las personas vienen de la investigación que haya hecho de mi usuario. Por tanto, ellas son más fieles a la realidad.

Este proceso de creación de personas es el que nos parece más correcto, así que a partir de ahora hablaremos de *buyer personas* sino de personas e intentaremos contaros cómo se crean de una manera relativamente sencilla (porque no es sencillo nunca).

CÓMO CREAR UNA PERSONA

Crear personas lleva un proceso más o menos simple, dependiendo de la profundidad que le demos. Es fácil sentarse frente a un papel y dibujar una ficha con los datos que consideras relevantes, pero si lo quieres hacer en serio y asegurarte de que sean válidos, hay que dedicarle tiempo y seguir una serie de pasos (como se aprecia en la figura 12.4).

Lo más importante a tener en cuenta es que las personas deben ser representaciones de la realidad, no invenciones o suposiciones nuestras. Así que, en este caso, el primer paso para la conformación de una persona es una buena investigación.

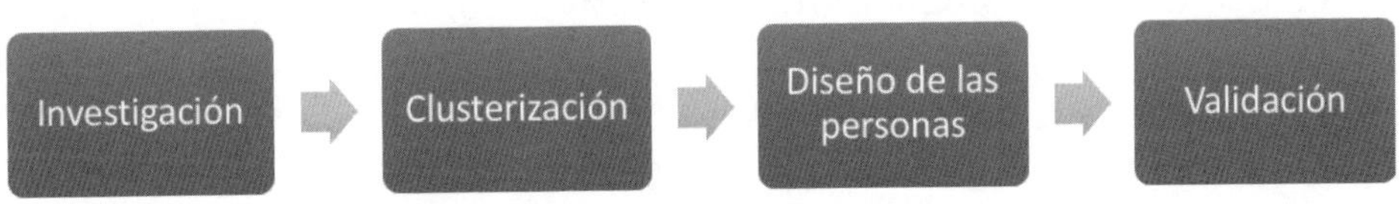

Figura 12.4. Proceso de creación de las personas.

Hay muchas maneras de investigar. Os dejamos algunas de más a menos recomendadas:

- **Entrevistas personales o focus group.** Sentarte directamente con tus usuarios y escuchar sus opiniones y características personales: esta es, sin duda, la más aconsejable de todas ya que es de donde más conclusiones se sacan.
- **Envío de cuestionarios online.** En ocasiones es posible tomar este método de investigación como un complemento al anterior, para conseguir más información o validar lo ya aprendido en el *focus group*.
- **Revisión de los datos que ya tengo.** El perfil de los seguidores en redes sociales, los datos que brinda Google Analytics o los conocimientos que tengas del comportamiento de tus usuarios: este método no es válido para marcas recién llegadas y nunca lo recomendaríamos como única forma de conseguir información de los usuarios.

Después de la investigación, llega el momento de hacer grupos o *clusterizar*. Esta tarea se puede hacer frente a una pared y pegando pósits con los datos que tengo para construir personas que tengan sentido.

No juntamos datos por juntar. Recopilamos aquellos que estén relacionados para poder sacar *insights* o conclusiones sobre las personas para las que hay que escribir.

Ha llegado el momento de diseñar las personas. En la ficha a completar se recoge una serie de información:

- Demografía (género, edad, ingresos).
- Motivaciones y frustraciones.
- Relación con la marca.
- Uso de la tecnología (tanto dispositivos como conexión).
- *Elevator pitch* o frases que puede decir.

No siempre tendremos que usar todos estos campos, sino que, algunas veces, con menos bastará y otras añadiremos otros datos relevantes. No te preocupes por buscar un único modelo, lo importante es entender el proceso a seguir.

Cada una de nuestras personas tendrá una imagen y un nombre asociado para recordarla y nombrarla en más momentos. El proceso finaliza con una validación: asegurándonos de que todo el mundo está alineado y que nuestro análisis no está sesgado por nuestra experiencia.

LA RELEVANCIA DEL CONTENIDO (O CON QUÉ MENSAJE VOY A COMUNICAR)

Después de definir qué objetivo tenemos y a quién deseamos llegar, es el momento de centrarnos en qué contenido es el que necesitamos. Por eso, retomemos el concepto de relevancia del contenido del que hablábamos al principio del libro.

La relevancia del contenido es el punto de intersección entre un contenido que es interesante para el usuario y además refuerza nuestros objetivos. No buscamos solo interesar a un usuario a cualquier precio, sino hacerlo mientras reforzamos nuestros objetivos.

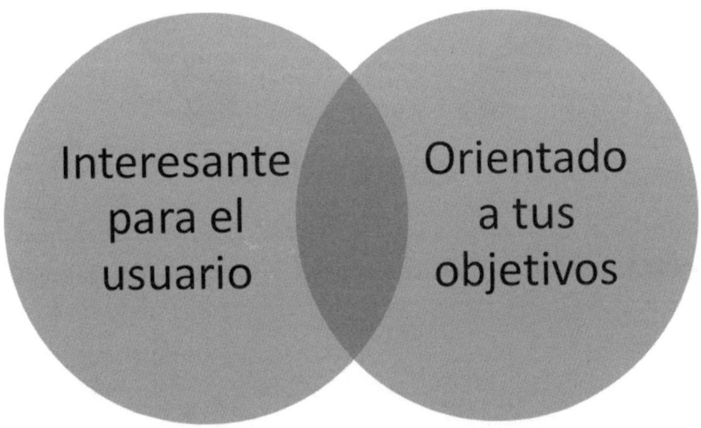

Figura 12.5. Relevancia del contenido.

En este caso la relevancia del contenido no la usaremos solo para generar contenidos enfocados a páginas estáticas sino para crear un plan de contenidos. Para hacerlo de una manera sencilla, definamos las categorías.

Las categorías de contenido ayudan a establecer las temáticas de las que habla una marca, pero también sirven para saber si los contenidos que ideamos son interesantes para el usuario. Esta herramienta es básica para generar contenidos de manera estratégica y comprobar que van a funcionar. El proceso a seguir es el que se ilustra en la figura 12.6.

Figura 12.6. Proceso de creación y análisis de las categorías de contenidos.

CÓMO DEFINIR CATEGORÍAS DE CONTENIDO

Las categorías de contenido son tipos o temáticas de contenidos que la marca puede generar y que permiten desglosar el contenido para hacer planes. Es recomendable siempre que pienses sobre qué tres o cuatro cosas puede hablar tu marca, las describas y enseguida pienses ejemplos de contenidos. Básicamente sería rellenar una tabla similar a esta:

Tabla 12.1. Desglose del contenido para un plan de marketing.

Categoría	Descripción	Ejemplos
Categoría 1	Breve explicación sobre qué tema es.	Un vídeo. Un artículo web. ...
Categoría 2	...	...
Categoría 3	...	...

Este ejercicio es muy interesante ya que me ayudará mucho a entender los temas sobre los que puede conversar la marca.

Te pongo dos ejemplos:

Tabla 12.2. Dos ejemplos de categorías de contenidos.

Tienda de ropa: Si pensamos en una tienda de ropa, es posible hablar de tendencias de moda, de su propio producto y, como mucho, de celebrities o influencers con los que realice acciones.

Categoría	Descripción	Ejemplo
Tendencias de moda	Ser recomendadores de lo que se está llevando en el momento, mostrar las tendencias y hacerse eco con nuestros productos.	▶ Qué se va a llevar estas Navidades. ▶ El color del año. ▶ Cómo combinar las faldas midi con botas altas.
Colección de moda	Dar a conocer nuestro catálogo de productos.	▶ Pantalones. ▶ Camisetas. ▶ Camisas.
Colaboraciones	Visibilizar a personas con relevancia que usan nuestra ropa o complementos.	▶ Blogueras. ▶ Celebrities.

Escuela de negocios: Si nos vamos a una escuela, hay opciones de contenido como sus programas formativos, el día a día de la institución y testimonios sobre las personas que ya han cursado sus titulaciones.

Categoría	Descripción	Ejemplo
Titulaciones	Motivar a personas a que se matriculen en nuestra escuela de negocios dando a conocer qué títulos se imparten.	▶ Marketing digital. ▶ Business intelligence. ▶ Inbound marketing. ▶ Design thinking.
El día a día de la escuela	Abrir el aula a los potenciales estudiantes. Dar visibilidad a las actividades que se realizan.	▶ Clases. ▶ Conferencias. ▶ Actividades.
Testimonios	Conocer la experiencia de otras personas que ya han estudiado ahí: que cuenten cómo fue y cuáles han sido sus resultados.	▶ Alumnos recién graduados. ▶ Alumnos que se graduaron hace tres años. ▶ Alumnos que se graduaron hace diez años.

De esta forma se delinean temas que luego se desglosan en contenidos mucho más aterrizados.

Uno de los principales fallos que suelen cometerse es —cuando definimos temas o categorías de contenido— tender a usar temas que son interesantes para el usuario, pero que no siempre se pueden utilizar como marca. Por eso, valida si las categorías están bien definidas siguiendo estos criterios:

- **Creíbles:** que de verdad tengas autoridad suficiente para hablar de la temática. No es normal que una escuela hable de música o que una tienda de ropa hable de reformas del hogar.
- **Alcanzables:** que cumplan con el posicionamiento que prometes. Si eres una marca de zapatos y hablas sobre la importancia de unas plantillas buenas, lo mínimo que va a esperar el usuario es que las plantillas de tus zapatos sean realmente buenas.
- **Diferenciales:** que aproveches tu propuesta de valor para diferenciarte de los competidores directos generando un contenido que no sea igual a todos los demás.

- **Sostenibles:** que se mantengan todos estos valores durante el tiempo. Asegúrate de que tus categorías marcan una ventaja sustancial y son inmunes de ser copiadas a corto plazo.

CÓMO SABER QUÉ CATEGORÍAS DE CONTENIDO SON MEJORES

No solo es importante ser capaz de definir buenas categorías de contenido, sino además medir cuál es la que realmente se empleará en mayor proporción. Como decíamos al principio, esto no es solo crear un contenido de marca, sino comprobar qué es interesante para el usuario.

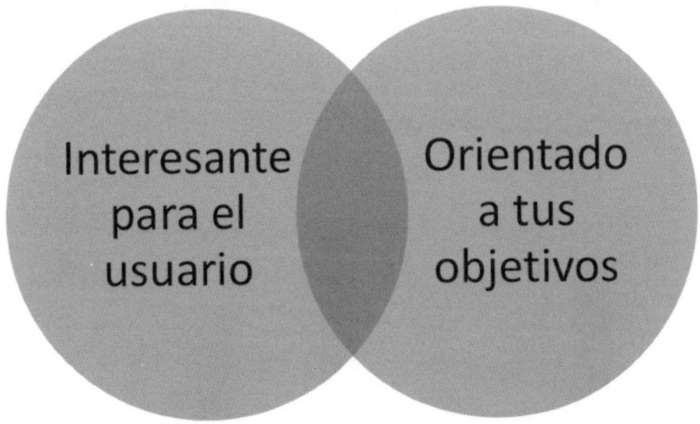

Figura 12.7. Relevancia del contenido.

Para ello solo tienes que medir el interés del usuario en el canal que estés analizando para después sacar conclusiones. El interés del usuario no es una KPI como tal, pero sí es verdad que en cada canal se localizan una o dos KPI que sí determinan cuán interesante es un contenido para un usuario.

Tabla 12.3. Medición del interés del usuario.

Canal	¿Cómo mido el interés del usuario?
Web	Tráfico de Google. Tasa de conversión.

Canal	¿Cómo mido el interés del usuario?
Redes sociales	Engagement. Compartidos o viralidad del contenido.
Email marketing	Tasa de apertura. Tasa de clic.

Cuando recopiles datos de esa KPI concreta durante un tiempo prudencial, muéstralo en un gráfico similar al de la figura 12.8.

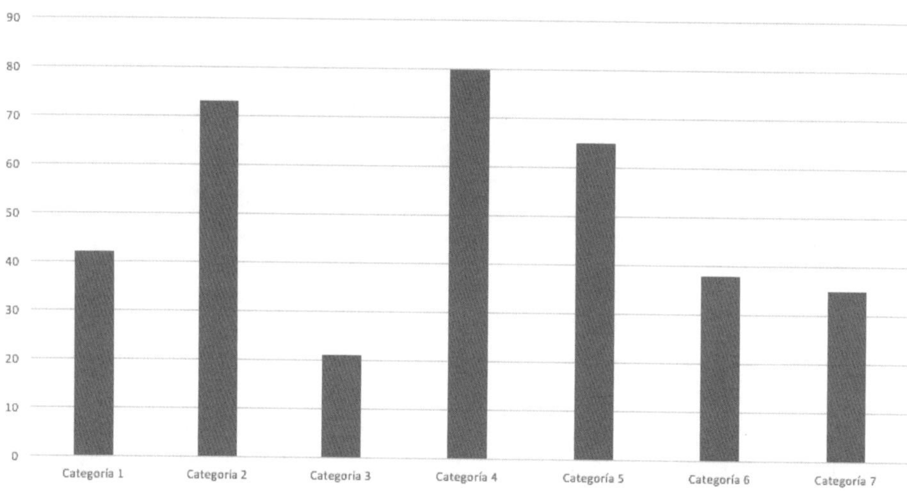

Figura 12.8. Interés del usuario según la categoría de contenido.

Lo siguiente será ordenar las categorías de menos a más importantes para mis objetivos (ver figura 12.9).

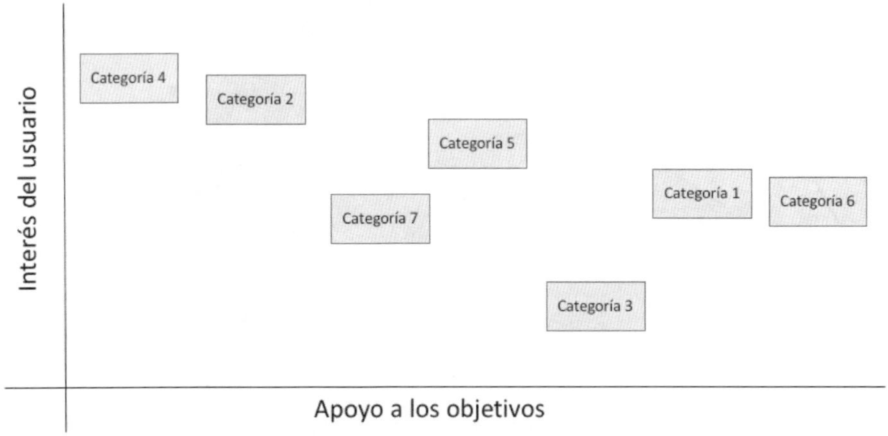

Figura 12.9. Interés del usuario versus apoyo a los objetivos en cada categoría.

Con toda esta información ya puedes tomar decisiones: ver qué contenidos son más interesantes para el usuario y apoyan más tus objetivos (serán las categorías que más uses). También es posible determinar las categorías que menos aportan a tus objetivos y decidir con qué frecuencia las utilizarás en función del interés del usuario. Es decir, si estableces unas buenas categorías de contenido y mides si en verdad son relevantes para tu marca, serás capaz de generar contenidos que van a funcionar en tu estrategia y de cara a tus usuarios.

13 ESTRATEGIAS DE INBOUND MARKETING

El *inbound marketing* o marketing de atracción tiene como propósito generar tráfico a una web y convertirlo en ventas.

Para explicar bien esta estrategia es posible utilizar el gráfico de HubSpot de la figura 13.1, donde se aprecia cuál es el ciclo de relación con el usuario (que seguirás con tu cliente potencial).

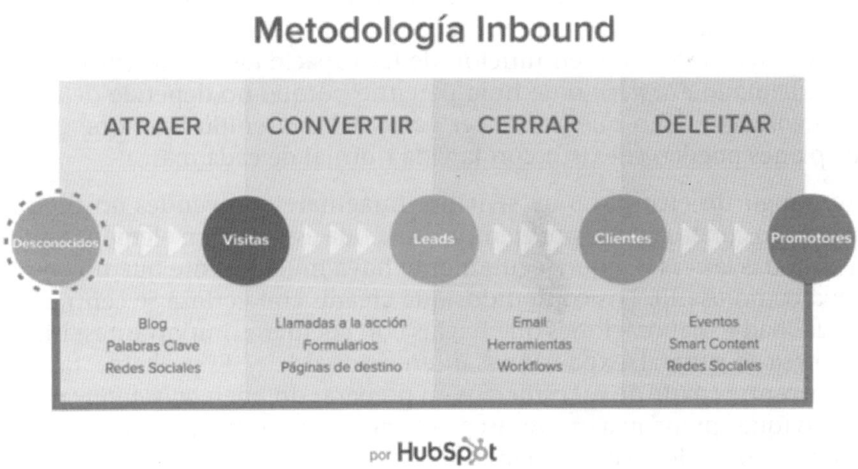

Figura 13.1. Metodología inbound por HubSpot.

CÓMO ATRAER TRÁFICO A TU WEB

En este primer paso del funnel o embudo de conversión tu propósito es que personas desconocidas visiten tu web o, lo que es lo mismo, atraer a nuevos usuarios. Para eso necesitarás crear campañas específicas como verás en el siguiente capítulo.

Quizá lo que sea más novedoso de este esquema es que el objetivo está muy claro (atraer usuarios nuevos a la web/ producto digital) a la vez que ya se empiezan a incluir una serie de canales que realizan evidentemente esa función. Es decir, se relacionan objetivos y canales. Esto significa que este canal debe tener un contenido específico (muy centrado en una persona que es posible que no nos conozca), orientado en ser relevante para este destinatario. Algunos de los canales que más usarás para este objetivo serán blogs y redes sociales (en concreto paid media).

SEO/ BLOGS

Los buscadores son tu gran aliado en este primer paso, ya que habrá muchas personas que no estén indagando sobre tu marca, pero sí sobre tus contenidos. Es importante, por tanto, que no solo pienses en la generación de contenido dinámico o en la creación de un blog como una herramienta para comunicar noticias de actualidad, sino también en realizar contenidos que sabes que van a indexar o aparecer en los buscadores si lo haces de manera correcta y siguiendo las indicaciones SEO.

Plantéate delinear un plan de contenidos que se centre en el posicionamiento en buscadores (con una búsqueda de palabras clave o *keyword research*) y que se vaya ejecutando en función de las capacidades de tu empresa. Este plan es llamado *evergreen* o de hoja perenne porque no depende de un momento concreto, sino que puede ser parte del contenido base que generas. Estos planes pueden coexistir con la vida normal de cada marca.

Te pongo un ejemplo muy sencillo. Imagínate que vendes un producto relacionado con la cocina, por ejemplo, una olla especial: un elemento que no está en todas las casas y que seguramente haya mucha gente que no conozca ni sepa cómo usarlo. Los contenidos que crearás con certeza se centrarán en la actualidad (colaboraciones que hagáis con cocineros importantes, hitos de la empresa en general, expansiones internacionales...). Es probable, también, que concentres parte de tus esfuerzos en preparar un buen *onboarding* para tus usuarios (que aprendan a utilizar tu producto, asegurar su adherencia para que sigan usándolo y lo recomienden).

Sin embargo, hay un trabajo de contenidos que puedes hacer de cara a la captación. En el ejemplo anterior, otra opción sería intentar posicionar recetas de cocina que la gente busca en Internet y que se pueden preparar de una forma novedosa con este producto nuevo que estás vendiendo. De esta forma, analizarías las palabras clave en las que quieres o te interesa posicionarte (y tienen sentido para tu marca) y generarás estos contenidos. Si consigues que esto funcione, habrás hecho que un contenido web empiece a captar ventas. Por eso, las personas de comunicación y contenido deben estar familiarizadas con las estrategias de captación.

PAID MEDIA

Otra forma de generar tráfico de nuevos usuarios a una web es mediante los formatos de pago. Ten en cuenta que los contenidos que es posible utilizar para paid media son muy diversos desde los que se ocupan del tráfico por primera vez (prospecting) hasta los más centrado en la recurrencia (remarketing).

No solo tendrás en mente el tipo de creatividad en el anuncio, sino a qué página llevarás el tráfico. Esto último no solo dependerá del tipo de tráfico, sino de la notoriedad de tu producto o marca, es decir, de si es conocida o no.

Siguiendo con el ejemplo de un producto de cocina, habría que decidir a dónde dirigir el tráfico de tus medios pagados. Si la persona viene por primera vez y existe la posibilidad de que no conozca nada sobre tu producto, será mejor que le lleves a una página que primero explique de qué va y cuál es tu propuesta de valor. No tendría sentido redireccionarlo a una página de venta, ya que con seguridad no te comprará nada sin haber tenido tiempo de entenderte.

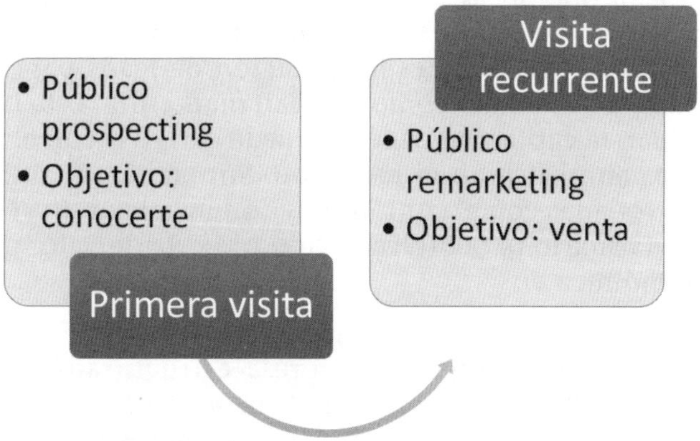

Figura 13.2. Diferencias entre prospecting y remarketing.

Esto, como decía antes, dependerá de la notoriedad de tu marca. Si tu marca es conocida o tu producto ya es usado por otras personas, no tienes por qué realizar esta estrategia. No es lo mismo vender una sartén que un aparato de cocina a baja temperatura y, por tanto, tu estrategia de adquisición estará obligada a ser distinta.

CONTENIDO VIRAL O QUE EL USUARIO COMPARTE

Este tal vez es el contenido más difícil de concebir porque, aunque exista mucha literatura sobre cómo crear contenido viral, nunca tendrás certeza sobre cómo funcionará.

No solo existirá la opción de pensar en contenidos que provienen de grandes producciones, sino también trabajar con formas sencillas en las que consigues que el usuario comparta los que has creado como marca o genere contenidos para ti. Algunas de las acciones pueden ser tan simples como un sorteo en redes sociales, campañas del tipo *member get member* en las que los propios clientes traerán nuevas personas potenciales, entre otras.

CÓMO CONVERTIR A LEADS

Cuando las personas visitan por primera vez tu web, no siempre están preparadas para comprar tu producto o contratar tu servicio. Por eso, y de cara a abaratar costes, surgen las estrategias de captación de leads.

Una forma tradicional es, tras haber conseguido tráfico a la web, impactar a la gente con anuncios de remarketing para que sigan recibiendo tu información. Esta opción es buena, pero al ser un formato publicitario implicará un gasto y subirá tu coste por adquisición final. Por eso, una de las propuestas es que trabajes la captación de leads para convertirlos después por medio de canales como el email marketing. Esta no es la única manera de actuar, la captación de leads puede convivir con el remarketing que con certeza amplificarán el resultado. Sin embargo, ambas acciones están más relacionadas con el contenido y con propiciar una conversación posterior con el usuario para ofrecerle tu propuesta de valor de una forma eficiente y económica.

Definimos un lead como los datos de contacto de una persona. Dependiendo de cómo tengas tu empresa estructurada, los campos a completar serán distintos. No será igual un lead para una empresa que lleva a cabo captaciones 100 % digitales (solo necesitaríamos un correo electrónico) que para una que efectúa acciones offline como el telemarketing (donde se requerirá además un teléfono). Asimismo, en muchos casos tendremos otros campos relevantes como nombre y apellido. Por tanto, por un lead entendemos los datos de contacto de una persona que son imprescindibles para realizar acciones de marketing.

Ahora la pregunta más importante es ¿cómo conseguirlos?, ¿los usuarios te darán sus datos de contacto sin nada a cambio? Seguramente no. Has de pensar en distintas estrategias y propuestas de valor que les brindarás para obtener su información.

SORTEOS

Una de las formas más tradicionales de captar leads es mediante los sorteos que requieren dejar un correo electrónico. Es un procedimiento sencillo en el que tú, como marca, ofreces un premio y para participar la gente te cederá sus datos.

Este tipo de leads no suelen estar muy cualificados, ya que son personas que solo buscan algo gratis. En cualquier caso, si quieres leads cualificados te recomiendo que el producto que sortees sea siempre el tuyo (ya sea material o un servicio). No regales coches o viajes (salvo que seas un concesionario o una agencia). De esta forma te aseguras de que la persona que participa sí está interesada en ti.

OFERTAS Y PROMOCIONES

Esta es una de las estrategias más sencillas y, a la vez, más efectiva. Consiste en dar un descuento o un bono para que la gente pruebe tu producto. Hazlo mediante un pop up en tu web mientras la persona está navegando, en espacios específicos que diseñes o en redes sociales.

El funcionamiento es simple: si en la primera visita a tu web eres capaz de captar la atención de la gente con un contenido orientado a explicar el producto y no a venderlo, será fácil que —aunque no te vayan a comprar en ese momento— se interesen en ti. Por eso, brindar en ese momento un descuento si te registras, hará que estés captando leads cualificados. Es posible que no te compren al final, pero si aceptan un descuento al principio es porque no lo han descartado.

QUIZ O CUESTIONARIOS

Otra forma para obtener leads son los cuestionarios o quiz que puedes confeccionar desde tu marca. La única condición que pondremos al usuario es que, para saber el resultado del test, deje su correo electrónico o se registre.

La complejidad del test depende de ti. Elige un contenido sencillo y poco relevante (más típico de las revistas) u otros más complejos. Algunas marcas como Foxize han elaborado tests en los que ponen a prueba tu conocimiento. En la figura 13.3 se aprecia que hay una cualificación para ofrecer productos sobre la base de necesidades concretas.

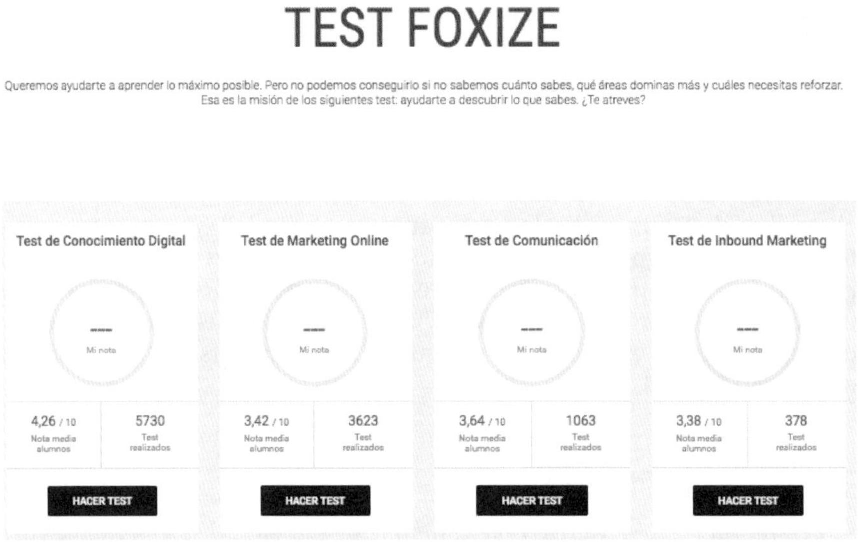

Figura 13.3. Ejemplo de test en Foxize.

INFOPRODUCTOS

No todas las marcas quieren o pueden regalar su producto. Hay algunas, con otro posicionamiento, que no buscan que la gente venga por descuentos o regalos. Aquí es donde entran los infoproductos como *white papers*, guías o videotutoriales: un contenido que hemos generado para alcanzar la relevancia (es decir, que sea algo que refuerza nuestros objetivos, pero que a la vez es interesante o importante para el cliente potencial).

El proceso sería el siguiente:

1. Con cualquiera de las técnicas vistas en el punto anterior, facilitas al usuario un contenido relevante con una llamada a la acción clara. En la figura 13.4 observa cómo HubSpot, con Facebook Ads, está impactando a su público con un anuncio con plantillas para crear infografías.

Figura 13.4. Ejemplo de publicidad en Facebook.

2. Si el contenido que brindas es relevante para el usuario y decide entrar en la web, le describirás el infoproducto (descargable de forma gratuita) por el que dejará sus datos personales. La cantidad de información que le pidas para acceder al infoproducto es un arma de doble filo: cuanta más, mejores estrategias harás; pero más te costará que la persona se registre (y, por tanto, más alto será el coste por lead). En la figura 13.5 se aprecia un formulario que ha creado HubSpot: solicita detalles que considera importantes para luego seguir cualificando los leads.

Figura 13.5. Ejemplo web de un infoproducto.

Como marca, tendrás que buscar qué tipo de contenido te servirá para la captación. Algunos ejemplos pueden ser:

- Si eres una consultora, prepara una workshop sobre una temática y resuelve dudas en directo.
- Si eres una marca de moda, edita una guía sobre cómo combinar tus prendas con otro tipo de ropa o de acuerdo con las tendencias.
- Si eres un centro educativo, publica un conjunto de artículos elaborado por tus docentes sobre temáticas relacionadas con tus titulaciones.

- Si eres un bufete de abogados, en un *white paper* explica un proceso legal en lenguaje sencillo.
- Si eres un gimnasio, con un contenido relacionado con nutrición complementa tu servicio.
- Si eres una escuela infantil, proyecta actividades o talleres para realizar con los niños en casa.

Las opciones son infinitas y cada tipo de negocio precisa hallar las suyas. El reto en este caso es detectar qué tipo de contenido producir para que a una persona le compense hacer este canje contigo. La privacidad tiene un precio y los internautas un criterio selecto.

Una vez que has terminado tu infoproducto, muestra su valor y deja un formulario para recoger la información. El usuario, cuando haya terminado el proceso, podrá descargarse directamente el contenido o lo recibirá por correo electrónico.

OTRAS FORMAS DE CAPTAR LEADS

Las formas de captar leads son más amplias de lo que piensas y solo debes determinar cuál es la más válida para tu modelo de negocio. Algunas son tan simples como la suscripción a tu newsletter. Aquí corres poco riesgo (no estás dando nada gratis, ni es un sorteo con complejas bases legales) y además tampoco tendrás mucho trabajo de generar contenidos a cambio de un lead.

A veces, informarás más sobre tu producto a los usuarios que lo soliciten o dejen su correo electrónico. Por ejemplo, si eres una escuela, existe la posibilidad de enviar por email más detalles sobre tu programa educativo (y a la vez estarás consiguiendo un lead de un potencial cliente) o si eres una empresa que vende productos tecnológicos puedes mandar por mail una comparación entre varios de tus productos (y, de nuevo, volverás a conseguir un lead de un potencial cliente). Hay sectores, como el de las ONG, que piden apoyo o peticiones de firmas, de cara a cualificarlos por email o por telemarketing.

Lo importante no es tanto el método que utilices como que lo hagas siguiendo estas tres sencillas normas:

- **Ser honesto con tu usuario:** No ofrezcas contenidos, sorteos, ofertas u otros métodos de mala calidad. Intenta pensar en tu destinatario y la experiencia que quieres que tenga antes de convertirse en un cliente. No olvides cuál será su reacción ante una experiencia mala con tu marca.

- **Ser honesto con tu marca:** Regala contenidos, ofertas, sorteos o acciones que de verdad aporten a tus objetivos, que se relacionen con tus productos o servicios.
- **Ser honesto con el uso de los leads:** La mayoría de los usuarios ya saben que cuando dejan su correo, en algún momento, son susceptibles de ser contactados por tu marca. Sin embargo, debes respetar las normas y dejárselo claro o, al menos, darles la opción de darse de baja cuando así lo decidan.

CÓMO CERRAR UNA VENTA

Una vez que obtienes un lead es cuando empieza el proceso de convertirlo en una venta final. Los procesos de venta se pueden hacer por muchos canales. Sin embargo, tiene sentido que se hagan principalmente por email marketing ya que, como se ilustra en la figura 13.6, es uno de los canales más interesantes de cara a vender.

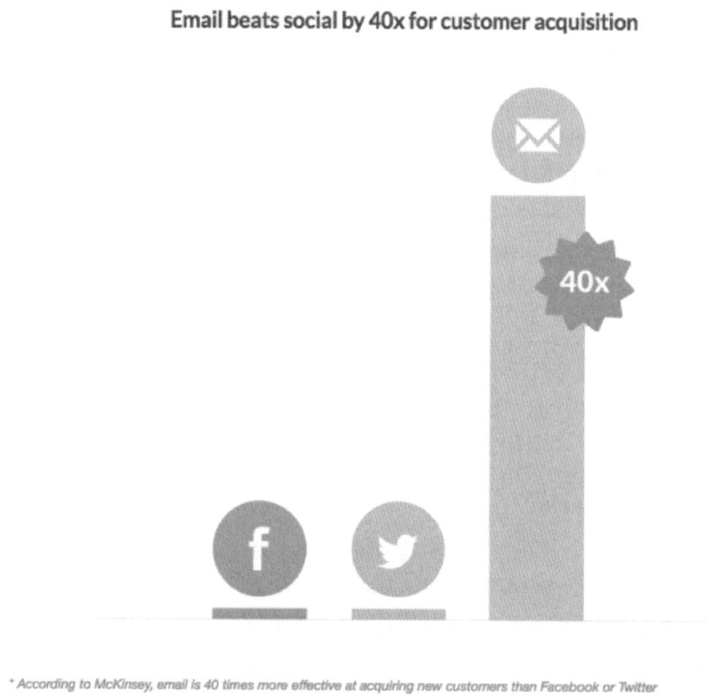

Figura 13.6. Comparativa del poder de venta de las redes sociales versus el email marketing.

Según la consultora McKinsey, el canal de email es 40 veces más efectivo que las redes sociales a nivel de adquisición de clientes. Por eso, te recomiendo que uses las redes sociales (entre otros canales) para generar tráfico, tu web para captar leads y el email marketing para conseguir nuevas ventas.

Recuerda en todo momento que esta estrategia no es siempre igual. No te tomes todas estas recomendaciones al pie de la letra. Siempre investiga cuál es el método que mejor te funciona de cara a reducir costes en tus campañas de marketing haciendo foco en el contenido y las estrategias de *inbound marketing*. Sin embargo, lo que sí es posible afirmar es que esto sirve para una gran cantidad de marcas y que, al no tener una gran dificultad, puedes utilizarlo si eres una marca o empresa con pocos recursos. Esta técnica es muy sencilla: persigue entablar una conversación con los usuarios por medio de correos electrónicos.

CÓMO HACER UNA AUTOMATIZACIÓN DE CONVERSIÓN

Las automatizaciones son correos electrónicos que se mandan de manera automática cuando alguien realiza una acción. Si por ejemplo reservas un hotel, lo que esperas es un correo de confirmación (email transaccional). Pero, además, automáticamente es posible recibir correos que te informen sobre qué hacer en el entorno o que te recuerden los datos de la reserva. Si estas acciones las acometes con el objetivo de aumentar las ventas, también puedes proponerles servicios cruzados que hagan que su experiencia en el viaje sea mucho mejor (reservar un restaurante o comprar unas entradas para un museo).

Estas automatizaciones son una funcionalidad de la que disponen las propias plataformas de envío de emails y que permiten dejar programados una serie de ellos que se enviarán automáticamente en una fecha concreta (indicada por el usuario, como el día de tu cumpleaños) o con una frecuencia concreta (dos días después de registrarte, al comprar...).

La conversión de lead a cliente es una de las estrategias más comunes a nivel de automatizaciones. Como has visto antes, es más fácil conseguir un lead que una venta en la primera visita a una web (esa visita es en la que invertirás más a nivel económico). El 79 % de los leads nunca se convierten en ventas, según un estudio de MarketingSherpa[1]. Por eso el trabajo no termina con la captación sino con el *nurturing* o, lo que es lo mismo, con la conversación que entablarás a partir de ahora. Para evitar que estas cifras sean tu caso, te invito a valorar las distintas opciones para mejorar

1. www.nextleapstrategy.com/79-marketing-leads-never-convert-sales/.

la conversión a cliente de los leads obtenidos. La estrategia es siempre igual: mandar una serie de correos electrónicos de manera automática y equiespaciada (como en la figura 13.7).

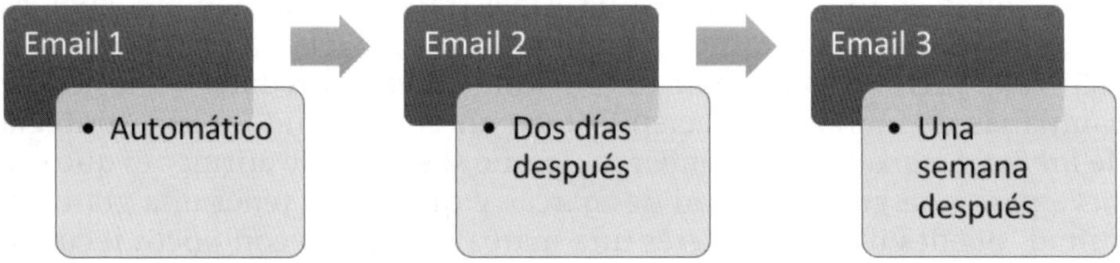

Figura 13.7. Ejemplo de flujo de emails automatizado.

Para esto hay que formularse dos preguntas:

- ¿Cuántos correos mandar y con qué frecuencia?
- ¿Qué contenido tendrán?

Cuántos correos mandar y con qué frecuencia

En la actualidad no existe un número de correos ni una frecuencia correcta o única. Lo que puedes hacer es plantear distintas hipótesis e ir testando cuál es la mejor.

Imagínate, por ejemplo, que eres una escuela de negocios y que has implementado la opción de solicitar más información en tus titulaciones. En este punto dispones de dos caminos: hacer una automatización larga o una corta.

Si planteas un ciclo largo, buscarás resolver la petición del estudiante (facilitando el plan de estudios, por ejemplo), pero serás capaz de dotar al resto de correos electrónicos de argumentos para que se matricule, de trabajar la consideración en la escuela y en las titulaciones. Por último, puedes mandar un mensaje final que busque la conversión con un descuento o con la opción de solicitar una cita con el coordinador de la titulación.

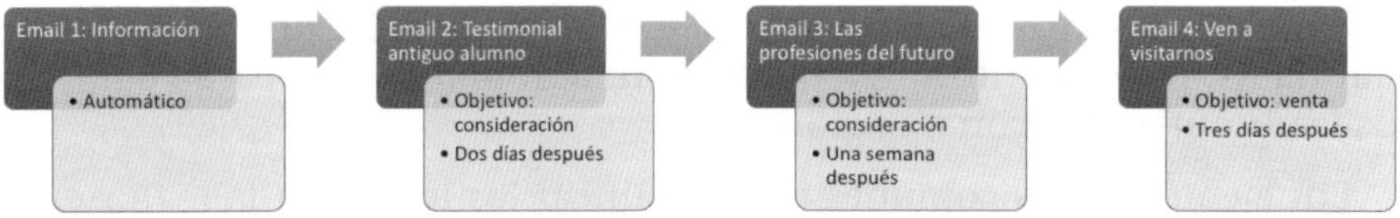

Figura 13.8. Ejemplo de flujo de emails largo automatizado para una escuela de negocios.

Por el contrario, si optas por una automatización corta y das por hecho que las personas que solicitan información no precisan más argumentos sobre la escuela o la titulación, te centrarás en un único mensaje que lleve a la conversión.

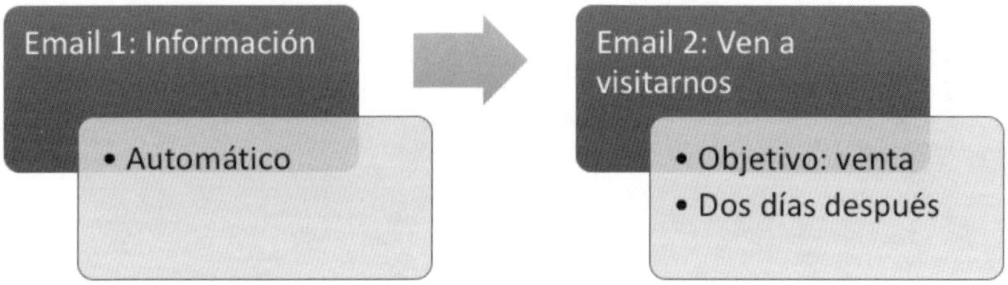

Figura 13.9. Ejemplo de flujo de emails corto automatizado para una escuela de negocios.

¿Cuál de las dos opciones tendrá mejor resultado? Es totalmente impredecible, así que te recomiendo que las pongas a prueba. Fija cuál es tu objetivo (matriculados finales en la escuela, por ejemplo) e intenta la primera de las automatizaciones durante un mes. El mes siguiente cambia el ciclo a la segunda. Cuando recopiles suficiente información, decide qué estrategia contribuye más a mejorar tu conversión a cliente. Eso sí, si por tu ciclo han pasado pocas personas, no podrás decir que tus resultados son concluyentes y deberás hacer los cambios de ciclo después de más tiempo.

Cualificación de leads

Como sabes, cuantos más datos requerimos a una persona que nos va a dejar su lead, más difícil y costoso será. No es lo mismo solicitar solo el mail, que el nombre, apellido, teléfono y dirección física. En el primer caso conseguirás leads a un coste mucho más económico que en el segundo. Por eso, si necesitas forzosamente para tu estrategia de captación disponer de más datos, puedes utilizar los mails de tu automatización para cualificar los leads obtenidos con anterioridad.

Los ejemplos más comunes para cualificar los leads son la realización de encuestas y sorteos. En ambos casos es posible hacerlo de manera automática (después de que tu cliente haya hecho uso del servicio o un tiempo después de la compra de tu producto) o como comunicaciones especiales (un número de veces al año).

En el ejemplo de la figura 13.10, Cinesa manda un correo electrónico a todos los compradores después de ir al cine. En la encuesta pregunta por la película, los trabajadores y las instalaciones. Si quieres entrar en el sorteo de entradas, solo dejarás algunos datos más.

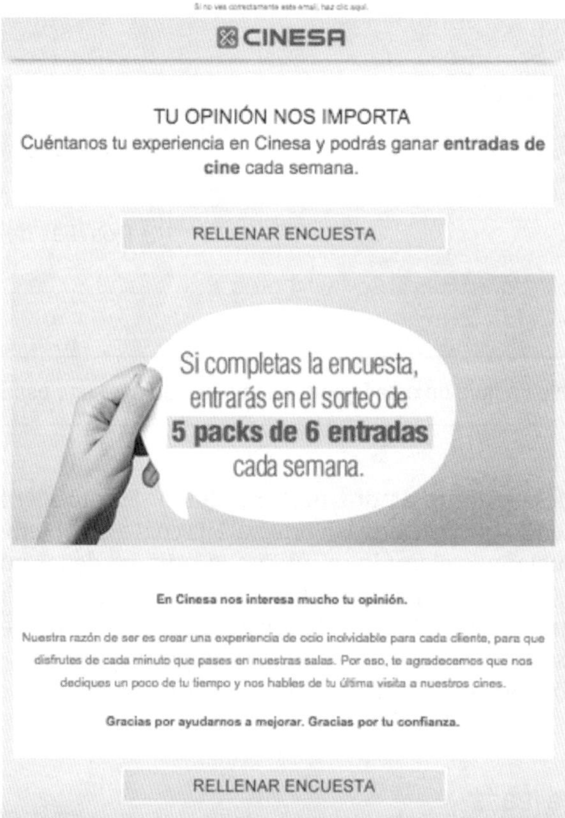

Figura 13.10. Ejemplo de email de cualificación enviado por Cinesa.

Qué contenido tendrán los correos de la automatización

Los correos electrónicos tendrán un contenido relacionado con tu objetivo: si quieres construir consideración, mostrarán la propuesta de valor; si tu propósito es apoyar a las ventas de un producto, llamarán a la acción.

Recuerda seguir todas las indicaciones que hemos visto antes para que el contenido del email esté optimizado (rellena todas las partes del correo y presta atención a la disposición de los elementos). Es importante recalcar que los emails automáticos solo se desencadenan cuando el usuario realiza una acción y, por tanto, deben ser atemporales (ya que la persona puede llevar a cabo la acción en cualquier momento). Es decir, las automatizaciones se plantean cuando el usuario, por ejemplo, se registre, compre, solicite información, descargue algo de la web... No atarás estas automatizaciones a ningún momento concreto (Navidad, vacaciones de verano). Piénsalo un segundo: si atas uno de tus correos electrónicos a Navidad... ¿qué cara pondría tu cliente si recibe esa creatividad tras hacer una compra en verano?

CÓMO ENAMORAR A LOS USUARIOS

Cuando creas una estrategia digital, el objetivo de fidelización suele aparecer al final y, a veces, lo de dejarlo para el último paso es literal. Las estrategias de contenidos no consisten solo en vender una vez, sino en conseguir que el usuario siga contigo. Siempre será más caro y costoso captar un lead y convertirlo a cliente que efectuar acciones de fidelización en las que obtendrás recurrencia en la venta a un coste inferior.

Muchas de las operaciones que es posible acometer son offline: eventos exclusivos o acciones presenciales. Pero hay muchas que realizarás en entornos online utilizando de nuevo automatizaciones por email como antes, pero con otros objetivos:

- *Onboarding* de un nuevo cliente.
- Crear recurrencia en la venta.

ONBOARDING DE UN NUEVO CLIENTE

Cuando logras que un cliente nuevo compre, conviene elaborar una serie de correos electrónicos para presentarte como marca y que comprenda qué es lo que haces exactamente. Este tipo de ciclos de bienvenida o de *onboarding* son muy útiles para productos que son difíciles de usar o con una baja adherencia, ya que te aseguras de que la persona que lo ha comprado lo utilizará realmente.

Un buen ejemplo son los correos electrónicos que envía Alexa, el asistente por voz de Amazon. La primera vez que intentas interactuar con él es complicado porque no sabes con exactitud qué comandos de voz emplear. Por eso, Amazon te manda cada semana una serie de recomendaciones básicas para que nunca dejes de utilizarlo y de probar nuevas funcionalidades.

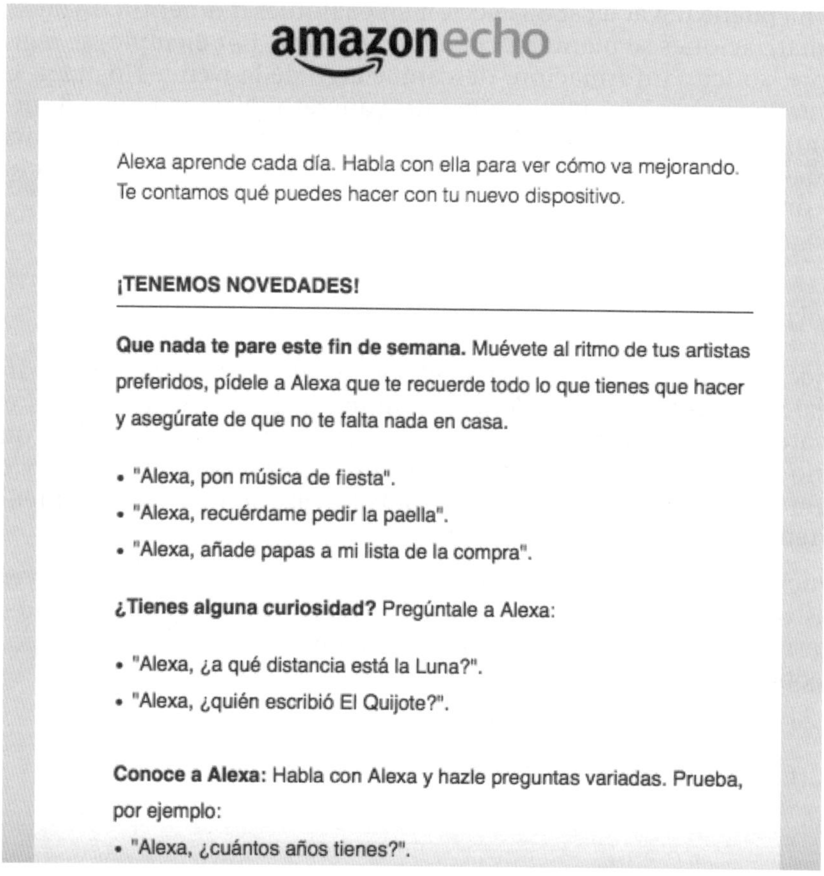

Figura 13.11. Ejemplo de email de onboarding de Alexa.

Este tipo de actuación cobra también especial valor si estás gestionando la estrategia de un servicio de pagos recurrente, pues tus clientes no tendrán la tentación de darse de baja y mejorarás la retención.

Aquí será recomendable que combines estos mails con otros canales, como SMS o llamadas telefónicas de fidelización.

CREAR RECURRENCIA EN LA VENTA

Captar el primer lead va a ser siempre la inversión más alta que harás. Por eso, cuanto más la aproveches, mayor retorno de la inversión inicial tendrás.

La primera de las acciones que te propongo es enviar productos relacionados con los que la persona ha comprado la primera vez. Si habláramos de un retail, y una clienta se compra un vestido, fácilmente podrías ofrecerle una chaqueta o unos zapatos a juego. Está claro que este tipo de microsegmentaciones son muy difíciles de hacer (sobre todo porque necesitamos un CRM de alta calidad y generar muchos pequeños mensajes para cada caso). Sin embargo, todo esto lo llevarás a cabo con mucho menos trabajo si segmentas de forma coherente.

La primera segmentación posible es según si compra ropa de mujer o de hombre. A partir de ahí puedes distinguir entre estilos, por ejemplo, casual, ropa de trabajo y de noche. Con poca información personalizarás los correos electrónicos y, por tanto, serán más acertados.

También es posible añadir un valor a los compradores recurrentes con descuentos, gastos de envío gratis, adelanto de los lanzamientos o reserva de parte de tu stock para ellos. Una persona que ya ha comprado y está satisfecha es más fácil que repita la compra.

La creatividad en este tipo de automatizaciones es infinita. Avisa a tu cliente cuando se le va a terminar un producto para que repita la compra. No siempre es sencillo calcular esto, pero le puedes pedir directamente que él mismo fije la fecha de repetición del pedido. En la empresa que ves en la figura 13.12, existe la opción de programar un recordatorio cuando las lentillas se te están acabando.

El último paso que podríamos dar en este aspecto es planificar una acción *member get member*, en la que, si tu cliente recomienda a un amigo, obtendrá alguna ventaja. Es lo que hace ING Direct (ver figura 13.13).

Figura 13.12. Ejemplo de email de recurrencia de venta de Vision Direct.

Figura 13.13. Ejemplo de email member get member de ING.

Ten en cuenta que este tipo de actuación no la harás con usuarios nuevos, sino que necesitas que lleven tiempo conociendo tu producto o servicio y estén preparados para recomendarte a otras personas cercanas.

EJEMPLO DE UN CICLO GLOBAL

De cara a comprender bien cómo son los distintos pasos de tu estrategia, explicaré con un ejemplo único los pasos que puede seguir un usuario desde que es impactado por primera vez hasta que se convierte en un cliente recurrente.

La campaña de Save the Children sobre la guerra en Siria, además de incidir en materia política, buscaba conseguir apoyos para el trabajo que realizan en terreno. El esquema de *inbound marketing* que seguiremos es el de la figura 13.14.

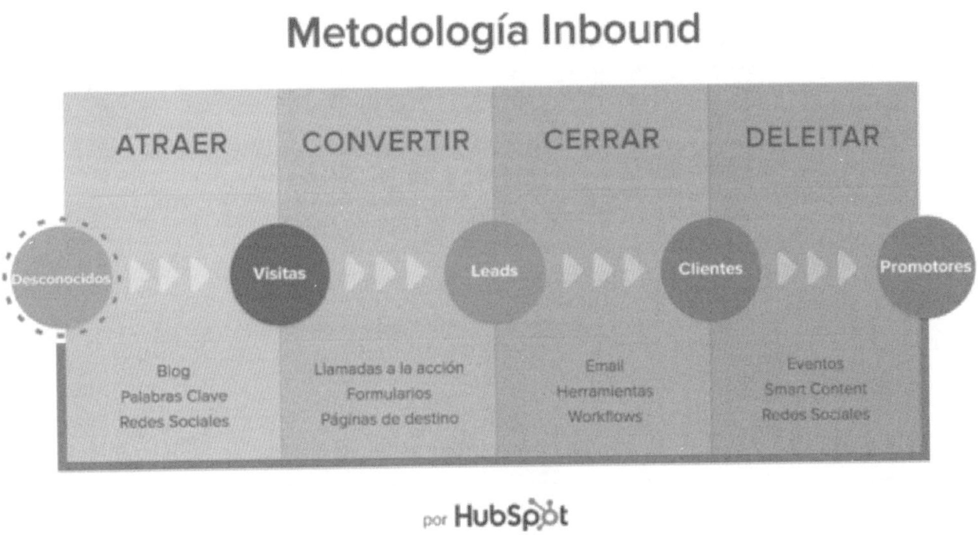

Figura 13.14. Esquema de inbound marketing.

PASO 1: ATRAER

Para cumplir el primer paso del ciclo intenta captar tráfico de calidad con canales que lo permitan, sobre todo buscadores y redes sociales. En los primeros ubicarás artículos con cierta frecuencia intentando posicionar palabras clave que la gente busque. Imagínate una persona que está interesada en saber qué está pasando en la guerra en Siria con respecto a la infancia (un público que obviamente es interesante para Save the Children). Esta persona hará una búsqueda como la de la figura 13.15, donde aparecería como primer resultado Save the Children.

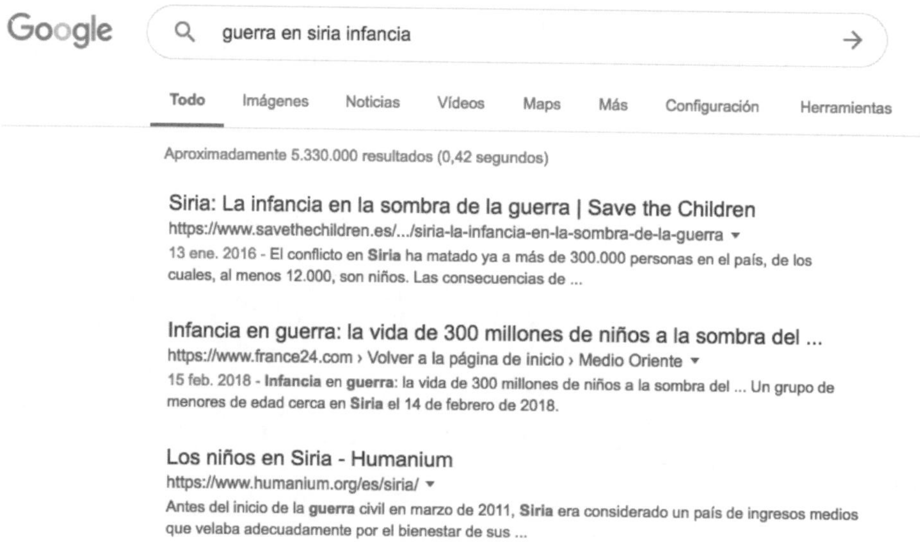

Figura 13.15. Búsqueda en Google de las palabras clave «guerra en Siria infancia».

También es posible subir tu base de datos a Facebook, crear una audiencia *alike* (público similar al que has subido) e impactarle con publicidad relacionada.

En ambos casos tienes públicos en potencia interesados en la temática a la que les has impactado con un contenido de calidad.

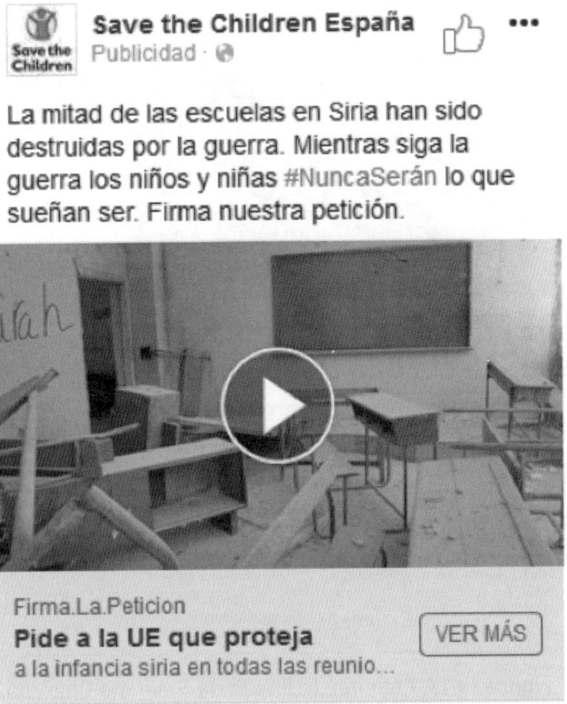

Figura 13.16. Ejemplo de publicidad en Facebook.

PASO 2: CONVERTIR

Cuando lleguen a la página de destino, halla la forma de captar los leads de la manera más adecuada y honesta. En el caso de Save the Children, con un trabajo de incidencia política y que necesita firmas, la mejor manera es pedirles que se unan a una petición cuyas firmas serán entregadas después.

Aquí es importante que tengas claro qué darás al usuario por su firma y qué datos son vitales para convertir estos leads. Puede que con el nombre, apellidos y mail tengas suficiente. Sin embargo, si además realizas acciones de telemarketing, valora que el teléfono sea un dato obligatorio.

Figura 13.17. Petición de firmas de Save the Children.

PASO 3: CERRAR

Una vez han firmado, comienza a enviar emails que, de una manera más o menos rápida, persigan la conversión a cliente. En este caso te propongo una serie de tres correos que se distribuirán durante una semana.

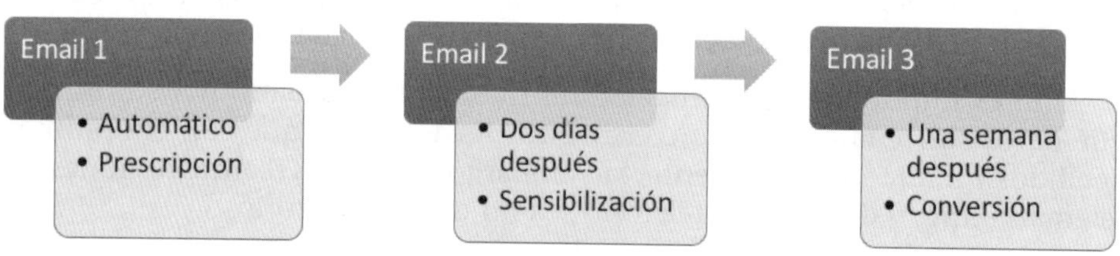

Figura 13.18. Automatización para convertir leads.

El primero saldrá automáticamente y su objetivo es que el firmante suscriba y viralice tu acción. Es decir, le pedirás que comparta en redes sociales la petición. De esta forma, estarás ganando nuevos leads orgánicos de manera gratuita y reduciendo el coste por lead global. El segundo correo electrónico detallará un poco más la situación en Siria, es decir, sensibilizará al destinatario. Así, allanarás el camino para el mail final de conversión. El último mensaje tendrá como fin convertir, en este caso, pedirás una donación a Siria. Este correo siempre llevará contenido atractivo porque habrá usuarios que no han abierto los anteriores y dispondrán de menos contexto que los demás.

Esta serie es posible continuarla de distintas formas, como con un cuarto correo (destinado a las personas que no han abierto el último correo electrónico de la cadena) pidiendo de nuevo la donación. Bastaría con que cambiaras el asunto del mensaje.

Figura 13.19. Ejemplo de email de automatización de Save the Children.

PASO 4: DELEITAR

El último paso se relaciona con la recurrencia en el usuario y, sobre todo, con la fidelización. En el caso de buscar una recurrencia, y al hilo del ejemplo que te estoy poniendo, es posible pedirle que repitiese la donación todos los meses, es decir, que se hiciese socio.

Sabiendo que la temática anterior ha funcionado, segmenta a todas las personas que han donado algo a Siria y envíales comunicaciones específicas para mejorar la tasa de conversión a socios. Cuanto más atada a la actualidad estén estas comunicaciones, mejor. Si por el contrario tu marca no tiene actualidad, prepara estos correos electrónicos con contenidos que hayas detectado que son relevantes y cuentan con un buen rendimiento a nivel de resultados.

Aquí te dejo un ejemplo de cómo podrían ser los seis primeros correos electrónicos a nivel general.

Figura 13.20. Ejemplo de email de conversión de Save the Children.

Si el usuario ya ha convertido y has conseguido que sea socio, evita que se dé de baja. Además de las comunicaciones normales, crea un ciclo de bienvenida que refuerce tu propuesta de valor.

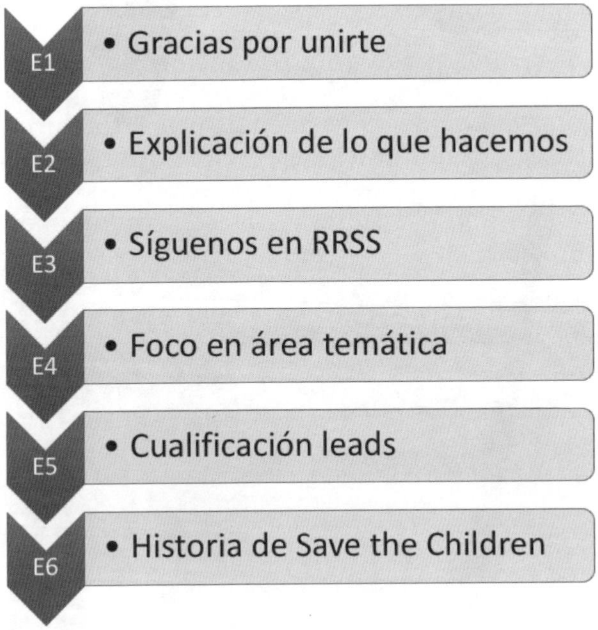

Figura 13.21. Ejemplo de cadena de correos electrónicos de fidelización de Save the Children.

Esta acción es posible combinarla con otro tipo de canales: SMS con contenidos, llamadas de agradecimiento, envíos postales o invitaciones a eventos presenciales para hacer que el ciclo de bienvenida tenga un rendimiento todavía mayor.

4 PLANIFICACIÓN DE CONTENIDOS

Todas las formas de gestionar contenidos y de difundirlos de las que he hablado hasta ahora en el libro se basan en estrategias de *inbound marketing* que posibilitan —tras haber decidido las temáticas de las que hablarás y medido su relevancia— empezar a generar contenidos y dirigirlos para un canal específico según su objetivo. Este *modus operandi* es posible mantenerlo en el tiempo, como una estrategia *evergreen* o de hoja perenne, para convertirse así en tu propia planificación de contenidos o tu calendario editorial. Es decir, en el momento en el que descubres que una forma de captar leads y convertirlos te está dando un coste por adquisición bajo puedes usarlo de manera continuada. Sin embargo, no es la única opción para difundir contenidos, ya que hay varios tipos de planificación que sirven de cara a trazar el plan que mejor favorezca tus objetivos.

TIPOS DE PLANIFICACIÓN

Tienes muchas formas de planificar tus contenidos digitales y, además, las puedes compaginar con otras estrategias de contenidos que tengas en marcha (como las *evergreen* o de hoja perenne que has visto hasta ahora o la creación de campañas que se abordará más adelante).

Lo que está claro es que la planificación de contenidos —el cómo habla tu marca, de qué temáticas y en qué momentos— depende por completo de cómo sea tu marca y cómo la definas.

No vas a tener una única forma de planificar contenidos y, de hecho, con seguridad haya más de las que están enumeradas a continuación. Esta clasificación te ayudará por si en algún momento te has planteado qué debería decir tu marca y te gustaría ordenar todas las posibilidades que existen.

PLANIFICACIÓN POR TEMAS

Con las categorías de contenido (o temáticas) que has establecido antes, realiza una tabla como la que se aprecia a continuación y «aterriza» estas categorías en un calendario.

Tabla 14.1. Tabla genérica de categorías de contenido.

Categoría	Descripción	Ejemplos
Categoría 1	Breve explicación sobre qué tema es.	Un vídeo. Un artículo web. ...
Categoría 2	...	...
Categoría 3	...	...

Después de definir los tipos de contenido, solo pensarás en las unidades de contenido que llevarás a cabo y cómo las difundirás. En este caso podrás alternar las categorías de contenido o temáticas. Este modelo es muy útil cuando tu marca habla por igual sobre distintos temas y no necesita forzosamente centrarse en uno. Cuando nos referimos a blogs, este concepto gana mucha fuerza. Imagínate que tienes un blog sobre marketing digital en el que trabajas tu propia marca personal. Para organizar un plan de contenidos puedes comenzar por delinear tus categorías de contenido con la tabla anterior.

Tabla 14.2. Ejemplo de tabla de categorías de contenido para un blog de marketing digital.

Categoría	Descripción	Ejemplos
Categoría 1: Contenido online	Cómo llevar a cabo una buena estrategia de contenidos online con ejemplos claros.	▶ ¿Qué es el contenido online? ▶ ¿Cómo puedo mejorar la calidad de mi contenido online?

Categoría	Descripción	Ejemplos
Categoría 2: Redes sociales	Actualidad sobre un canal de difusión muy cambiante en el que analices qué estrategia es mejor.	▸ Últimos datos sobre las redes sociales en España. ▸ Instagram Ads, ¿aumenta el precio por clic?
Categoría 3: Captación de leads	Qué es la captación de leads y cómo puede esta estrategia mejorar tus resultados como marca.	▸ ¿Qué es el lead nurturing? ▸ ¿Cómo mejorar el coste por lead de mi estrategia de captación?

Una vez termines este esquema, solo debes plantear los contenidos en un calendario de manera que los intercales.

Tabla 14.3. Ejemplo de calendario basado en las categorías de contenidos del caso anterior.

Lunes	Martes	Miércoles	Jueves	Viernes
Categoría 1: ¿Qué es el contenido online?		**Categoría 2:** Últimos datos sobre las redes sociales en España.		**Categoría 3:** ¿Qué es el lead nurturing?
	Categoría 1: ¿Cómo puedo mejorar la calidad de mi contenido online?		**Categoría 2:** Instagram Ads, ¿aumenta el precio por clic?	

Al final, el usuario que te lee sabrá que eres un experto o experta en marketing digital, pero a lo mejor nunca identifique exactamente las categorías o temas de los que hablas. Esto puede ser bueno cuando esta diferenciación de las distintas temáticas no es relevante para tu estrategia.

Una vez has creado tu planificación de contenidos, solo basándote en las categorías o temáticas de contenido definidas, es posible comenzar a elaborar un plan de difusión que te ayude a mejorar tu tráfico. Aquí tendrás en cuenta todos los canales que puedas usar según tu presupuesto.

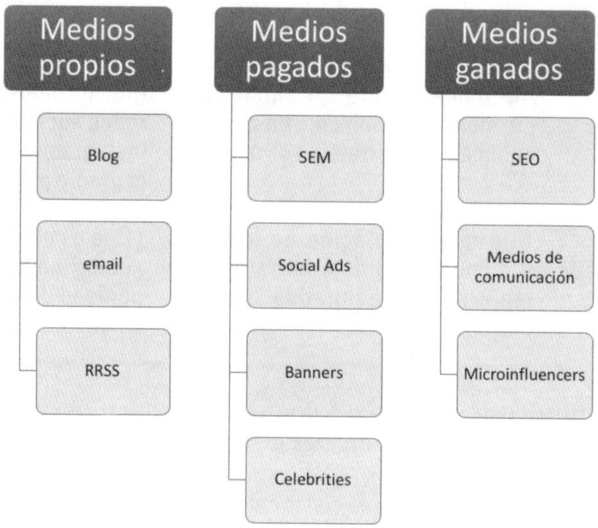

Figura 14.1. Canales de difusión de contenidos.

PLANIFICACIÓN POR CAMPAÑAS

Como has visto en el caso anterior, el objetivo era que el usuario no fuera capaz de distinguir con exactitud de qué temas hablabas, sino quedarse con la esencia de tus mensajes. Sin embargo, puede que tu objetivo sí sea que entiendan qué temas concretos abordas, bien porque sean relevantes para tu estrategia o porque coadyuven a visibilizar tu propuesta de valor.

También es posible que, como anotaba en líneas anteriores, tus contenidos sean estacionales. Imagínate que eres propietario de una zapatería online, ahí te plantearás idear campañas según el producto que comercialices en cada momento.

En este caso tus categorías de contenido podrían ser las siguientes:

Tabla 14.4. Ejemplo de tabla de categorías de contenido para una zapatería.

Categoría	Descripción	Ejemplos
Categoría 1: Primavera	Productos principales: zapatos abiertos, bailarinas, merceditas.	▶ Tendencias del mercado. ▶ Avance de temporada. ▶ Productos. ▶ Rebajas.

Categoría	Descripción	Ejemplos
Categoría 2: Verano	Productos principales: sandalias, cuñas, chanclas.	▸ Tendencias del mercado. ▸ Avance de temporada. ▸ Productos. ▸ Rebajas.
Categoría 3: Otoño	Productos principales: zapatos, botines.	▸ Tendencias del mercado. ▸ Avance de temporada. ▸ Productos. ▸ Rebajas.
Categoría 4: Invierno	Productos principales: botas de invierno, botas altas.	▸ Tendencias del mercado. ▸ Avance de temporada. ▸ Productos. ▸ Rebajas.

De cara a realizar tu calendario no alternarás los temas, ya que no tiene mucho sentido que hables de botas en verano. En esta ocasión lo que harás será buscar un momento para cada campaña como se aprecia en la figura 14.2.

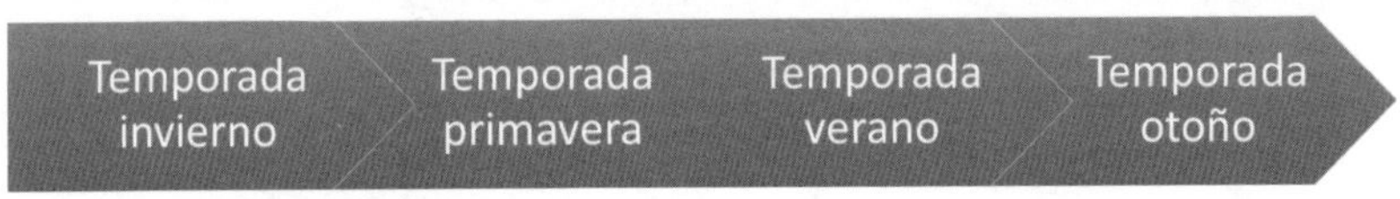

Figura 14.2. Planificación de contenidos de una marca de zapatos.

Para cada una de las campañas idearás un plan de difusión específico para cada canal, como en el ejemplo anterior.

MODELOS MIXTOS

Además de los dos modelos que hemos visto —en el que alternas categorías y en el que creas campañas de más duración—, disponemos de la mezcla de ambos. En el mismo caso del blog que te ponía antes, puede que además de ser experto o experta en marketing digital, lo seas en analítica digital, UX o CRO. En este caso quizá te interesa dar un espacio especial a estos contenidos y por eso no te compense mezclarlos con los demás. Piensa en un par de temas principales (CRO y marketing digital) y plantea dos campañas para ellos. El resto del año solo tendrías que alternar las categorías de contenido que has definido.

Es importante que recuerdes que todas estas planificaciones de contenidos puedes tenerlas en paralelo a otras estrategias de *inbound marketing* siempre y cuando tengas canales exclusivos para cada tipo de estrategia o muy bien segmentados para asegurarte de que no llegas al mismo público con dos campañas distintas.

Figura 14.3. Planificación de contenidos mixta.

CALENDARIOS DE CONTENIDOS

Después de trazar un plan de contenidos general mediante el tipo de organización que mejor esté alineado con tu marca, es momento de que lo plasmes en un calendario para que todo el mundo en tu organización sepa qué va a publicarse o difundirse en cada uno de los canales.

CALENDARIOS GLOBALES

De cara a elaborar un calendario global te recomiendo que lo hagas dentro de un entorno colaborativo. Es decir, que juntes a todas las personas que estén gestionando alguno de los canales de tu marca y lo creen de manera común buscando sinergias.

Este tipo de calendarios no ha de ser detallado, solo resumirá de manera general las principales actividades que se acometerán. Hay una serie de elementos que sí incluirás:

- Deja claro cuál es el tema principal si es que lo hay, el que supone el 70 o el 80 % de tu contenido.
- También plasma qué canales activarás para esta campaña. Habrá ocasiones en las que cuentes con un presupuesto y otras que no. Habrá ocasiones en las que tus campañas serán noticiables (y enviarás una nota de prensa) y otras que no.
- No entres muy al detalle de lo que se hará en cada canal. Recuerda que el objetivo de este calendario es que todo el mundo esté alineado y no pormenorizar todas tus publicaciones de las redes sociales, por ejemplo.

En la figura 14.4 se ilustra una posible forma de llevar a cabo esta tarea.

	Lunes	Martes	Miércoles	Jueves	Viernes	Sábado	Domingo
TEMA PRINCIPAL	Tema 1						
Web	Artículo			Artículo			
RRSS	Publicación	Publicación		Publicación	Publicación		Publicación
Email	E1			Lead Nurt.			
Social Ads	Campaña			Lead Gen.			
SEM	Campaña			Actualizar KW			
NdP	Envío						

Figura 14.4. Ejemplo calendario global.

El calendario estará visible y será compartido por todos. Comprueba que tus trabajadores lo actualicen de manera regular y que consigues el compromiso de todas las personas que están trabajando.

CALENDARIOS ESPECÍFICOS POR CANAL

Antes he dicho que el calendario general no tendrá tanto nivel de detalle, sino que reflejará los temas y acciones generales. Sin embargo, cuando hables de los canales más relevantes sí realizarás calendarios específicos.

Calendarios editoriales

Este tipo de calendarios son los relativos a los blogs o a tu espacio web. Primero tendrás en cuenta qué páginas de aterrizaje o *landing pages* usarás: espacios de campaña, páginas transaccionales y formularios. Lo siguiente es determinar qué otros contenidos producirás con un objetivo de posicionamiento en buscadores. Para cada contenido incluirás información relevante para ti:

- Fecha de publicación.
- Titular.
- Sumario.
- Objetivo.
- Palabras clave.
- Responsable de generación del contenido.

En la figura 14.5 se aprecia un ejemplo de calendario editorial.

Esta es solo una posibilidad de agendar las actividades: añade elementos o quita las partes que sean menos necesarias para ti. Puede que sea relevante que introduzcas los tags o la categoría, las necesidades de diseño o la URL final del contenido. Es posible que solo tengas una persona que haga el contenido y que no necesites esa columna dentro de tu calendario. Es recomendable que siempre crees tu propio calendario.

	Titular	Sumario	Objetivo	Keywords	Redactor/a
Lunes					
Martes					
Miércoles					
Jueves					
Viernes					
Sábado					
Domingo					

Figura 14.5. Ejemplo calendario editorial.

Calendarios de redes sociales

Las redes sociales son uno de los calendarios que parecen más difíciles de elaborar ya que cuentan con mucha información que agregar. Lo primero que harás es reflejar si tendrás un tema principal o alternarás varios.

Lo más importante es que distingas cada red social de tu calendario puesto que es muy probable que hayas fijado un objetivo distinto para cada una. Con seguridad en Instagram estés llevando a cabo campañas más de *branding* y en Facebook de tráfico, o que utilices Instagram para acciones de influencers. Estos diferentes roles que has fijado en tu estrategia los plasmarás en los objetivos de tus publicaciones.

Asimismo, has de incluir otra información relevante en cada publicación como la temática, el objetivo que busca, la URL a la que llevará tráfico, la hora y si necesitas imagen o vídeo específico. Puede que en tu caso particular necesites añadir otra información como si es una publicación que está ya programada o quién es el responsable de hacerlo. También puede tener valor que detalles las campañas de pago que se están ejecutando simultáneamente para que la persona responsable de gestionar los comentarios lo sepa.

En la figura 14.6 se aprecia cómo podría ser este calendario de contenidos para redes sociales. Como en el caso anterior recuerda siempre que este esquema te servirá como base, pero personalizarás la información que quieres que aparezca según tu caso concreto.

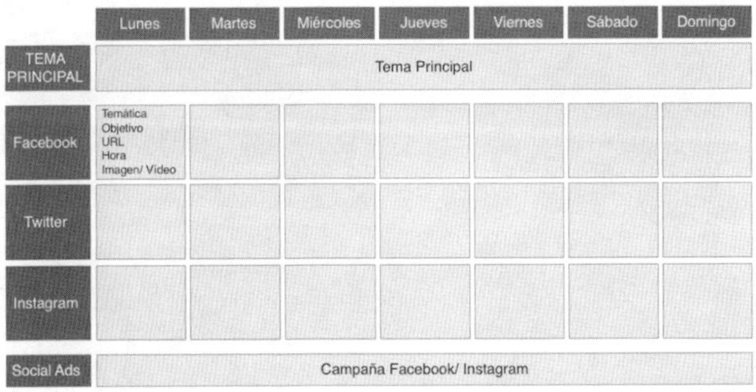

Figura 14.6. Ejemplo de calendario de redes sociales.

Otros calendarios

Cada uno de los canales activos debería tener un calendario asociado, sobre todo los que tengan publicaciones o campañas que varían en el tiempo. Hay otros calendarios que seguramente tengas que implementar:

- **Calendarios para envíos de email.** Aquí mostrarás el segmento, el objetivo, la temática, si lleva un test, así como tus necesidades de contenido.
- **Calendarios para campañas de publicidad.** Cuando despliegues campañas de publicidad puntuales en redes sociales (no las continuas que tengas funcionando), podrás plasmarlas en un calendario dejando claros cuáles son los segmentos a los que te refieres, la inversión, el objetivo o a dónde están llevando tráfico.
- **Acciones con influencers.** Muchas veces las campañas con influencers tienen fases (cuándo los contactas, cuándo esperas que empiecen a publicar, si repercutirán en medios de comunicación...). Todas estas fases también las recogerás para que, por ejemplo, las personas que gestionan las redes sociales estén alineadas.

Es importante que entiendas la importancia de la elaboración de los calendarios y no los veas como un papeleo más. Si llegado un momento estás empleando demasiado tiempo en prepararlos, tendrás que reducir el nivel de detalle o buscar otro formato que favorezca su uso. El compromiso de todas las personas con las que trabajas también es vital de cara a que sean una herramienta útil. Prepara reuniones en las que los propios responsables de cada canal sean los que de verdad digan qué es lo más relevante para ellos y a qué pueden comprometerse. Estos tipos de calendarios pueden ser útiles si los empleas correctamente. No dejes que sea de otra forma.

15 CÓMO CREAR UNA CAMPAÑA DIGITAL

Cuando sabes con cuáles temáticas trabajarás durante un tiempo determinado, ha llegado el momento de idear tu campaña. El objetivo de esta es alinear los canales de manera que hablen mayoritariamente del mismo tema y que persigan el mismo objetivo. Cuando eres capaz de hacerlo, tus campañas serán más fuertes y tus resultados, mejores.

Otro beneficio de las campañas es que generas todos los contenidos y adaptaciones a la vez, de manera que ahorras costes, te aseguras de cubrir la totalidad de los canales; y el mismo día que vas a lanzar, estarás listo para tener tu campaña en funcionamiento durante bastante tiempo.

El proceso para llevar a cabo campañas digitales es muy sencillo y tiene forma circular, ya que cuando terminas la última fase es el momento de empezar de nuevo. En la figura 15.1 se aprecia dicho ciclo.

En la primera fase tendrás que definir la campaña o al menos algunos aspectos básicos que te ayudarán a saber qué necesitarás y en qué momento. Posteriormente, pasarás a producir los contenidos donde irás aterrizando tus necesidades. De aquí sacarás un presupuesto y una estimación del tiempo que tardarás en tener el contenido necesario. El punto clave será el lanzamiento, pues has de trabajar con los canales que tienes previsto activar de manera alineada. Por último, y no por ello menos importante, realizarás tus propios cuadros de mando para saber qué estás midiendo y cómo están funcionando los contenidos de la campaña de cara a mejorar las siguientes que lances.

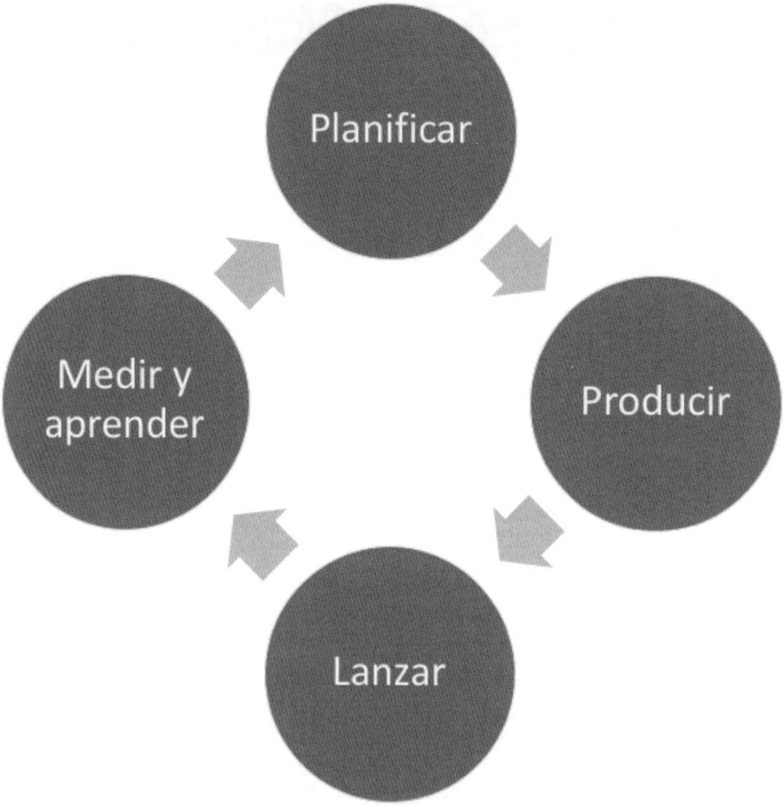

Figura 15.1. Ciclo de creación de campañas digitales.

DEFINICIÓN DE LAS CAMPAÑAS

El primer paso para que comiences con tus campañas es saber cuándo tendrán lugar a lo largo del año. Plantéate crear un *roadmap* anual en el que plasmes todas. Esto te ayudará a:

- **No fallar en tus objetivos.** Es posible que tu marca cuente con varios objetivos o con diversos productos. Uno de los principales problemas que surgen, cuando no contamos con un *roadmap* claro, es que no puedes asegurarte de que estés balanceando equitativamente las campañas entre los distintos productos que tienes que promocionar. Si dejas las campañas fijadas a nivel anual, podrás verlo con un paraguas más amplio y ganar el consenso de todos los departamentos.

- **Hacer seguimiento de tus objetivos.** Si tienes tus planes ya fijos y escritos, será más fácil que hagas seguimiento sobre lo que estás cumpliendo y lo que no. Recuerda siempre que un *roadmap* es como un GPS, te va marcando el camino. Pero si pasa algo y modificas la ruta, no hay que preocuparse mucho, solo hay que recalcular y volver a la ruta principal en cuanto puedas.
- **Preparar presupuestos reales.** Suele ser difícil estimar tu gasto en contenidos o publicidad si no tienes claro qué vas a tener durante el año. En cambio, si dispones de un mapa de ruta, sabrás en qué momento invertirás más o menos.

El número final de campañas que determines en tu *roadmap* dependerá mucho de tu marca, de cómo funciones internamente, del modelo que hayas seguido hasta ahora y de tu capacidad para emprender. Puede que tus recursos sean escasos y, en ese caso, te recomiendo que realices una única campaña o dos al año. Así centrarás las fuerzas en sacar una muy buena adelante y no estarás corriendo de un lado a otro produciendo contenidos de mala calidad. Otro caso es que ya hayas probado el modelo de comenzar una cada tres meses con buenos resultados, es decir, sin haber agotado al usuario. En este caso, concéntrate en lanzar cuatro campañas al año porque sabes que es un modelo efectivo para ti.

Si no tienes muy claro cuál es tu caso, te sugiero que hagas una primera prueba en la que lances campañas de un mes de duración aproximadamente. Esto no será difícil de gestionar ni deberás generar muchos contenidos para cada una. Cuando obtengas los resultados, valora distintas opciones para mejorar tu rendimiento. Recuerda que no es necesario que hagas una tras otra, sino que puedes tener un tipo de planificación mixta (como viste en el capítulo anterior) en la que alternes contenidos de campañas con contenidos del resto de categorías.

CÓMO CREAR UN ROADMAP ANUAL

Cuando tengas claro que las campañas digitales te ayudarán en tu estrategia, solo faltará decidir cuáles van a ir en cada momento del año y concretar cómo serán.

Figura 15.2. Creación del roadmap anual.

Hitos globales

De cara a delinear este *roadmap* anual, te recomiendo que empieces pensando en los hitos o los eventos predecibles que no vas a poder controlar. A estos eventos les puedes llamar «hitos globales», y pueden ser días internacionales, meses temáticos que existen a nivel externo, épocas del año, fiestas nacionales o días que tienes que marcar en el calendario. Dentro de esta categoría estarían las Navidades, el Día de la Madre, Halloween, las distintas estaciones del año, *black friday* o el mes de la ciberseguridad, por ejemplo. Estos eventos son fechas que están marcadas en el calendario y que no es posible cambiar, solo adaptarte y sumarte.

Analiza estas fechas y decide a cuáles te sumarás porque tengan relación con tu marca. Es interesante que intentes unirte a este tipo de eventos globales: parte de las conversaciones que existen en los medios y en la sociedad ya están asociadas a estos temas, así que será más fácil que tu marca encaje.

Imagínate, por ejemplo, que eres una zapatería. Como zapatería que eres, tendrás una serie de hitos globales a los que unirte. Algunos de estos podrán ser:

- **Temporadas:** Primavera, verano, otoño e invierno. Esta será siempre tu base. No tendrá sentido que hables de sandalias en invierno o de botas en verano.
- **Navidades:** Sabes que hay épocas en las que venderás más porque el consumo se dispara. Una de estas temporadas es Navidad, puesto que tu producto es susceptible de ser un regalo.

- **Días señalados:** Tanto el Día de la Madre, como el Día del Padre o el *black friday* son días en los que, si acometes una correcta campaña, podrás unirte a la conversación y aumentar las ventas.

En este caso concreto, tu primer calendario sería algo similar al de la figura 15.3.

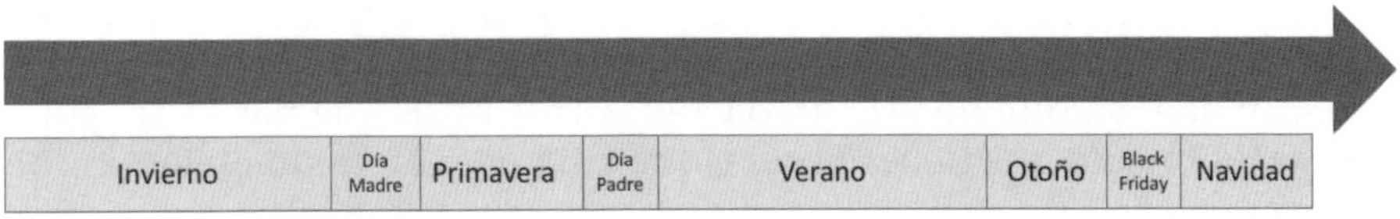

Figura 15.3. Ejemplo de calendario para una zapatería.

Es importante tener en cuenta que no todas las marcas pueden unirse a todos los hitos globales. Imagina, por ejemplo, que eres una inmobiliaria que vende casas. Seguramente en tu sector no tenga sentido que pienses en el *black friday* o en San Valentín. Dispondrás de hitos internos o momentos en los que se estén lanzando nuevas promociones que quieras hacer llegar a tu público potencial.

Hitos internos

Más allá de lo que se está o no hablando en la sociedad, has de considerar que, como marca, habrá momentos internos que serán de especial relevancia de cara a tener listas tus campañas digitales. Siguiendo con el ejemplo de la zapatería —independientemente de que tengas en cuenta qué temporada es o a qué días especiales te sumarás—, reflejarás en tus planes que, por ejemplo, cada temporada tendrá una época en la que presentas tu nueva colección al principio, y otra época al final en la que tienes rebajas o liquidaciones.

Tu *roadmap* no cambia las fechas anteriores, sino que añade nuevas campañas en las que reflejas cuáles son tus hitos internos.

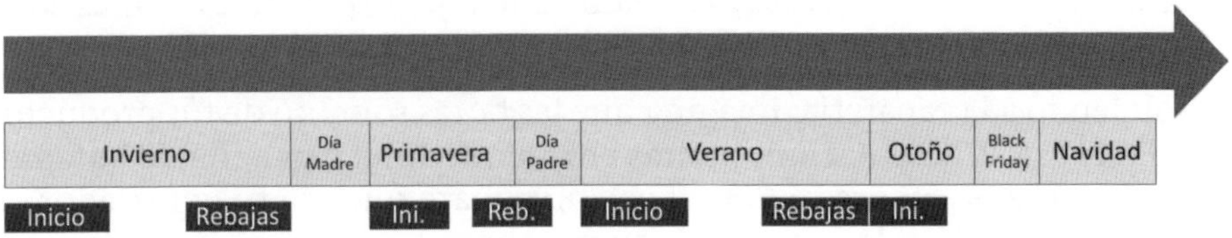

Figura 15.4. Ejemplo de calendario para una zapatería con hitos internos.

No todas las marcas pueden usar hitos globales, pero sí enfocarse en los internos (lanzamientos, picos de ventas, estacionalidades) de cara a definir campañas o completar los *roadmaps* elaborados con anterioridad.

Creación de nuevas campañas

Este *roadmap* lo has ido rellenando por capas, empezando por los hitos globales y siguiendo por los internos. Ahora toca la última capa, en la que desarrollar tu creatividad, ya que no está atada a los otros hitos que has visto, sino a analizar los huecos que tienes libres y que quieres explotar lo mejor posible.

Si sigues completando el ejemplo de la zapatería, verás que quedan dos huecos principales en los que o bien alargas las campañas existentes o bien creas nuevas. En la figura 15.5 se ilustra cómo sería el *roadmap* final para tu zapatería.

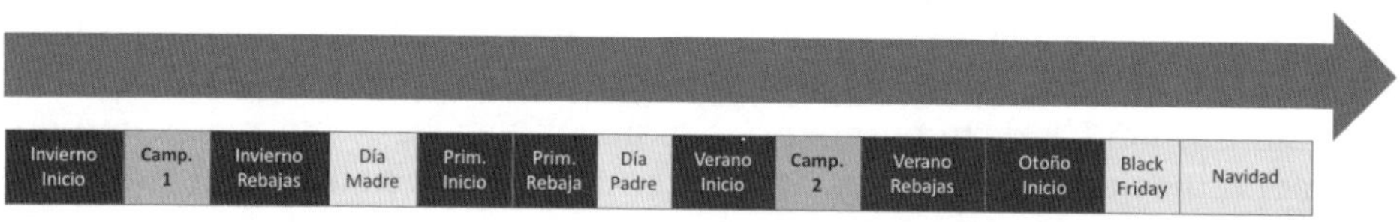

Figura 15.5. Ejemplo de calendario final para una zapatería.

En esta última capa vemos que tu zapatería podría contar con un total de 13 campañas al año que incluyan los días más representativos, los inicios y finales de temporadas. Además, dispondrás de dos huecos para campañas específicas que usarás para los temas que consideres más relevantes.

Para pensar las últimas campañas, te recuerdo que siempre debes buscar que tus contenidos sean interesantes para el usuario y buenos para tus objetivos (ver figura 15.6).

Para trazar estas campañas analizarás qué temas les interesan más a tus usuarios y te plantearás realizar una sobre esa temática.

Volviendo a la zapatería, imagina que las botas son uno de tus productos estrella. Si esa es tu situación, podrás emprender una campaña de botas en la que a lo mejor cuentes con una celebrity para que sea tu embajadora o incluso la colección de botas lleve su nombre.

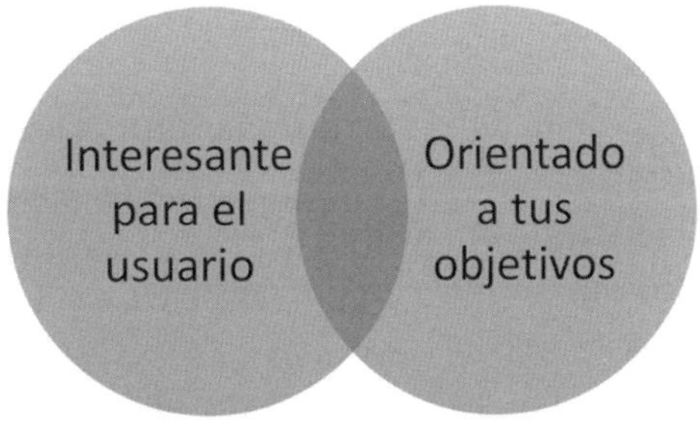

Figura 15.6. Relevancia de los contenidos.

CÓMO DEFINIR TUS CAMPAÑAS

Cuando termines tu *roadmap*, es momento de esbozar en líneas generales tus distintas campañas. En el caso de la zapatería, tras haber determinado qué harás y cuándo se llevará a cabo, el resultado será un total de 13 campañas que detallar y aterrizar un poco más.

Para hacerlo, te propongo que uses una ficha como la de la figura 15.7 que cuenta con dos espacios principales: uno de datos generales y otro con una estrategia de tráfico que seguirás.

Ahora cuentas con dos documentos muy importantes: el *roadmap* con todas las campañas y las fichas para cada una de ellas.

Si eres capaz de hacer este trabajo conjuntamente con otros departamentos y logras su compromiso, conseguirás que tu año vaya sobre ruedas y todo el mundo esté alineado.

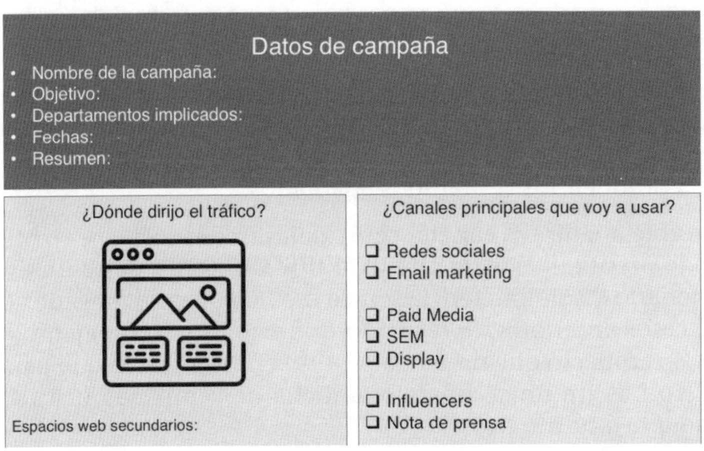

Figura 15.7. Ficha de campaña.

Datos de la campaña

En este primer apartado de la ficha incluirás la información más relevante de la campaña. Por ejemplo:

- **Nombre.** Esto es imprescindible que sea compartido por tu equipo porque así todos sabrán qué campaña está en marcha y la podrán nombrar de una manera única.
- **Objetivo**. Qué quieres conseguir. A veces pueden ser campañas en las que busques ventas, pero otras perseguirán la notoriedad de algunos de tus productos o el *branding*.
- **Departamentos implicados.** No hay nada peor que parte del equipo que necesitas para ejecutar tu campaña no se dé por aludido y no se involucre. Por eso es vital que los impliques en un lugar visible para todo el mundo.
- **Fechas.** Cuándo empieza y cuándo acaba la campaña. Este dato también ayudará a tu equipo y a otros departamentos a ubicar cada una dentro del *roadmap* que has elaborado.
- **Resumen.** Aquí puedes contar la mecánica de tu campaña y los mensajes claves que emplearás.

Estrategia de tráfico

Tu web siempre es el corazón de tu campaña. Por lo general intentarás generar tráfico a ella para desde ahí conseguir tu objetivo (ventas, leads, ampliar información). Por eso es vital que recojas en la ficha cuál será tu espacio principal de campaña y si necesitarás otros espacios secundarios (artículos, fichas de producto específicas o bases legales).

Este espacio web es recomendable que lo prototipes —como vimos en el apartado de contenidos— mediante programas como Sketch o myBalsamiq o directamente puedes pintarlo en papel.

Después de concretar a dónde enviarás tráfico, es momento de decidir qué canales usarás para generarlo. En este punto no estamos pensando todavía en qué estrategia seguirás para cada canal, sino en cuáles serán tus canales principales de cara a producir los contenidos adaptados.

En la ficha es posible añadir tus canales principales (redes sociales, email, paid media, notas de prensa...). Puede que para ti sea más útil dejar un espacio libre para rellenarlo y solo diferenciar entre medios propios, pagados o ganados. Como en casos anteriores, te recuerdo que esto es solo un ejemplo de ficha. Haz la tuya, cambia lo que no tenga sentido e introduce lo que para ti sí sea relevante. No hay un único modelo de ficha de campaña. Busca la que es válida y se adapta a tu situación.

Figura 15.8. Ejemplo de prototipado físico.

PRODUCCIÓN DE CONTENIDOS

A nivel estratégico ya has delineado tus campañas. Sabes cuándo y cómo serán, así como en qué canales las difundirás. Ahora es el momento de que decidas qué contenidos precisarás, los produzcas y llegues a tiempo al lanzamiento.

QUÉ CONTENIDOS NECESITARÁS

Cuando indicaste cómo iba a ser tu campaña estabas dejando claro qué contenidos necesitarías con mayor o menor detalle. En este punto vas a ir aterrizando poco a poco tus necesidades para elaborar todos los contenidos a la vez y asegurarte de que tienes para cada uno de los canales.

Contenido on-site

En el espacio web que has prototipado puede que hayas colocado un vídeo, una foto o cualquier otro contenido multimedia. Ahora es el momento de que saques un listado de necesidades de contenido para este espacio que has definido previamente.

En esta ocasión también analiza la necesidad o no de desarrollar nuevas funcionalidades (si harás un sorteo con seguridad precises de un formulario de participación; y si llevarás a cabo una encuesta, tu desarrollo será más complicado). En ambos casos tienes la posibilidad de externalizarlo en empresas como Cool Tabs o realizar este desarrollo de forma interna con tu propio equipo.

Si por ejemplo fueras una escuela de negocio y decides preparar una campaña para el lanzamiento de una nueva titulación, lo primero que deberías hacer sería plantearte tu dinámica y prototipar tu nuevo espacio web.

Imagina que presentarás un nuevo máster sobre big data y que, sabiendo que es un tema relativamente nuevo, decides empezar por explicar más sobre qué es el big data y generar leads para el futuro. Para ello, creas un *white paper* o un infoproducto elaborado por los profesores que imparten clase en esta titulación.

Este contenido estará emplazado en un espacio web que contará con un vídeo en el que grabarás a los profesores (que seguramente sean influencers en el sector) y tendrá un formulario de descarga del contenido que has elaborado. En este caso tu ficha será similar a la de la figura 15.9.

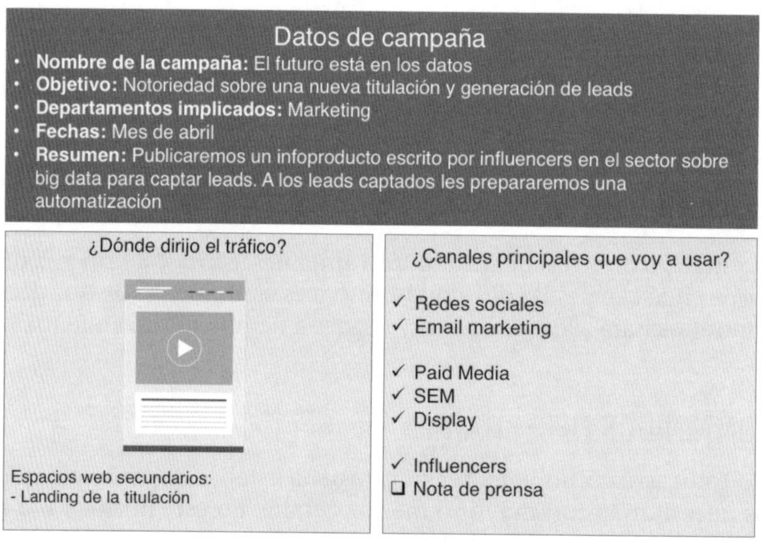

Figura 15.9. Ejemplo de ficha de campaña para el lanzamiento de una titulación.

A nivel de espacios webs solo tendrás dos: el principal, donde tendrás el vídeo y la descarga del material, y un espacio secundario, que será la *landing* de tu titulación. De esta forma requerirás los siguientes materiales:

Tabla 15.1. Ejemplo de espacios de contenido web disponibles y contenidos necesarios.

Unidades	Contenidos necesarios
Espacio web principal	▶ Vídeo con los influencers. ▶ Mensajes clave. ▶ White paper maquetado. ▶ Formulario de descarga y sistema de automatización.
Espacio web secundario	▶ Imagen principal de la titulación. ▶ Información de ella. ▶ Nombres del profesorado. ▶ Programa académico. ▶ Formulario de solicitud de información.

Contenido off-site

Para el lanzamiento, habrás dejado listos también una serie de contenidos para permitir la correcta difusión en los canales que has fijado con antelación en la definición de la campaña.

Este proceso es mejor que lo hagas con las personas responsables de cada canal de manera presencial, así cada uno te dirá qué materiales concretos necesitarás y los producirás todos a la vez.

Siguiendo con el ejemplo, tras la reunión que habrás tenido con los responsables de cada canal, puedes tener un listado de este tipo:

Tabla 15.2. Ejemplo de canales de difusión de contenidos disponibles y contenidos necesarios.

Unidades	Contenidos necesarios
Redes sociales	▶ Vídeo general. ▶ Vídeos de cada uno de los influencers que han escrito en el libro. ▶ Imágenes y quotes o frases de los influencers para hacer montajes.

Unidades	Contenidos necesarios
Email marketing	▸ Mail para el lanzamiento a la actual base de datos. ▸ Tres mails de automatizaciones para los leads generados: ▸ *Call to action* - Comparte. ▸ *Call to action* - Conoce la titulación. ▸ *Call to action* - Solicita una reunión con el coordinador de la titulación.
Paid media	▸ Adaptación del vídeo general a 15 segundos. ▸ Adaptaciones de los vídeos de los influencers a 15 segundos.
Display	▸ Banners con las imágenes de los influencers. ▸ Banner con la imagen principal de la titulación.
Influencers	▸ Vídeos de cada uno de los influencers que han escrito en el libro para que ellos mismos los difundan.

Una buena definición de campaña y saber trabajar en equipo hará que ahorres mucho tiempo y te asegures de que todo el contenido está listo de cara al lanzamiento. Ahora, sabiendo con exactitud qué requieres, ha llegado el momento de decidir cómo lo producirás.

CÓMO PRODUCIR CONTENIDOS DE CALIDAD

La parte de producción de contenidos es con certeza la más diversa de todas. Según el tamaño de tu empresa, serás capaz de generarlos internamente o tendrás que externalizar parte o su totalidad.

Siempre tener equipo interno es la mejor opción, ya que te dará mucha agilidad. Si no cuentas con un equipo propio, te recomiendo que tengas un listado de agencias o *freelancers* a los que acudir para —en caso de que vayas a organizar una campaña— que siempre tengas varias opciones y compruebes la disponibilidad de un equipo.

El siguiente paso es sentarte con las personas que elaborarán el contenido para determinar un presupuesto y encajarlo en tus planes. A este presupuesto le sumarás la parte de inversión en Social Ads o display que hayas establecido. Por último, habrá que fijar un *retrotimming* o calendario de entregas para que te cerciores de que los contenidos llegarán a tiempo. Este calendario se hará de manera consensuada con las personas que vayan a producir los contenidos, aunque el orden en la entrega de estos la priorizarás tú.

Por ejemplo, en el caso de la escuela de negocio, puede que para el día del lanzamiento no necesites los montajes de las imágenes de los influencers que han escrito en tu *white paper*, sino que pueda estar el segundo o el tercer día al ser un contenido exclusivo para redes sociales.

Recuerda que puedes tener parte de tu equipo trabajando internamente en contenidos o desarrollos mientras una agencia externa te apoya en la parte de contenidos multimedia. Al finalizar dispondrás de un calendario o *retrotimming* de campaña como el de la figura 15.10, en el que se aprecia que, para el caso que hemos explicado, podríamos tener todos los calendarios listos para el lanzamiento en tres semanas.

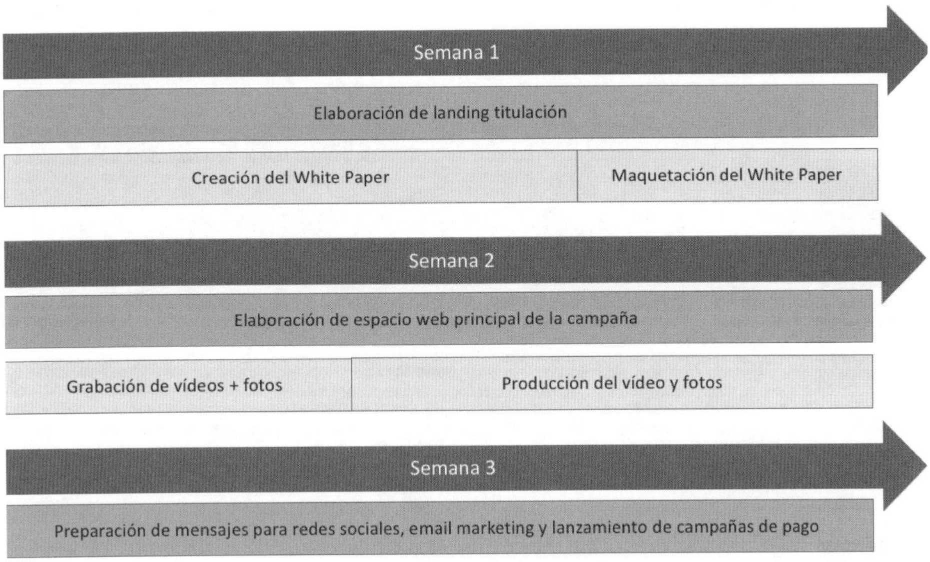

Figura 15.10. Ejemplo de retrotimming de campaña.

El tiempo real que se tarda depende mucho de la cantidad de gente que tengas trabajando y de los medios con los que cuentes. Es decir, no tomes como válido este *retrotimming*, haz el tuyo propio sobre la base de lo que te digan las personas responsables de producir contenidos y realizar desarrollos.

En la parte de producción de contenidos la experiencia es un grado. Después de que hayas lanzado varias campañas, serás capaz de tener un presupuesto medio y un tiempo medio de producción de contenidos ya calculado. Nunca será exactamente igual y siempre tendrás que volver a llevar a cabo este proceso, pero con certeza serás capaz de anticiparte a los principales problemas que suelen surgir.

LANZAMIENTO

Con la campaña definida y los materiales creados, llega tal vez el momento más sencillo: el día en el que la lanzas. Ese día todas las personas de tu equipo estarán remando en la misma dirección. Si alguien no lo hace es cuando con seguridad se produzcan fallos. De nuevo, que logres el compromiso de todo el mundo en el lanzamiento de la campaña será la clave de tu éxito. De cara a conseguirlo te recomiendo que el día anterior al lanzamiento organices una reunión en la que se repasen todos los detalles y cada persona responsable de cada canal diga cuáles serán sus funciones. Así te aseguras de que el equipo está sincronizado y de que las acciones están claras para todos.

Una ayuda para realizar este seguimiento es el formato de calendario global que vimos en páginas anteriores y que puedes volver a apreciar en la figura 15.11.

	Lunes	Martes	Miércoles	Jueves	Viernes	Sábado	Domingo
TEMA PRINCIPAL	Tema 1						
Web	Artículo			Artículo			
RRSS	Publicación	Publicación		Publicación	Publicación		Publicación
Email	E1			Lead Nurt.			
Social Ads	Campaña			Lead Gen.			
SEM	Campaña			Actualizar KW			
NdP	Envío						

Figura 15.11. Ejemplo de calendario global.

Una vez lanzada la campaña el trabajo no ha terminado: todavía tendrás que mantenerla durante el tiempo que hayas marcado en tu *roadmap*. Es importante que consigas que el cariño por la campaña no decaiga y que a las personas de tu equipo no les acabe por aburrir la temática.

Mantén estas reuniones, cerciórate de que el calendario se mantiene actualizado y celebra con el equipo los hitos que vayáis consiguiendo para mantener así la motivación.

MEDICIÓN DE RESULTADOS

Siempre deja claro cuál es tu objetivo (o al menos eso te propongo en la ficha de campaña). Sin embargo, cada objetivo irá unido a una KPI o métrica concreta que nos permita asegurarnos de que los objetivos propuestos se pueden medir.

A continuación, te muestro distintos objetivos que pueden tener tus campañas y la KPI a la que es posible asociarlos.

Tabla 15.3. Objetivos que puede tener tu campaña y KPI que te ayuda a medir los resultados asociada

Objetivo	KPI
Notoriedad	▸ Impresiones en redes sociales. ▸ Reproducciones de los vídeos. ▸ Tráfico a la web.
Generación de leads	▸ Número de leads. ▸ Tasa de conversión web. ▸ Coste por lead.
Ventas	▸ Número de ventas. ▸ Tique medio. ▸ Tasa de conversión web. ▸ Coste por adquisición. ▸ Retorno de la conversión.

Hablar de objetivos y de KPI no siempre es suficiente, ya que tiene sentido que, en todo momento, indiques qué quieres alcanzar de manera cualitativa. No vale que digas «quiero conseguir leads», has de proponerte un número concreto como por ejemplo «quiero 1000 leads» o un coste «quiero que el coste por lead no supere los 5 €».

Para cada campaña deberás contar con un cuadro de mandos donde expliques las KPI principales tanto a nivel general como del rendimiento de cada uno de los canales. Ahí tiene sentido que introduzcas los objetivos que te has marcado para irlos actualizando conforme la campaña avanza y hacer seguimiento.

El cuadro de mandos siempre será sencillo de entender por todas las personas y dará información clara. No será una lucha para ver quién pone más información: recogerá la información más relevante sobre las KPI principales y sobre el resto de los canales.

Figura 15.12. Ejemplo de cuadro de mandos.

Como en otras ocasiones te recomiendo que el proceso de delinear las KPI y nombrar a las personas responsables de rellenarlo lo hagas de manera lo más colaborativa posible para que todas las personas de tu equipo estén comprometidas.

OPTIMIZACIÓN Y APRENDIZAJE

Lo imprescindible de las mediciones que realices es que sirvan para aprender y mejorar las campañas que has hecho. Por eso, una vez has terminado de medir los resultados, compara las distintas campañas de cara a descubrir aprendizajes.

Los resultados brindarán información sobre cómo ha funcionado:

- **La temática principal.** Puede que esta sea una de las formas más interesantes de saber qué contenido es más relevante para tu audiencia. Si observas que las interacciones son buenas o que la tasa de conversión es más alta, seguramente te encuentres frente a uno de tus temas estrella.
- **El mix de medios.** En otros momentos hemos hablado sobre si utilizar influencers o activar una campaña pagada en algún canal concreto tenía o no sentido para nuestra estrategia. Ahora es la ocasión de descubrirlo. En cualquier caso, recuerda que nunca medirás por conversión final de cada canal, sino que analizarás cómo cada canal contribuye a la conversión final. Este análisis te dirá cómo plantear la inversión en los distintos canales la próxima vez.

Además de valorar los resultados finales, es recomendable que analices los procesos. Un equipo que no está motivado, o que no sabe trabajar de manera conjunta, no será capaz de acometer las acciones de manera exitosa. Por eso te recomiendo que busques un espacio común y que crees en tu equipo un ambiente distendido y libre para que se expresen con total libertad.

Existen muchas dinámicas de evaluación, pero te recomiendo que sigas una muy sencilla y que la adaptes a tus necesidades. Se llama «*Start, stop and continue*». Para eso busca una sala y pide a cada persona que rellene pósits con su opinión sobre cada uno de estos temas:

- **Start.** Acciones que no habéis hecho y que es interesante que las empecéis a hacer a partir de ahora.
- **Stop.** Cosas que habéis hecho y que tenéis que dejar de hacer porque perjudican a otras personas del equipo o a los resultados finales.
- **Continue.** Qué habéis hecho que os ha funcionado muy bien y debéis seguir realizando en las siguientes campañas.

Tras haber medido y aprendido tanto de los resultados como de los procesos, es momento de que te prepares para lanzar tu siguiente campaña.

16

MEDIOS DE COMUNICACIÓN DIGITALES

Seguramente, cuando entraste en el mundo digital, creíste que acababas de encontrar una pequeña mina de oro. Ese sentimiento es normal, ya que la gran «revolución digital» a la que te enfrentaste estaba liderada por muchas personas que decían que, con pocos recursos, ibas a llevar a cabo grandes campañas.

Igual que en 1979 el grupo The Buggles cantaba *Video Killed The Radio Star*, tal vez llegaste a pensar que habías conseguido matar los canales tradicionales: nada que saliera en la televisión, en la radio o en los periódicos iba a ser relevante para tus campañas, lo importante ahora era tener muchos seguidores.

Por suerte, en la actualidad seguro ya no piensas así. Habrás creado una y otra campaña, y ya sabrás mejor que nadie que una campaña que sale en medios tiene mucho más alcance asegurado. Por tanto, pese a que hayas ideado la mejor campaña del mundo a nivel de contenidos, pese a que estés generando un buen nivel de tráfico a tu web, intenta siempre complementarla con acciones que sean noticiables para hacer que tu impacto sea mayor.

LA NOTA DE PRENSA

La nota de prensa es la forma más importante de comunicación entre tu empresa y los medios de comunicación. En una nota de prensa o comunicado, estás mandando un mensaje claro a los medios con algo que consideras noticiable.

Este contenido tiene una forma específica y debes saber adaptar tu mensaje para que tenga impacto.

CÓMO DEBE SER UNA NOTA DE PRENSA

No hay una fórmula mágica sobre cómo elaborarla, pero sí una serie de factores que harán que tu contenido llegue a los medios. Siempre piensa que en las redacciones se reciben muchas notas de prensa de temas muy diversos, así que busca la excelencia en los contenidos para que de verdad sean útiles. Algunos consejos para poner en práctica:

- **Envía solo contenidos relevantes:** Es fácil caer en la tentación de mandar muchas notas solo para que los medios te tengan en mente, pero el efecto que consigues es el contrario. Envía solo notas de prensa con contenidos que sean interesantes y noticiables.
- **Decide a quién le mandas el contenido:** Igual que cuando hablábamos de email marketing diferenciamos mucho unos segmentos de otros, aquí tendrás en cuenta a qué tipo de periodista le estás mandando los contenidos. No dirijas una nota de tecnología a un periodista de internacional, ya que no servirá para nada.
- **Facilita materiales multimedia:** Te propongo que adjuntes a tu nota de prensa fotografías, vídeo e incluso declaraciones en audio. Así facilitarás a la persona que la noticia tenga todo preparado para hacerla.
- **Busca el mejor momento para hacer el envío:** En los medios de comunicación el momento lo es todo. Debes considerar qué está pasando y cuál es el tema de conversación. Si tu nota no está alineada, es mejor que esperes otra ocasión.
- **Integra tu envío con tu campaña:** Intenta hacer lanzamientos sincronizados y amplía la experiencia de los usuarios en tu web.
- **Ten preparados a los portavoces:** En ocasiones, cuando mandes tu nota, habrá medios que quieran declaraciones o realizar entrevistas a personas relevantes que amplíen el mensaje. Siempre ten en mente quiénes son esas personas y prepara con antelación las preguntas y cómo responder para hacer una portavocía eficaz.

Ten en cuenta que hay algunos contenidos que suelen tener más valor para los medios. El envío de datos suele ser relevante, pues ayuda mucho a mostrar realidades de una manera imparcial. Este tipo de contenidos suelen funcionar bastante bien, pero siempre intenta que sean datos verídicos. Del dato surge la información y, en dependencia del medio, se formarán las opiniones. Si aportas datos asegúrate de que son reales y de calidad.

También es posible buscar testimonios, personas que hayan vivido esa situación de primera mano. Si eres capaz de acompañar a los datos con historias, conseguirás que el efecto sea muchas más veces mejor.

Es difícil que tu contenido sea siempre noticiable, cuando no lo sea piensa siempre en acciones subversivas o marketing de guerrilla que despierte el interés de los medios. No todas las marcas tienen la misma capacidad para llevar a cabo estas acciones, pero a veces realizar acciones de calle llamativas será una excusa muy buena para medios de comunicación locales.

ESPACIOS WEB DE PRENSA

En ocasiones, las notas de prensa simplemente las enviarás como si fueran un adjunto o un documento de Word. Sin embargo, es recomendable que cuentes con un espacio web donde agrupar las últimas que has hecho llegar. Así, además de tener tu propio registro para periodistas, facilitas a los medios que sepan dónde entrar a hallar notas de prensa anteriores.

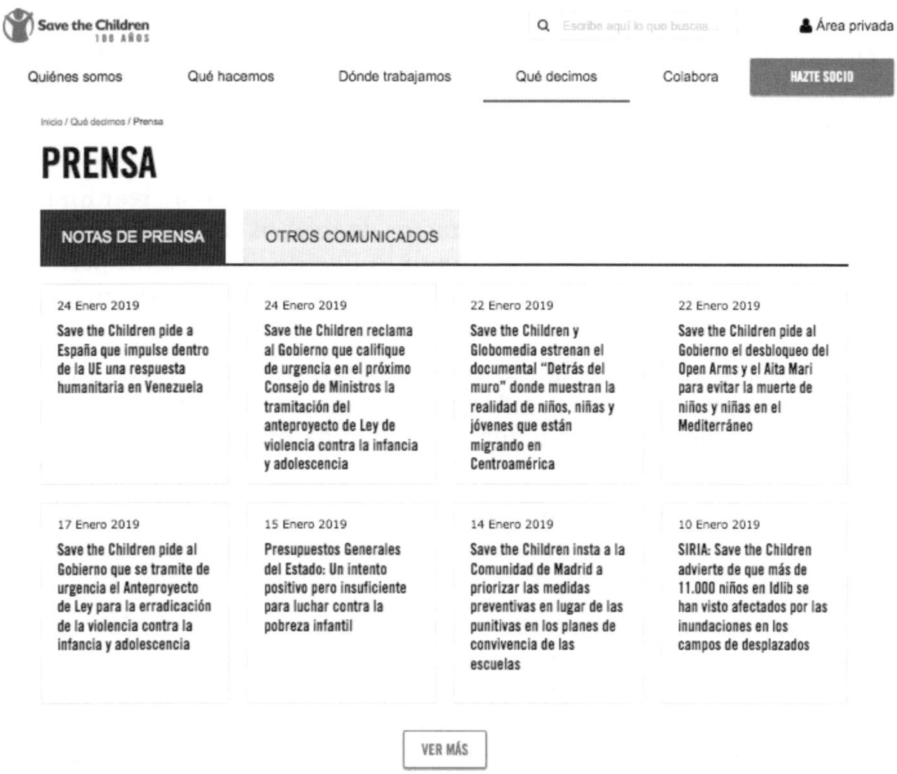

Figura 16.1. Espacio web de prensa.

En dependencia del enfoque y uso de los medios de comunicación que tengas como marca apostarás por incluir el espacio para medios de comunicación dentro de tu espacio web o crear un centro de prensa en una web distinta. Es decir, si tu marca envía muchos comunicados y son transversales a su estrategia, tiene sentido que se realice desde la misma web. Si por el contrario tienes una web que está muy centrada en la conversión y busca mejorar la experiencia del usuario, quizá sea mejor separar ambos públicos y tener dos espacios web diferentes.

También es importante remarcar que, si no realizas demasiados envíos y la comunicación con los medios es algo muy eventual, no tiene sentido que cuentes con un espacio web específico para medios de comunicación ya que se quedará desfasado.

LA AGENDA DE MEDIOS

Si cuando abordamos el email marketing hablábamos de base de datos y de segmentaciones, aquí trataremos también de tu agenda de medios (o contactos que tienes en los medios de comunicación) y de secciones en las que trabajan.

Disponer de una buena agenda de medios es distinto a crear una base de datos de usuarios, ya que los contactos de medios son más públicos. Es decir, siempre respetarás la GDPR, pero lo que distingue a un periodista más o menos sénior es su capacidad de contar con una agenda de medios propia o no.

De cara a seguir engrosando esta agenda es importante contar con formularios de registro dentro de nuestro espacio de prensa que comentamos antes. Solo necesitas tener claros qué datos solicitarás de manera obligatoria y cuáles de forma optativa.

Si tu marca no es muy conocida, lo normal es que tengas que realizar más esfuerzos para captar estos contactos y para generar interés sobre tus comunicados.

Recuerda que esta agenda de medios hay que actualizarla constantemente puesto que muchos periodistas cambian de programa o de sección con frecuencia. Es posible dejar automatizados el envío de correos electrónicos con la frecuencia que consideres adecuada para que los periodistas actualicen sus datos y para hacer llamadas de seguimiento a los que consideres de mayor valor.

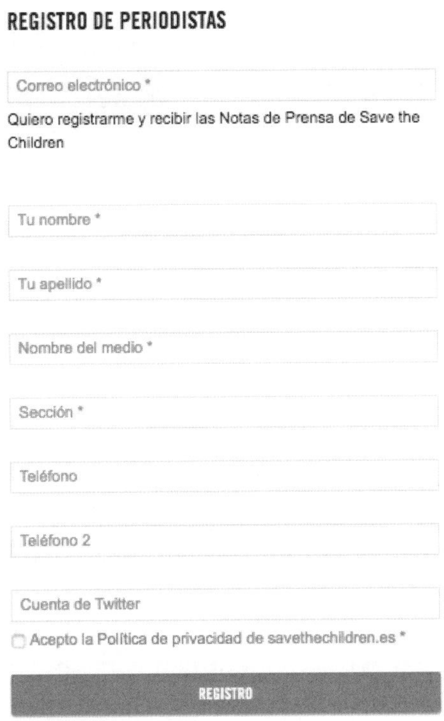

Figura 16.2. Registro de nuevos periodistas.

RUEDAS DE PRENSA Y OTRAS CONVOCATORIAS

La nota de prensa es sin duda el enlace más común entre tu marca y los medios de comunicación, pero no es el único. Cuando el contenido que vas a ofrecer es muy extenso y requiere de una explicación todavía mayor a la que cabría en un folio o es susceptible de recibir preguntas, es cuando empezarás a plantearte el realizar una rueda de prensa.

Las ruedas de prensa o convocatorias a medios son eventos que, si se realizan de forma correcta, te darán la posibilidad de obtener una mayor cobertura mediática.

Aunque acabes enviando una nota de prensa —como se aprecia en la figura 16.3—, antes habrás realizado un acto que habrá reforzado el mensaje final que quieres comunicar.

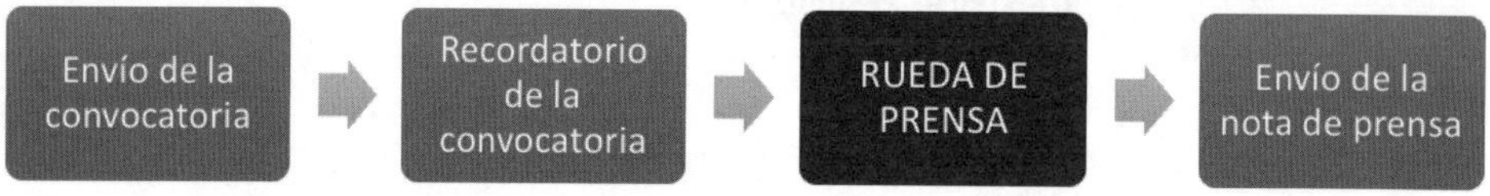

Figura 16.3. Proceso de una rueda de prensa.

De cara a organizarla hay que pensar en varias cosas que van desde la convocatoria hasta el espacio en el que la desarrollarás.

EL CONTENIDO

Los periodistas, por lo general, tienen una agenda muy apretada. Es decir, no se convocan ruedas de prensa cada dos por tres, sino cuando hay un contenido realmente relevante.

Si convocamos demasiadas veces, y en algunas ocasiones no damos un contenido relevante, es posible que muchos periodistas dejen de asistir a nuestras convocatorias.

LA FECHA

Tienes que conocer muy bien a los periodistas a los que quieres llegar y adaptarte a sus horarios. Si tu objetivo es salir en un programa matinal de radio no es igual que si quieres salir en el telediario de mediodía: los periodistas empezarán su jornada a distinta hora y necesitarán los contenidos para un momento distinto del día.

No olvides tampoco ver qué temas hay en la actualidad para esas fechas, ya que eso impactará de forma negativa en la cobertura que realicen los medios (si hay otros temas de actualidad, y no son el tuyo, tu contenido pasará a segundo plano).

EL ESPACIO

Busca un espacio que sea muy accesible tanto en coche como en transporte público. Asegúrate de que no es muy ruidoso, que tienes mesas y sillas suficientes para que los periodistas se sienten. Habilita una red wifi pública, por si alguien necesita conexión. También debes considerar dónde grabarán los cámaras y dónde se colocarán los micrófonos. Con las cámaras no te servirá cualquier espacio de la sala ya que el tiro así como los enchufes serán muy importantes. Haz que su trabajo sea sencillo.

Te recomiendo que contrates a tu propio cámara y tengas tu propio micrófono, así adjuntarás los materiales que generes en la rueda de prensa a la nota posterior para que los periodistas que no hayan venido tengan la posibilidad de cubrir tu noticia igualmente.

LA CONVOCATORIA

Avisa con tiempo a los periodistas. Mediante el email, de la misma manera que mandarías una nota de prensa, puedes enviar una convocatoria en la que digas fecha, hora, lugar y un breve resumen de la temática que se tratará.

El número de convocatorias que envíes depende de tu experiencia personal. Notifica una semana antes, pero el día anterior siempre te funcionará hacer un pequeño recordatorio para asegurarte de la asistencia de los periodistas.

En alguna ocasión es posible pedir confirmación para estimar los medios que asistirán, pero evita que sea un freno de cara a que asistan más periodistas.

Si vas a presentar un producto recuerda dar muestras para que lo prueben e incluso se lo lleven a su casa junto a la nota de prensa. Si por otro lado presentas un informe, ten copias para todos y acompáñalo con la nota de prensa.

EL DÍA DE LA RUEDA DE PRENSA

Este día tendrás todo preparado. A la entrada saluda a los periodistas, toma nota de quién viene para hacer seguimiento de sus publicaciones y acomódalos intentando responder a sus necesidades.

Prepara las intervenciones con antelación. Las personas que vayan a hacer la portavocía han de tener claros los mensajes claves y haber practicado las preguntas que pueden hacer los periodistas. Anticípate a las posibles circunstancias y deja listos documentos de mensajes y preguntas claves para evitar fallos.

Una vez terminen las intervenciones y preguntas ofrece entrevistas personales. Para ello prepara espacios apartados donde no haya problemas de sonidos. También es recomendable que tengas disponible un pequeño picoteo.

A la salida despídete, ten preparadas las notas de prensa impresa y tu tarjeta por si tienen cualquier duda después. Cuando haya terminado el evento, enviarás la nota de prensa a tu base de datos.

CÓMO MEDIR EL IMPACTO

De manera habitual es recomendable monitorizar tu marca en los medios de comunicación. Para realizar una correcta medición, contrata alguna agencia especializada que te informe de cómo está funcionando tu estrategia en medios de comunicación.

Los parámetros que suelen medir estas agencias es el número de impactos que ha tenido tu marca (tanto en medios digitales como en medios potenciales) y la audiencia potencial que has tenido (número de personas que han podido ver todos los impactos). En ocasiones es posible que te faciliten resúmenes con las apariciones.

Esta información se puede convertir en una estimación económica que dirá cuánto has conseguido de manera «gratuita» o, mejor dicho, ganada, y cuánto te habría costado realizar las mismas acciones en medios de pago.

No todas las empresas tienen la capacidad de contratar a una agencia por un tema de presupuestos. En cualquier caso, sí te recomiendo que, de manera gratuita, des de alta las alertas de Google. Esta herramienta te permite crear alertas sobre tu marca y configurar las fuentes, el idioma, el lugar y la frecuencia con la que quieres que te manden esta información.

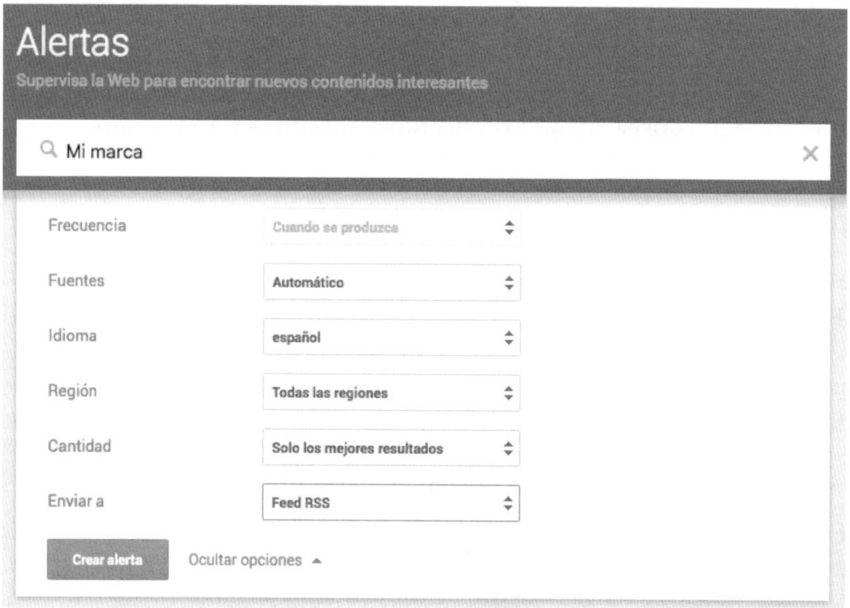

Figura 16.4. Google Alerts.

¿SON LOS BLOGUEROS LOS NUEVOS MEDIOS DE COMUNICACIÓN?

No puedes llamar a todos los blogueros periodistas (aunque algunos sí lo sean), pero sí profesionales de la información. Su capacidad de impacto es muchísimo más reducida que la de los medios de comunicación, pero su capacidad de influencia es mayor, ya que el público al que llegan es muy cercano.

Una de las grandes ventajas de apoyar tu estrategia de comunicación en medios ganados en blogueros es que, mientras que hay temas que no son noticiables en los medios de comunicación, sí son relevantes para blogs de nicho que traten temáticas específicas.

No son medios de comunicación y con seguridad la estrategia a seguir esté más cerca a la que te contaba en capítulos anteriores sobre los influencers o celebrities. Sin embargo, en ocasiones contarás con una estrategia similar a la de medios de comunicación con algunas diferencias:

- **No solo enviarás notas de prensa.** Los medios de comunicación viven de la publicidad que tienen, para ganar dinero con la publicidad han de tener espectadores y para ello necesitan contenidos. En el caso de grandes webs la situación es igual, pero cuando hables con blogs sin publicidad, su modelo de negocio es distinto y, por tanto, deberás ofrecerles otras cosas. Bríndales pruebas de producto o experiencias que hagan que te conozcan de una manera más cercana.
- **El horario de tu evento tiene que cambiar.** Ten en cuenta que no son personas que trabajen solo con sus blogs, sino que seguramente tengan un trabajo y otro horario. Pregúntales, habla con ellos, encuentra un buen momento para todos.
- **Busca un formato más atractivo.** La tradicional rueda de prensa quizá no sea la mejor forma de contarles algo. Busca formatos más experienciales, mesas redondas, debates, *showrooms,* degustaciones.
- **Mándales contenidos finales.** No servirán los totales o los clips de audio, sino que apostarás por mandarles creatividades y vídeos finales que sirvan para sus redes sociales y blogs. También agradecerán que les facilites el trabajo, aunque en algún caso quieran ellos conseguir su propio contenido para seguir con su estilo.

Recuerda que por lo general los blogueros no viven de sus blogs, así que todo el caso que te hagan es porque les resultas interesante. No pierdas esa oportunidad y sé amable con ellos.

17 MÉTRICAS Y OPTIMIZACIÓN DE CONTENIDOS

Una de las ventajas principales cuando trabajas en entornos digitales es que casi todo es medible. No tienes que basarte en opiniones o intuiciones, sino que siempre que midas bien obtendrás datos que respalden tus decisiones. Ello conlleva que las estrategias que planteas sean corroborables de una manera numérica y, además, te ayuden a mejorar tu trabajo día a día.

En este libro te he planteado muchas formas de que consigas un mismo objetivo, desde intentar conseguir ventas directamente hasta usar la generación de leads como un paso intermedio para abaratar costes. No dispongo de una fórmula mágica para decirte cuál es la mejor estrategia, tendrás que testar entre las distintas opciones, ponerlas a prueba y decidir cuál ofrece un coste por adquisición más bajo o una compra de mayor valor (en dependencia de lo que busques).

También te he hablado de la planificación y el ordenamiento del contenido en tus canales. En ese proceso he generalizado y solo he tratado los más populares. ¿Son esos los únicos que utilizarás? ¿Debes usarlos todos? De nuevo los números te darán la respuesta.

No existen modelos de negocio ni estrategias estándares. Tu estrategia de contenidos será irrepetible y lo único que podrás hacer es plantearte, basándote en modelos existentes o creando el tuyo propio, cómo utilizarás el contenido para que te apoye en los propósitos y cómo decidirás cuál es tu mejor opción. Por eso es importante que sepas qué puedes medir, cómo asociarlo a los objetivos y cómo crear *dashboards* o cuadros de mando que te auxilien en la toma de decisiones.

¿QUÉ ES UNA KPI?

Las siglas KPI, del inglés, significan *Key Performance Indicator* o, lo que es lo mismo, indicador clave del funcionamiento. Las KPI son los indicadores que te servirán para medir el éxito de tus campañas.

Tú eres la persona que define qué medir, pero, antes de eso, ten en cuenta que todas las KPI deben ser SMART, es decir:

- **Specific:** Todo lo que midas será específico, concreto.
- **Measurable:** Las métricas que te propongas han de ser medibles, es decir, con resultados numéricos y cuantificables.
- **Achievable:** El objetivo que te marques será alcanzable y realizable.
- **Relevant:** No tiene sentido que descargues millones de datos, sino que han de aportar un valor real a tu estrategia.
- **Timely:** Todos los objetivos poseerán un marco temporal que permita hacer un seguimiento.

Es posible que esta parte ya la conocieras, pero antes de pensar qué cosas puedes o no medir y hacer un listado de los millones de KPI para cada uno de los canales, es importante recordar que los objetivos que planteas y las KPI de medición que utilizarás han de cumplir una serie de requisitos.

Cada objetivo, asimismo, contará con una KPI. Es decir, no pensarás que es obligatorio medir el número de seguidores en redes sociales o la tasa de apertura media de los mails que mandas a tu base de datos. Este enfoque, pese a ser el más tradicional y el más utilizado, no es el más estratégico. Seguramente acabes midiendo esas KPI, pero has de plantearte siempre qué es lo que quieres obtener con esas métricas, cuál era el objetivo original, el que estás intentando alcanzar.

Si lo haces en otro sentido, solo te esforzarás por conseguir un objetivo numérico, no tendrás en mente el propósito real. Por tanto, cuando logres tu objetivo numérico, no será tan sencillo que busques otras formas de compensarlo. Quedarte solo con el *performance* o rendimiento de un canal, te resta la capacidad de analizarlo de manera estratégica.

Por ejemplo, si te planteas cualquiera de los objetivos de un ciclo de relación con el cliente (como el de la figura 17.1), podrás decidir cuáles son tus KPI más importantes para cada uno de ellos.

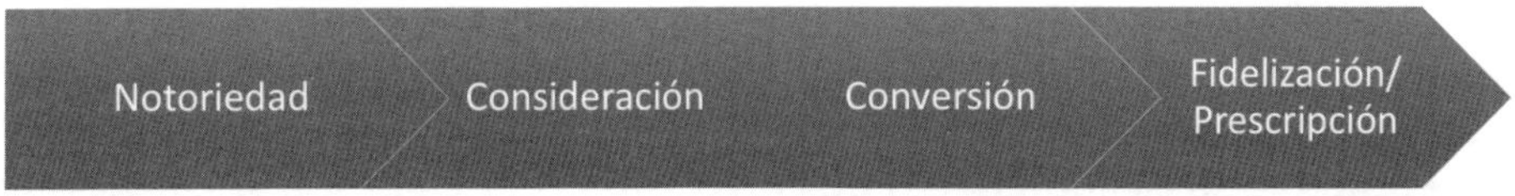

Figura 17.1. Ejemplo de ciclo de relación con el cliente.

Ahora sí, sabiendo cuál es tu objetivo, puedes empezar a definir las KPI que te ayudarán a conseguirlo.

ESTRATEGIAS DE MEDICIÓN: LAS MÉTRICAS PIRATAS

La web es el corazón de tu estrategia. Por eso, no pierdas de vista qué medirás para saber cuál es el rendimiento de tu página web o de tu *landing page* específica.

Algunas KPI son numéricas y las puedes sacar de herramientas de medición tan populares como Google Analytics. Hay datos que te hablarán de ventas, como los relativos al comercio electrónico —una vez hayas fijado tus objetivos, podrás medir cómo funciona cada uno de ellos—.

La finalidad de estas métricas no es analizar solo. Esto te ayudará a mejorar tu espacio web y a lograr que el tráfico que generas responda a unos contenidos o proceso de compra que has elaborado.

Una técnica que me gusta mucho es trabajar con las métricas piratas, llamadas así porque su acrónimo se parece de verdad al rugido de un pirata. Estas métricas fueron creadas por Dave McClure y su acrónimo es AARRR: Adquisición, Activación, Retención, Recomendación y *Revenue*.

ADQUISICIÓN

En este punto medirás cómo están llegando las personas a tu web. El tráfico destinado a tu web tendrá un comportamiento diferenciado: no actuará igual una persona que te visita porque ha puesto tus datos directamente en la barra del explorador de Internet que otra que viene de un banner, ya que su conocimiento de marca y su intención será distinta.

ACTIVACIÓN

Qué hacen los usuarios al llegar a tu sitio, cómo es su experiencia y sobre todo en qué punto convierten. Lo más importante es que determines cuál es tu objetivo (o tus objetivos) de conversión. Por ejemplo, si has llevado a cabo una estrategia de conversión a leads para realizar una venta, habrá al menos dos objetivos. Si has contado con varios *lead magnets* o formas de captar leads, y cuentas con varios productos para convertir a ventas, tu número de objetivos será todavía mayor.

RETENCIÓN

Como has visto antes, donde más dinero invertirás es en la captación de usuarios. Por eso te interesa que el usuario vuelva, que sea recurrente. Esta parte es más difícil de medir a nivel web. En las mediciones actuales, que se realizan a través de *cookies*, solo es posible ver el número de usuarios. Eso sí, si una misma persona se conecta desde distintos dispositivos (ordenador del trabajo, móvil y tablet), contará como tres visitas distintas y no medirás su recurrencia.

La única solución será forzar que esté *logueado* o con la sesión iniciada. Esto es normal en las aplicaciones, pero puede ser incómodo para el usuario en plataformas tipo web. Recuerda, debe haber un compromiso entre la importancia que le das a la medición y la que le das a la experiencia de usuario.

RECOMENDACIÓN

De nuevo nos enfrentamos a una parte del proceso que es difícil de medir: las recomendaciones. Salvo que crees estrategias de MGM (*member get member*) en las que los usuarios te pueden traer otros nuevos usuarios, será difícil saber cuántos usuarios nuevos te han llegado por una recomendación.

Una buena forma de crear herramientas MGM y que puedas medir cómo las recomendaciones afectan a tus sistemas de adquisición final es la opción de dar códigos a tus usuarios finales para que traigan a otros. Siempre es posible medir el uso de un código, y esto será una gran ventaja.

En la figura 17.2 se aprecia cómo Wetaca realiza estas campañas: habilitando un espacio web, ofreciendo una ventaja a los usuarios que recomiendan y a los que son recomendados. También brinda la posibilidad de compartir sencillamente tus códigos a través de redes sociales.

Figura 17.2. Ejemplo de afiliación en Wetaca.com.

INGRESOS (REVENUE EN INGLÉS)

Estos son beneficios que estás generando. Sin duda, esta es la métrica más vinculada a negocio, pero no es la única que importa: si algo falla en tu estrategia es probable que lo detectes en este punto, pero necesitarás recurrir a todos los demás para plantear una solución real.

Dependiendo del producto que estés vendiendo, tu nivel de detalle en esta métrica será muy distinto. Si por ejemplo vendes ropa, tendrás seguramente muchos productos, distintos precios e incluso rebajas o periodos promocionales. En cambio, si estás vendiendo un único producto, algo revolucionario y de nueva creación, con certeza medirás menos parámetros en este punto.

EJEMPLOS DE KPI

Estas métricas te dan una visión de todo el ciclo que puede seguir un usuario y desde ahí decidirás cómo mejorar su experiencia. Estas KPI están más basadas en cuál es su experiencia, pero tal vez esta será la que marque la diferencia. Si pasamos estas fases a métricas, encontraremos las KPI concretas que se aprecian en la tabla 17.1.

Tabla 17.1. KPI para las métricas piratas.

Fase	Métrica
Adquisición	▸ **Sesiones:** visitas que has tenido. ▸ **Páginas vistas:** número de páginas que han recibido tráfico. Para medir la calidad de la vista que has tenido, también puedes medir: ▸ **Tasa de rebote:** porcentaje de las visitas que abandonan sin interactuar. ▸ **Páginas vistas por visita:** número de páginas que ve cada persona que ha entrado en tu web. ▸ **Duración de la visita:** tiempo que el usuario está en tu web.
Activación	▸ **Adquisición por canal:** esta métrica te dirá qué canal te trae más ventas y cuál es la tasa de conversión de cada uno. ▸ **Compras asistidas:** las conversiones no siempre son directas, sino que hay canales que, aunque parezca que tienen un rendimiento muy bajo, están contribuyendo mucho al rendimiento de otros.
Retención	▸ **Usuarios:** como hemos visto antes, es difícil medir la retención ya que un usuario puede conectarse por distintos dispositivos y, en herramientas como Google Analytics, esto contará como varias visitas. En cualquier caso, los usuarios serán la métrica de mejor calidad.
Recomendación	▸ **Códigos usados:** si defines una estrategia MGM (*member get member*) podrás estudiar el número de veces que un usuario consigue nuevos clientes contando los códigos usados. ▸ **Tráfico en los botones de compartir en redes sociales:** una forma también sencilla es habilitar botones para compartir en redes sociales y analizar tanto el número de veces que son clicados como el tráfico que generan.
Ingresos	▸ **Transacciones:** número de veces que se ha comprado en tu ecommerce. ▸ **Tique medio:** cuánto han gastado de media tus clientes. ▸ **Ingresos totales.**

Después de realizar este análisis es el momento de saber cómo está funcionando tu estrategia de generación de tráfico y el rendimiento de cada uno de los canales.

MÉTRICAS EN CANALES DE DIFUSIÓN

Cada canal tiene una cantidad innumerable de datos específicos medibles: desde el tamaño de las comunidades y bases de datos hasta cómo tus usuarios están interactuando con el contenido que estás ofreciéndoles. Algunas de las métricas que puedes recopilar son directas y las puedes obtener de los propios canales sin mucho esfuerzo. Otras precisan cruzar varios datos directos para sacar conclusiones y más valor a la información de la que dispones. Posiblemente la mejor manera de saber qué medir en cada canal sea estudiarlos uno a uno, con la mirada puesta en los datos, para determinar cuáles son las KPI principales. En cualquier caso, vamos a repasar los canales principales y analizar cada uno.

MÉTRICAS PRINCIPALES POR CANAL

En medios digitales hay muchos canales que puedes utilizar en tu estrategia digital. Como viste en capítulos anteriores, algunos de los más vitales o utilizados son los que se detallan en la figura 17.3.

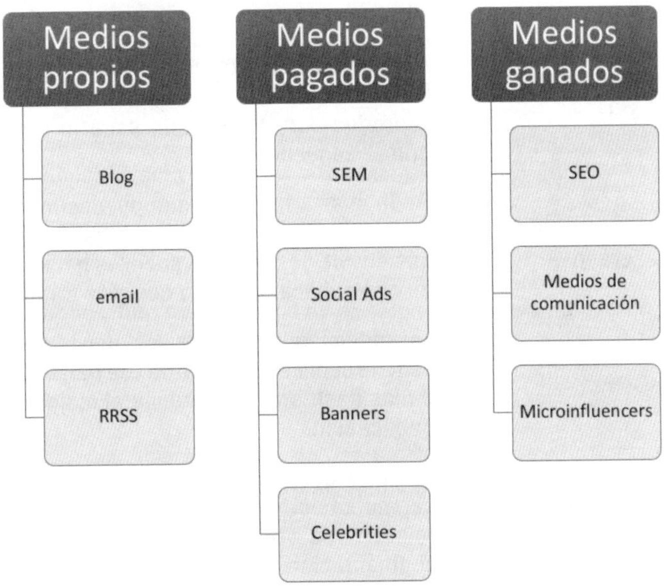

Figura 17.3. Canales digitales de difusión.

Para cada uno de los canales tendríamos unas KPI distintas. Algunas de las más importantes serían las que se aprecian en la tabla 17.2.

Tabla 17.2. Principales KPI por canal dentro de los medios propios.

Canal	KPI	¿Qué mide?
Blog	Sesiones	Visitas que has recibido.
	Tráfico orgánico	Cuántas de estas visitas vienen de buscadores.
	Tasa de rebote	Si el usuario sigue interactuando con la web, nuestra tasa de rebote será baja.
Redes sociales	Seguidores	Personas que han dado al botón de «follow» o «like».
	Impresiones	Número de veces que se ha mostrado una publicación.
	Engagement	Tasa de interacción. En el apartado de redes sociales te mostré varias fórmulas para calcularlo (sumando las interacciones ponderadas y dividiendo entre las impresiones).
	Reproducciones de vídeos	Número de veces que un vídeo ha sido visto. Ten cuidado porque esta métrica tiene muchos matices. En ocasiones las redes sociales miden como una reproducción, aunque un usuario reproduzca el primer segundo.
	Tráfico que ha generado	De la misma forma en que puedes medir el tráfico que estás recibiendo en tu web, es posible analizar el que envías desde redes sociales haciendo hincapié en qué publicación es la que más tráfico genera.
	Otros	Las mediciones en redes sociales son muy amplias: estudia cuál es tu público en esa red, mide el impacto de los hashtags o determina el mejor momento de publicación.
Email	Tamaño de las segmentaciones	Tamaño que tiene tu base de datos según las segmentaciones. Si partes de un funnel definido, te interesa ver su tamaño para saber en qué segmentación intentar crecer.
	Tasa de apertura	Porcentaje de personas que están abriendo tus correos electrónicos.
	Tasa de clic	Porcentaje de personas que hacen clic en tus emails.

Todavía hay muchas más KPI que añadir. Por ejemplo, si trabajas en un departamento de *customer care*, has de medir el tiempo medio de respuesta o hacer hincapié en el número de mensajes recibidos y el *sentiment* o sentimiento de ellos. Un proceso similar será el que sigas para medios pagados y ganados. En medios pagados, cada canal cuenta con sus propias KPI, pero habrá algunas genéricas que te permitirán comprobar qué canal te aporta mejores resultados. Algunas de estas principales KPI para los medios pagados se recogen en la tabla 17.3.

Tabla 17.3. Principales KPI para medios pagados.

Canal	KPI	¿Qué mide?
Medios pagados	Impresiones	Número de veces que una publicación se ha mostrado.
	CTR	*Click through rate*, o lo que es lo mismo, el número de veces que han hecho clic en tu anuncio entre las impresiones.
	CPC	*Cost per click*, lo que te cuesta conseguir un clic.
	CPM	*Cost per mille*, lo que cuesta mostrar tu anuncio a mil espectadores.
	CPL	*Cost per lead*, lo que te cuesta un lead.
	CPA	*Cost per acquisition*, lo que cuesta una adquisición final.

Recuerda que, como vimos en el caso anterior, medir no consiste solo en recoger datos, sino en ver cómo cada uno de ellos te apoya o no de cara a alcanzar tus distintos objetivos. Decide muy bien qué medir y cómo va a influir en tus propósitos.

MÉTRICAS POR OBJETIVO

La aproximación más habitual es mostrar las KPI por canal, como se explica en páginas anteriores, pero otra posibilidad consiste en agruparlas por objetivo y por canal. Por ejemplo, si decides que tus objetivos sean los del *customer journey* de la figura 17.4, medirás la notoriedad o que te conozcan, la consideración o que te tengan en cuenta, la conversión o que te compren y la fidelización o que te sigan comprando.

Figura 17.4. Ejemplo de ciclo de relación con el cliente.

Para cada uno de los objetivos contarás con unas KPI específicas y, a su vez, cada canal con las suyas (ver tabla 17.4).

Tabla 17.4. KPI por objetivo y canal.

	Notoriedad	Consideración	Conversión	Fidelización
Blog	Tráfico	Tiempo de permanencia	Tasa de rebote	
RRSS	Seguidores Alcance	Engagement	Tráfico a la web Tasa de conversación	Tráfico que generan los códigos de afiliación
Email marketing		Tasa de apertura	Tasa de clic	Reenvíos de los correos electrónicos Rating de usuarios
Medios pagados	CPM	Interacciones	CPA CPL	

Esto es personalizable en todos los sentidos, tanto a nivel de objetivos como de canales como de qué estás midiendo en cada caso.

La ventaja de esta disposición es que podrás ver de manera multicanal cómo afecta cada KPI a tus objetivos finales, que siempre serán lo más importante que medirás.

CÓMO ELABORAR CUADROS DE MANDOS

Recoger datos es relativamente sencillo. Darles un valor estratégico es un añadido que hará que tomes mejores decisiones. Pero el proceso no termina ahí: harás que los datos sean accesibles y comprensibles para todos.

Los cuadros de mandos son un *dashboard* que te permitirá ver de un solo vistazo lo que tu marca o empresa quiere alcanzar, así como cuánto le queda para lograrlo. Un *dashboard* tendrá unas condiciones principales:

1. **Específicos y concretos.** No hay que poner información de relleno, sino la que ayude a entender cuáles son los objetivos y cómo avanzas de cara a conseguirlos.
2. **Sencillos.** Lo que se mida ha de ser sencillo de comprender por distintas personas dentro de tu empresa. Si se complican, pierden eficacia.
3. **Fiables.** La extracción de datos será de buena calidad para que siempre puedas confiar en la información que estás viendo.
4. **Basada en el tiempo.** Así constatarás cómo tu cuadro de mandos se actualiza en el tiempo y harás seguimiento de tus resultados.
5. **Actualizados.** Toda la información que te encuentres recogerá los últimos datos disponibles o al menos constará cuándo hiciste la última extracción de datos.

Para crearlos debemos seguir un proceso como el de la figura 17.5.

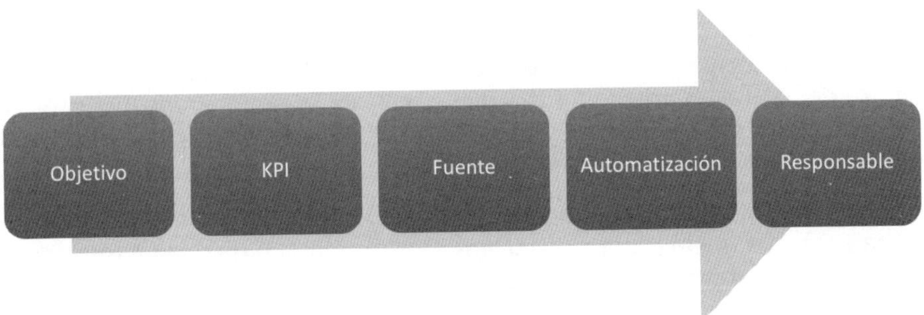

Figura 17.5. Proceso de creación de un cuadro de mandos.

- **Objetivo:** lo más importante es conocer qué quieres alcanzar. Cuando esclarezcas tus propósitos, los usarás como la base de la creación de tu cuadro de mandos y crearás un espacio específico para cada objetivo.
- **KPI:** una vez que sabes qué estás midiendo, decidirás qué KPI de cada canal son las que serán útiles para hacer el seguimiento. Este proceso es muy colaborativo, ya que habrá muchas personas con distintas necesidades consultando tu cuadro de mandos.
- **Fuente:** Google Analytics, Facebook, MailChimp, tu propio CRM... al final siempre dispondremos de muchas fuentes para construir un cuadro de mandos sencillo. Analiza cuáles son y busca la solución más sencilla para mostrar la información.
- **Automatización:** cuando cuentas con distintas fuentes, extraes los datos manualmente de cada una de ellas. Para que medir no sea un lastre, intenta automatizar este proceso lo máximo posible.
- **Responsable:** los cuadros de mando han de estar siempre automatizados. Si consideras que es necesario, te recomiendo que nombres a un responsable de que los datos estén actualizados siempre. Así, la tarea caerá sobre una persona de tu equipo y te asegurarás de que los datos son reales y están bien adquiridos.

APRENDIENDO DE LOS RESULTADOS

Las mediciones son importantes, pero medir y comprender los resultados lo son mucho más.

Los datos te cuentan historias. Te dicen más de tus usuarios, de lo que opinan, de lo que les gusta, del uso que hacen de la red o de los distintos canales. El reto es saber escuchar y analizar lo que hacen. Siempre vívelo como una historia que estás leyendo sobre las personas a las que quieres llegar.

Llegados a este punto del libro me gustaría hablarte de un bonito proyecto que habla de datos e historias: *Dear Data*. Dos mujeres en distintos continentes se conocieron mediante los datos. Con una frecuencia intercambiaban información sobre su día a día en formato visual de datos. Durante semanas hablaron de los olores que olían, las puertas que cruzaban o el número de veces que miraban el reloj. La única diferencia es que este intercambio de información la hacían mediante los datos.

Los datos también pueden ser historias y, por tanto, contenidos. Nunca dejes de medir, nunca dejes de aprender, nunca dejes de ver los contenidos que nos rodea en nuestro día a día.

Big Bang Data: Dear Data

Figura 17.6. Vídeo «Dear Data» en YouTube.

TEAM
WWW
10%
15%
15%
60%
Motivation
TEAMWORK
Strategy
15%
15%
40%
15%
15%
http://
100%
BALANCE
HELP
WORK
SUCCESS
ASSISTANCE
SUPPORT
ENGIN

D

E

F

N

O

P

Q

R

S

T

U